無名氏全集第十一卷上冊

自由・解放・感性的生活之旅

抒情煙雲 上冊

——無名氏與美麗才女趙無華的一段情

卜寧（無名氏）著

文史哲出版社印行

國家圖書館出版品預行編目資料

抒情煙雲 / 卜寧著. -- 初版. -- 臺北市: 文史哲, 民 87
冊： 公分. -- (文學叢刊 ; 70) (無名氏全集 ; 第十一卷)
ISBN 957-549-117-3(上冊 : 平裝). -- ISBN 957-549-118-1(下冊 : 平裝).

855 87000719

文學叢刊 ⑩

抒情煙雲 上冊

── 無名氏與美麗才女趙無華的一段情

著 者：卜 寧（無 名 氏）
出版者：文 史 哲 出 版 社
登記證字號：行政院新聞局版臺業字五三三七號
發行人：彭 正 雄
發行所：文 史 哲 出 版 社
印刷者：文 史 哲 出 版 社
臺北市羅斯福路一段七十二巷四號
郵政劃撥帳號：一六一八〇一七五
電話 886-2-23511028 · 傳真 886-2-23965656
實價新臺幣八〇〇元

中華民國八十七年一月初版

ISBN 957-549-117-3

二十四歲的卜寧，即日後的無名氏。

二十一歲的趙無華，國際名畫家趙無極的大妹。

二十二歲的劉菁，卜寧（無名氏）的前妻。

不死的黑玫瑰

——「抒情煙雲」序

「祇有在離開了你以後，才發覺自己是怎樣地不願離開你，和離不開你。只要是賸下我一個，獨自留在房間裡，就不能有一刻不想你。想到你待我的那些好，就禁不住哭。又知道你最不願意我淌眼淚，又祇好拚命忍住。寧，這樣的日子眞不好過。眞盼望你有一天會突然出現在我身邊，……」

「祇要一看見你，我整個人似乎就要溶化了。……」

「就算我曾經給過人家痛苦、或不愉快，但那也僅僅不過是兩三個星期的事。可別人呢？他卻整整毀了我一輩子，坑了我一輩子！……你也不想想，這幾年來，人家過的是什麼日子。你比誰都清楚，從前我相當豐腴，從不敢吃牛奶雞蛋，一吃就胖。現在呢，我拚命吃牛奶雞蛋……可依然骨瘦如柴。……我簡直是在害一場可怕的慢性病，連續四年。」

「你最惱我時，其實正是我最歡喜你時。」

「愛你，這是我今生對生命的唯一希望。……如果眞有輪迴，我甚至幻想前生曾經深愛您，那是何等的幸福呀！」

「我離開世界時，你這些可愛的信是我唯一的殉葬品。」

這六炷甜美的聲音，有兩炷發自我先後的兩個另一半。

還有另外兩三位薔薇人兒，也傾吐過多少類似的音籟。

有一段時期，我的生命就像薄皮銀艇，飄浮在這些音浪上。那些日子，音浪似美酒，一對鴛鴦時時刻刻在品酒，飲酒，醉酒，整個靈魂常有點醉醺醺的，有時簡直是大醉，不醉時，至少也有點像服了些迷幻藥，肉體不大像在人間。大地已變成一片雲霧，我們不斷騰雲駕霧。另外的時辰，我們則像天鵝展羽翅，悠悠飛，飛在幸福的天空。彷彿再沒有地球，只有天空，世界只是一穹天空。萬里紅塵再不沾我們性靈分毫。

不用說，享受這些比土星瑰麗光環更美的幸福，有的是在這些聲音之前，有的正在這類聲音包圍中，有的則在聲音之後。反正，不只是我，古往今來，總有許多生命，似曾在這類聲音中化爲薤粉，而深深深深沉醉於一秒等於億萬千年的永恆時辰中。而一秒又一秒，把一條條生命幻變爲萬萬千千條帶蜂蜜味的生命。

當時，哪怕我諦聽到那一炷帶痛苦味的傾訴聲音時，我渾身雖在抖顫，卻仍是幸福的抖顫，因爲，我絕想不到她竟愛我愛得這樣深，幾乎付出一生的代價。

現在，這些水仙花似的音籟，大部分已離我遠遠遠遠了。聲音雖已遠隔數十春秋，但它們的香氣，有時仍在四周氤氳，飄漾。

話說回來，這些令靈魂透明、靈魂完全出竅的音籟，畢竟是一座最最通往愛情至上境之門，更是愛情的「三十三天玫瑰天」之門，這也是我在這冊「抒情煙雲」愛情故事節要中所透露的一點芬芳訊息。

我與無華的故事，雖然逼我以後幾乎付出三十三年游泳無涯苦海的代價，但我絕不後悔，不管別人怎樣想，怎樣說，我個人卻深覺這個代價是值得付的。因爲，在生命惡山險嶺中，愛情常是一口深不可測的洞窟，它有時極神祕，有時極恐怖，有時甚至像西班牙大作家烏那木納的名著「沉默的窟」，一進去，就永不會出來。我和趙無華小姐這段濃情，雖不是一口邃不可測的窟，卻幫助我多少觸及窟的深層，甚至底層，以及窟的無上奧義。除了享受窟底的神秘美、無窮美之外，還多少參透它的另一側面的玄機。我雖不敢說我已眞正徹悟維娜斯女神靈魂的眞相，可多少也摸觸到她的最眞實的血肉與靈性了。

附帶的豐收，是我那本「海艷」中的印蒂給瞿縈的一封信。這封信不只使這冊小說的故事比較圓全，還贏得對愛情深有研究的曾昭旭教授的欣賞。爲了這封信，他發表了一篇專文：「論浪漫與激情」。他說：「無名氏的這篇文章（指信），眞可說是從生命徹底燃燒所剩下的灰燼中提鍊出來的一顆舍利子，亦以是不能不令讀者爲之深心震悼。」

有些讀者說：這封信眞是把愛情寫絕了。

假如不是沉入和無華的愛情漩渦的底層，我不可能寫出這封信。

現在讀來，這封信的某些文字倒應加以補充。比如，信上說：「你對找過度旺盛的愛，像大蟒蛇纏住我，透不過氣了，……我的靈魂需要舒解，透一口氣。」其實，這條蟒蛇的緊纏，有時對我是極其舒服的。纏得越緊，越甜。一停止纏了，反而有點空虛，彷彿有什麼在死亡了，甚至感到相當痛苦。

歸根結柢，我們那種愛法，恐怕一千人中難得一二。我們當時的抒情風格，和現在寶島兩性青年大不相同。

就拿上述「空虛」說吧！倒不是說我們成天到晚非得緊緊抱著，這才覺得不空。而是：她必須整天看見我在一邊，我呢，也巴望成日她不離開這幢別墅。

因爲不希望我和她分開，哪怕是一小時，兩小時，我想進城爲她買點鮮花，鮮水菓，和一些吃食，她也不肯。她寧可不吃這些，也不讓我走。有時，我眞是不得不進城辦點急事了，她連客廳也坐不住，寢室更是呆不下，平日幾乎扮演天堂角色的空間，現在卻有點恐怖了。她便囑咐小娛母把沙發搬到廊廡盡頭，她坐著，巴巴面對大鐵門，我一回來，門才開，她就會很快看見我，立刻爲我倒茶，進香烟，擦火柴等等，彷彿迎接什麼貴賓似地。我知道，若侷促室內，太悶氣，只要我不在，她就悶，只有坐在院子裡，才能透透悶氣。而且，臉對大門坐著，她離外面的我似乎距離也較近些。

我所以說這些細事，只在證明「鴛鴦定律」。這兩隻愛情鳥，若一隻失散，另一隻很快死去。當時我倆雖還沒有瘋到這種程度，卻也很可觀了。

當眞，在西湖畔葛嶺花香鳥語中，我和無華享受的那種純詩境，類似神仙境，不祇是男女性靈妙境，更彷彿是比紅海更深比玫瑰更火紅的一片深深深深火山情，雖未冒出火光。這情直如神話中的羅沙法衣（註），一黏上，就永遠與血肉化成一片。

眞怪，當時兩人眞似形與影，須臾不能離，不願離，不肯離，離不了，一離，眞有點像天將崩，地要坍。兩條生命，兩個蠻大蠻大的大人，竟會變成這種模樣，渾似嬰兒離不開母親懷抱，眞是怪，可也眞放射出似山海情的眞理光芒。情就是不許生命有兩條，只准一條，「二」必須是「一」。

無華有點眼疾，不宜看書，她也不許我看書，除非我替她唸書。一發現我在閱報，讀書寫字，寫日記，紅嘴就噘得怪怪的。或者，明知我在做什麼，卻故意調皮的問，聲音倒蠻溫柔的，「你在做什麼呀？」這最後一個「呀」字，等於揿電鈕，我不得不把報紙擱開，書放下，或者停筆。要不，她就躺到寢室床上，咳聲嘆氣，我哪受得了這份懲罰？趕快進房向她道歉。唬得我以後一見她噘嘴，說到「呀」字，就趕快把讀寫的事煞車。她寧可我一事不做，守著她，閒談。天知道，也不曉得哪來這一大車子話，總是說不完，就像天上星星數不完。到了後來，眞談累了，就聽音樂，或者，一句話不說，你乾瞪我，我乾瞪你，而且，越瞪越有意思，彷彿瞪不夠，瞪不完，瞪到後來，兩人全笑起來，卻仍繼續瞪。就這樣，消磨個十幾分鐘，也感到其樂陶陶。

一句話，她需要我整個生命。

而我，前後足足有三個月，眞是分分秒秒全被她綁得緊緊的，不，我簡直是被她吃掉了。連上街辦事時，也想她，做夢，也夢她。不用說，不只這三個月，連別後近一個月，直到她住醫院，最後進天堂，將近五個月，她也被我五花大綁，綁得天昏地黑，她也被我吃掉了。這段時期，她整個靈魂全和我的靈魂熔成一片，放射一片神秘火焰。

無華病重時，曾向我暗示，希望我燒掉所寫的日記及相關文字，可我怎麼能燒？我怎忍燒？又怎捨得燒？無華上天堂了，只剩下這些文字陪我，有時讀個若干頁，雖心酸，可也甜甜的。我和中俄混血兒塔瑪拉（中名劉雅歌小姐）的那幅抒情風景，我既已寫成長篇小說「綠色的迴聲」，我自然也得把我倆的抒情的內核圖畫公之於世。因爲，這兩幀抒情畫輻射出人類濃情的兩極色彩，也是我平生兩大抒情畫卷。

無華走了四十七年了，在我這樣的年齡，我還能寫出這樣的文字，回憶她，這就說明：人類某種情感實是西天瑤池四時不謝之花。在此書「跋」——「黑玫瑰之憶」中，我曾說，玫瑰是「象徵花」，西方人愛以此花象徵愛情，那麼，紅玫瑰若是「玫瑰的白晝」，則美國植物學家包班克培植出來的「黑玫瑰」，卻是「玫瑰的黑夜」。我和無華合製的抒情畫卷，可算是「黑玫瑰畫卷」。在我心目中，這卻是一幅不死的黑玫瑰。

李義山最著名的寫情詩句是：「春蠶到死絲方盡，蠟炬成灰淚始乾」。爲了描繪這幅黑玫瑰的奧邃內景，我想把李詩改成下面兩句：「春蠶到死絲未盡，蠟炬成灰淚不乾」。

不斷又酸又甜的低吟著這兩句詩，我就跪著獻給在天上的親愛的華，算是紀念這顆可愛靈魂昇天四十七週年吧！

（一九九七，九，七）

（註）希臘神話上的羅沙法衣，是鐵製的，人一穿上，就與血肉黏成一片

抒情煙雲 上冊 目錄

抒情煙雲　下冊　目錄

卷八 烽火之葉

卷一 抒情夢卷

小 引

現在想想，我在臺灣結婚之前，過去六十多年卜居大陸，最美的愛情享受自是我和無華共同創造的。那近三個月的西湖畔葛嶺的霓虹生活，紛披著湖光山色，煙雲疊翠，花香鳥語，眞是做活神仙。但這段神仙時辰，有時仍如仙舟拖吻風浪，並非絕對寧謐。而尾聲卻是一齣絕頂悲劇。唯獨我與前妻劉菁近二十年的鶼鶼鰈鰈，居常倒是月出水無痕，我們只沉醉於一天明月，碧湖岑靜不波。儘管閉幕時仍是悲劇，平日又聚少離多，一年倒有六七次演牛郎織女鵲橋相會，但我們仍享受夠最平靜又最富兩體溶化爲一的濃情醇酒。較之我與中俄混血兒Tamara之演出全本司丹達爾的「紅與黑」，而女主角瑪特兒在情場又如此充滿殺氣，而我則遍嚐維納斯女神的苦酒，那麼，劉菁所獻給我的豐富鮮果，實在太令我酩酊了。正由於這一原因，我把紀念兩情相好，我們沉湎於鴛鴦生活的「抒情夢卷」五篇，列爲本書篇首。

第一帖　抒情夢卷(一)

母親最熟悉的是嬰兒臉孔，每一根睫毛，每一條瞳孔直徑，每一彎嘴唇的弧度，對她全像天空一樣明亮，它們又似航海家視覺裡的一幅航海圖，而她就是一個航行母愛大海的舟子。我呢，最熟悉的是我自己——我的面龐、身子、思維、脈絡、感情走向，以及我的愛人種種。

我的愛人菁像一艘航船，每年總有好幾次，駛入我的港灣，停泊我的碼頭。於是我們沒頂於比海洋更深的黑夜，一夜或二三夜。最長的銷魂，自是她的暑假期，那是我們的蜜月在吐朵朵玫瑰。這段期間，上述「熟悉」帶給我巨大享受，它似調味品，把我們的盛宴調製得分外令人沉醉。

每一次她走後，多半是早晨。我帶著幸福的清醒，睜開眼，躺在藤椅裡，廊廡上，抽一支煙，凝望院中花樹和藍天，自覺渾身幸福全溶化於叒麗陽光中。

但這一次，我的情緒似乎寧靜多了。我彷彿試圖拒絕情緒的重複。我想，不管怎樣瑰美的小夜曲，複奏太多了，也會令人製造感覺的遲鈍。「幸福」也是。這也是爲什麼，印度一些極幸福的人，往往拋棄一切，自動過極艱苦的生活，甚至做流浪者。我當然不是印度人，也不會做流浪者，但我心裡此刻確實沒有很大波動，不折不扣，我在咀味寧靜的家庭幸福。

這種幸福有時不一定等於狂猘的愛情，而是一種內涵理智色彩的寧靜幸福。

我覺得，我們的愛情已上昇寧靜的巓峯，不需要浪漫風格的掙扎、搏鬥了，甚至再沒有驚險風浪了。

我回憶當年與趙無華的戀情，那是滋長在極大不安與動盪中，因而情感顯得特別強烈。現在，我每次看見菁，與從前看見無華時，靈魂反射不大相同。當年在病院裡，哪怕無華病最重時，她的瘦削臉龐對我仍放射無限媚力，它後面似有一個奇異巨大的星球在旋轉，在吸引我。而未病前，她在杭州我的別墅時，我因事出門，每次分別僅一小時，再見她時，我也說不出的劇烈感動。我似已生活在風暴中，不時掙扎。此刻和菁在一起，精神狀態卻一直相當平靜。我的理智與情感似是平衡的。我已遠離騷亂與震動。

這一次夜晚，她回來時，我正面對大門坐著。從她第一個聲音起，我就迅速站起來。在灰色制服裡面，她穿了件紅白格子的裯襯衫。這一襲短裝，帶給我莫大喜悅。衣服的變化，有助於對一個女子的詮釋。這是說明，她的時代背景在變化，但她仍銳意沖淡時代色彩，而代以紅白格子的絢爛。她也許覺得，一個女子婷立在萬花叢中，或藍色大海邊，總比站在陋室內可愛些。

燈光下，她的身子說不出的有點抖動，臉也有點涼涼的，吻上去，卻另有一種味道。我感受到她的無法克制的激動。我忍不住輕輕觸摸那件紅白格子的襯衫，彷彿它象徵她的紅紅白白的燦爛靈魂。

我久久等待一個女人，相見了，她卻給你全部滿足，這是怎樣奇異的消受！上帝知道，你要怎樣，她就怎樣，這又是怎樣偉大的誘惑！最大的抵抗，與最大的不抵抗，同樣幅射巨大的磁力。

這是幽靜的房間，潞滿美麗的綠色燈光。兩人相對，像一雙老伴。單是四目甜視，脈脈含情，就夠繾綣。她眞是溫柔。豐滿的身子緊貼在我懷裡，直似羔羊樣的純潔、順從。當一個女人自動解開第一顆鈕扣時，那情調多迷人。

翌日，她換穿一襲原來是淡藍色的短袍子，卻洗得有點變白色了。她在梳頭。少女對鏡梳粧，這是鮮氣四溢的鏡頭。長長長長黑髮，紛披下來，龐兒紅紅的、圓圓的，眼睛發亮。我擎著鏡子，看她把一枚枚髮針扣上去。她那一灶灶嫵媚情態，我眞有點不能忍受。我想，情慾可能是由上而下，而不是由下而上。對我來說，至少先得有一副迷人的臉，然後全部胴體才顯得迷人。

從她的長長濃濃的鬢髮，我這才注意到她的飽滿胸膛。動人的是：此刻她有一片美麗的情緒，屬於純粹少女的，簡直是一座情緒的春天花園。在我身邊才幾天，她完全變了，變成我的靈魂氣氛中的一縷芬芳，一抹色素，柔和極了，媚緻極了。我不免欣喜「我」的強烈傳染性，把她染色成「我」的色素了。

她那件淡藍花朵的袍子，洗得太薄，花色極淡，它分外襯托出她的胴體的美。有時候，午睡醒來，她的臉蛋充滿戀愛的色彩，這時，黑髮長長韡披著，那份慵悃睡態可眞迷人。睡眠的甜意，似給她龐兒塗抹了大自然的醉紅，而夢又尙未離開她的眸子。她有一份典型的古代揚州神韻；我當做唐朝的神韻，怪甜怪柔的。我雖有點著迷，心情卻很寧靜，靈魂洋溢一種平衡感，彷彿我們相伴已一萬年了。

這對我可能是一種新經驗，我從未這樣自自然的愛一個人。從前我的戀愛總有點像寫大文章，不只字斟句酌，甚至雕藻鐫艷，刻骨鏤心。只有這一回，才眞正自自然然，像月光擁抱大海，像雲彩摟抱天空，像鳥聲輕抱綠樹。

夜晚，華燈照射白紗圓帳。嬉戲著，我請她抬起頭，我必須看看她的嫵媚的臉。我想起法國印象派大師雷諾爾的畫。此刻我似乎眞懂他的作品深刻內涵了。一切如此美，又如此滿盈詩意。此時我已變成畫家，渴望作畫了。她端坐著，似帶點羞澀，我卻覺得她又像一幅希臘磁皿畫，玉潔冰清。聖經上的夏娃似也應該如此。

這也許是一種新的生命境界。願望從山這邊爬上來，理智、哲學、美術、詩，由山那邊爬上來，雙方在峯頂擁抱，溶成一片了。

歡樂中的人類靈魂子午線，應是這樣神聖，像永生的阿波羅一樣。

第二帖　抒情夢卷㈡

在人類歷史上，一九五一年，恐怕是死神最猖獗的一年。正像一場大雨後，遍地都是蘑菇，這年大陸「鎭壓反革命運動」卻似一場暴雨，於是遍神州到處全是蘑菇色的黑色死神。我曾約略統計，這一年，平均每三四秒鐘，幾乎就有一顆子彈擊碎生命的天靈蓋；再不，在群衆棍棒的傾盆大雨下（註一），或在其他新奇極刑下，千百萬人不得不魂歸離恨天。

至少在中國歷史上，確確鑿鑿，這是最密集生產「死亡」的一年。一個「國家」竟然信心十足的扮演了「死亡」工廠，而其總經理居然由於能超額生產「死亡」，而感到如「久旱逢甘雨」的「痛快」（註二），這眞是二十世紀最偉大的文化、文明奇蹟。

我只得飾狡兔，又不時出奇招，苦撐到一九五七年，而這一年，又是一片討伐「右」的汪洋大海，我又成爲海中孤島。

眞正要命的是：我仍在堅持「地下靈魂反抗之戰」，在續寫二百數十萬字的「無名書」，企圖以譚叫天的「烏雲遮月」的演唱風格，側寫這場血海浩劫中、人類文化心靈如何在受害，掙扎，追求光亮。

怎麼辦？如何化解四周恐怖的千鈞重壓？如何庇護我的創造性的自由幻覺、靈感、心性，不致被恐怖壓扁？

我這隻「反動」狡兔不免找到一些妙法。衆法之一，就是浪漫。

首先是愛情花園中的浪漫。

我的心靈救星，首先是夏娃。

現代夏娃與伊甸園裡那一位頗異，可謂千面人。她們等同一座新加坡植物園，千花萬朵，形姿風貌無窮無盡。然而，我仍想執粗獷紅筆，把她們壓縮、歸納爲兩類；因爲這是兩極。一類較罕見，是嬝嬝植物，是花，是幽蘭，只吐香韻，植物芬芳，少溢生物氣息，可說缺乏眞正的「女人」味。你接觸她，幾乎從不昇起原始慾念煙火，而本來不時繚繞著你的本能音樂，也會戛然而止。

這種不是「女人」的女人，幾近純粹空靈的生命，我親炙過，也曾沉酣於她的純美的水晶似的曼妙中。

但目前有時和我共同生活的女子—劉菁，卻是另一型。她是大自然產物，並未深浸於文化泉水。她所流露的是自然生命的本地風光，帶點原始淳樸，單純，但也不乏原始的旺熾火燄。比什麼更重要的是：她純純粹粹是一個「女人」，而且靈與肉都充滿古典誠厚，像母親痛愛子女一樣愛我，並不計較斯時斯地我是否在懸崖邊緣散步。

正緣於她這種類似石器時代的感情，爪哇人或披爾德唐人的愛情，我才愈益沒頂於她的原始「偉大」中，這正好平衡，甚至是大大沖淡我四周的死亡恐怖。

每次她回來，短短二三日蜜月，就一筆勾銷我幾個月來承受的恐怖重壓。我不得不創造恐怖中的浪漫，死亡包圍中的春江花月夜。我似乎在煉製詩的奇蹟。用詩來抵抗死亡。

現在，我不妨略略描畫她的「原始」魅力，以及她在我記憶裡烙下的深刻印象。這應該是許多雌雄兩性的共同感受。但有些生命只享受不記錄，而我想記錄，好幫助我回憶、反芻那些畫景。因為，一年中絕多時間，她是我的空間缺席者。這時她任上海某著名幼兒園的教師，每年只能在寒暑假及節日假期回杭州探望我們母子。有好幾年，我是既病又自甘失業。每次她探親，與我共度閃電蜜月後，我曾記錄一些感受。現在，我打算多少效法法國普魯斯特撰〈往事追憶錄〉的風格，重新整理四十年前的紀錄，獻給我的深刻患難時代的情人，我的前妻，我永遠懷著感恩心情回憶的人。自然，我的筆觸與普魯斯特仍有殊異，他專注心理意識，而我則較重抒情。

相當令我著迷的，是看著她日漸成長。她原是我表妹，也是家母義女，從小在她身邊長大的。因故鄉揚州戰火，她和媽遷居杭州我家。她雖已二十出頭，但在我眼裡，她始終是個孩子，是我很小很小的小妹妹。但這個小孩子，有一天竟赫然變成大人了，我差點不信。我原以爲，她會永遠屬於童話世界的生命。

說也奇怪，對這個女孩子的成長，我一季季的、一年年的，幾乎足足看了三年。說誇張點，當她在我身邊時，我幾乎一天天的看她長大——從一個天眞無邪的孩子，到一個頗識風情的女人，而又不失純潔本性。一個人面部情緒的成長，正如果子，由青到半紅，再至全紅，全合大自然的旋律。其實，這是我的愛情盛夏把它曬熟了，曬紅了。再加上生活的烤爐，多年也在她肉體上有所反應，雖然它不及愛情深刻。

我的花園裡有一棵香樟樹，樹頂像一蓬巨大綠蘑菇。隨著春天深度，一天天的，它充滿更多樹液，那豐富的汁液，竟由一個小小裂口裡流出來，黏黏的。郊外小溪也隨春風的濃度、氾濫太多的綠液。大地則伴春天陽光顯示更厚的溼潤。森林則由春天擁抱更密集的雨水。這個女孩子，也隨一春一春的太陽光、雨水、露水，而湧顯更濃密的生命汁液，滋助她趨向蘋果的紅熟。

這種成長，眞是微妙，像牆角一簇簇玫瑰花朵，不知不覺間，它冒芽、生苞、發萼、開花，終於一片燦爛。那彷彿是一種沒有時空的成長。等你一凝視，把它們與時空相聯繫時，已是花簇簇一大叢了。同樣，當你眞正注視一個女孩子時，她已是一個頗巨大的形體了。不管怎樣細小的形體，從細小變得稍稍大一點時，你的感受仍是巨大的。樹如此、花如此——人更如此。

一切似應從前歲陽曆年算起。那是一九五一，是人類歷史最可怕的一年，也是我生命最低潮期。這時，我在養肺病，病並不最嚴重，但四周的恐怖殺伐聲包圍我，使我如處圍城。她出現了。她的姿態不管怎樣渺小，卻仍對我顯出分量。我不能不打個比喻。假如大海快乾涸了，連一隻採菱木盆也可能壓扁它，直壓入它底層。海儘管大，沒有水了，等於零。而且，它原來巨大形象只會增加現時的更大空虛，雖說當年此海充實時，它偉大輪廓曾引起巨大潮聲。

只要有假期，她總回來探望我們，更何況我在養肺病？她非常關心我的健康，怎能放過陽曆年假？

我記得，這次抵家是下午，有太陽光。她外穿一襲紅色呢大衣，內著紅花棉襖，再罩一件翠藍布衫。她並未化妝，頭髮也未好好梳鬈過，竟給我一股頗強烈的吸力。那就是她的青春。特別是她強有力而迅捷的皮鞋聲，衝激起青春波浪聲，和過去雁落平沙式的布鞋落地聲大不同了。這也說明，她意志較過去堅強了。她有點混亂的黑髮與不化妝的臉，更加強說明了這些。因爲我的病，她的健康，這之間，無形中提高她的分量。從前，她是被我照顧的孩子，現在，位置調換了。我這時的情緒，也實在低潮到極點（幾乎認爲我一生完了），她的情緒豐滿樂觀，因而她的姿態對我似乎顯得巨大。儘管相愛，由於病，前後三天，我不能碰她一下，她也多少有點戒備，彷彿一個人走近痲瘋病院似的。

陰曆年歸來時，稍稍變了點。當時我的健康有點進步了。她對我的戒備亦大大鬆弛了。至少，情感上是接近多了。(那一次所以有如此距離，事先我在信上描寫肺病，所造成的恐怖也有點關係。)那頓年夜飯夠愉快的。第二天，我躺著，她坐著編結絨衣，雖然只罩一件樸素的藍布衣衫，但臉上那份寧靜、沉著，使我第一次感到，她不再全是孩子了。她准許我吻她額頭一次。(現在想想，我仍感謝她的仁慈、善良，她對我是夠好了。)但在談話中，她仍偶潑冷水，使我感到自己肉體現實。她是那麼沉靜、堅強，似乎心裡有些主意。……說不出的，我倒妒忌她的健康、沉靜，那一下午的安寧，使我覺得健康是多麼可貴。

三個月後，五月裡回來，一切大不同了。結核病菌停止活動，我的健康大大進步了，這是她回來最愉快的一次，也是她形相極美的一次。

第一眼，我幾乎不相信，這就是我的孩子，我的小情人。

她穿絳紅綢夾襖，下著淡綠色薄絨西裝褲，紅衫襯出她緋紅的臉頰，似滿溢火紅的感情。她的頭髮第一次梳鬈得這樣美，長長長長的，鬈曲著。我也從未發現她的龐兒是如此動人，大約裡層蘊有較成熟較深邃的生命內質。後來才發覺，這一天，她所以吸引我，主要是她身材高大了些，稍稍飽滿了些，由於運動之故，她的臉也豐腴了些，不像過去那樣嬌小。這一變化，使她原有的美麗臉孔愈益璀璨了。沒有健全煥發的綠葉與枝條，任何花朵不會眞迷人。

沒有矯健的身段，一個女人不會外溢希臘味的豐盈美。

初夜時分，在暈色燈光下，少女青春和她的純粹美質，分外顯示魔力。這種魔力，因我四周空間的異常恐怖。（別忘記，這正是大陸血流漂杵的時刻），分外凸出。想想看，在死亡隨時會叩門的這樣時刻與空間，這樣一個可愛親人的出現，而且是一片花團錦簇的形象，這對我是怎樣一種幾乎是恐怖的幸福？又豈止是美學的或生物學的豐收？沙漠上一個瀕於渴死的旅人，垂死之際，突然獲得一大杯芳香的甘液。啊！天！我要怎樣描畫才好！

超於一切的，這次我向她提出一個永生的要求，我向她求婚，她應允了，答應我健康全恢復後結婚。

血的時代。鮮紅的愛。黑色大地噴灑愛的銀色噴泉，照亮無邊無際黑夜。

分離三個月，她也早渴望看見我，更盼分享我健康喜訊的快樂。夢樣的燈光下，她意識到我的情緒，溫柔的道：「讓我換一件衣服，好麼？」她去另室，換了件嶄新的白色府綢西裝襯衫，配上那條馬褲味的西裝褲，與長長鬈髮，我從未見過她是這樣的氣韻生動，這樣的春光煥發，她眞有點女騎士的風度了。

她是如此精力充溢，而她的胴體豐滿，如此誘惑我，我說不出我們是怎樣度過那第一剎的，不，是怎樣吻過那一剎的。有半年多，我們沒有接觸了。她深愛我，也同樣對我飢渴著。我們的吻從未這樣甜過，抱也從未這樣蜜過。這一夜，我是第一次把她當做未婚妻來吻著、抱著。我發現她的胴軀壯大多了。

翌晨，她穿天藍色布衫，臉龐略敷了點粉，那一身翠色、似翠透眉梢……我望著望著，怔住了。因爲她的態度帶了份從未有過的矜持，可以說是高貴。昨夜那種帶點火熾的臉型、臉色，不再現顯。奇怪，人臉變化是如此大。不過，下午火車誤點，又折回來後，只不過半天，她的臉色又不同了。被太陽曬得紅紅的，沾點黑黑的，似比昨天稍瘦點，姿態卻很活潑，眞像一隻小鳥，蹦蹦跳跳的。上午的矜持、沉靜，代以生命横溢。

閒談中，爲了多少表示紳士風度，我偶向她透露，我不願過份以自己健康及困境對她加壓力，迫她出於同情，才接受我求婚。今後，如她要取消，我不會怨她。這原是隨便說說的。不料她竟誤會了，登時賭氣道：「不訂就不訂……取消就取消。……你不要後悔。」這孩子竟第一次這樣辣手，批我、斥我，眞是可恨。接著，她離開廊廡，獨自坐在花園洋台石欄上，看西湖景致了。她似在沉思。

這畢竟是一時賭氣，鬧情緒。我所放射的對她整個靈魂與肉體的長期魔魅，如羅沙法衣（註四），她哪裡能擺脫？經我一次次討饒，她終於轉嗔爲喜。

男女的愛情磁力，眞沒有任何人間言語文字或符號，能道透它的神秘、神奇、蝟複叢錯，又矛盾，又和諧。

我到底是她崇拜的偶像，再加上她與我母親幾乎是血緣的關係，我和我們家庭已是她唯一精神支柱，及人間鳥巢，鳥不能沒有巢。

自然，在我們的純粹愛情中，她也享受了超級幸福。

夜裡，她躺在我床上，簡直不想離開。

眞是羅密歐與朱麗葉風格的夜。

也是我在「海艷」裡描繪過的那種夜。

蜂蜜、玫瑰、小夜曲、繾綣、纏綿、甜醉！

終於熄燈，我睡了。

不料她找了個藉口，又從隔壁房間輕叩我房門。「我的一件東西在你這裡麼？……」燈亮了。不久又熄了。她又躺在我身旁。這是永生一刹，不，這是時辰的永恆。不，我們眞是在擁抱永生。我們相信，對我們來說，生命裡已無死亡。天知道，我已六個多月沒有喝過一滴生命眞水了。

第二天早晨，她走了，特來我床頭告別，有說有笑，有蹦有跳。很少見她這樣快樂過。

這年七月，某夜，她又出現了。我發覺，她開始眞正有了婦人味。第一瞥未畢，我就有點妒忌她。「眞是越長越美了。這樣的美人，竟是我的未婚妻。……我幾乎有點不敢相信了。」

這次和過去全不同。她的姿態，是個很曉事的風情女人。她穿我最喜歡的黑白細格子的薄薄呢旗袍，烏髮依舊長長的，臉圓圓的，白白的，眼睛很亮，她顯示一個婦人的飽滿胸膛。我從未把我這個天眞孩子與任何類似肉感的想像聯繫過。但這一次，我卻止不住這樣想像了。她的形相，確實使我想起美女陸小曼的一張動人照片。……燈光下，我渾身直發熱。擁抱她時，我幾乎抖得厲害。甚至兩天後，我抱她時，仍在抖顫。她似乎敏感到，卻意外的特別緊的摟我。我問她爲什麼？她深情的道：「這兩天我太喜歡你了。」她繼續緊摟我。她的胴體也眞正趨向紅熟了。

幾天後，她才漸漸微微消瘦下去，多少沖淡了第一面我發現的雍容華貴氣象。她似又由一個曉事婦人變成我的天眞爛漫的孩子了。是不是我們伊甸園內的極致愛情美景，叫她回歸原始夏娃的風格呢？

我寫這些，絕非有意渲染我所愛的「禁臠」。

第三年夏季，她回來，因事赴浙江醫學院訪友。返家後，她告訴我：一大群大學生一直跟蹤她，直至她離開校門，有好幾個還追她到汽車站。我記得，那天下午，她著玉藍色凡勒丁長旗袍，髮上束一條雪白絲帶，眞是瑰艷奪目，難怪在校園裡扮演驚鴻了。

八月九月，她兩次歸來，依然不時在走浪木，一端是天眞少女，一端是成熟婦人，且帶點巾幗味。她的面孔——那樣整潔，沉靜，我格外歡喜。假如不與過去對比，或許不會突出這樣踏實的風格。她的態度因而也現得特別莊重，略具沉思味。這也好，我們的時代是如此沉重，亞當夏娃們自應沾此時代分量。好在我的健康大有轉機了。雖然對外人我絲毫不透露肺病眞實情報，但她完全曉得，我離痊癒不遠了。

儘管外表莊重，但她躺在我身邊時，依然是一副熱情的孩子臉。而且，她又天眞、又誠懇，眞是無比誠懇，直似一個虔誠的教徒——信奉我這個教主。

後來我想，對我來說，她爲什麼具有如此鉅大吸引力？她的美麗、青春、天眞、純粹、善良，固是重要誘因，但同樣重要的激素，卻是由於某種「太久、太遠，又太近」。我們分別太久，她的空間太遠，突然間，我們竟能緊抱著，溶爲一體，卻又太近了。似乎「近」得超過幸福了。

結婚後，每次返家，我們眞像牛郎織女鵲橋相會，每一回全享受洞房花燭夜，每一次都在度蜜月，無比相愛，相寵，相歡，相樂。其實，我們已經是三年酒客了，卻像第一次作客，第一遭發現雙方如此酩酊於醇酒的芳香，細想起來，情人所在即便洞房內，若沒有情緒的豐滿，就沒有眞正肉體的豐滿。而每一條曲線也像眼睛，竟會凝望你；每一弧圓潤潤的圓，也像嘴巴，會說話、歌唱。臉龐的一切生命力，全傾瀉在胴體上，於是，胴體便變成一副比臉更深刻的臉。

這樣，胴體「碰杯」、「乾杯」時，是在娓娓情語，在款款歌唱。

一朵玉簪花似的少女——一幀女人的臉，她是這樣不斷成長，變化。這個女人，由我的孩子變爲我的情人，又變成我的妻子。在一個由死亡編織的恐怖時代，我居然會有這樣福氣，這樣閒情，能記錄上面種種抒情片段。一千六百年前，晉代謝安大破苻堅八十萬大軍於淝水，前方血肉橫飛，扮大元帥的謝安，卻在府中與人弈棋。他的從容，爲後世稱譽。我雖平民，能在血的時代如此閒逸，說明我尚未辜負古典文化精華思想的陶冶、啓迪。這不過是短短幾年的事，這又是最狂風暴雨的幾年，在暴風雨中，當我記錄這一切時，我最愛的妻，你可知道，我是懷著一顆怎樣滾燙的心，一片怎樣熱烈的胸膛！親愛的，我在筆端、紙上，似仍可感到你臉孔的嫵媚情緒，你的美，你的笑，你的純潔，你的誠摯，以及你的少女胴體。我希望，將來讀這些片段時，你會更深更深的愛我、寵我，我們將更火燎燎的熔成一片。

【附　註】

註一　當時開鬥爭大會，規定群衆每人須帶棍棒一根，鬥爭「反革命分子」後，旋即號召群衆用亂棍子把被鬥者打死。

註二　一九五一年三月十八日，在「轉發黃敬關於天津鎮反補充計畫的批語」中，毛澤東說：「……殺反革命比下一場透雨還痛快。……」。詳見中共內部機密參考書「建國以來毛澤東文稿」。

註三　杭州鎗斃「反革命」多在松木場。

註四　神話上有所謂「羅沙法衣」，由鐵造成，人一穿上，便與皮肉黏成一片。

第三帖　抒情夢卷㈢

〈引〉

老了，清晰瞥見旅程終點，有時不免回首前塵。近來我時而想起的，是翻江倒海的五十年代大陸十載。它與文革同是人類歷史上最可怖的十年。今日我不免有點驚訝，當時竟有那股勇氣完成二百六十萬言鉅作。不用說，是置身恐怖包圍中。究竟以什麼盾來抵擋恐怖之矛？偶由篋笥發現三十八年前一篇文字斷片，這可能倒是那時我的心靈盾牌之一。

大約是受那本英文「梵谷傳」的啓示，（這是畫家趙無極的贈書，作者是李文斯通。）書中敘述梵谷表姊的家庭，那是一個可愛的荷蘭家庭。

是的，開始時只不過這麼一個荷蘭風的家庭，我就聯想起一個因愛情而紅熟的少女，她垂著豐滿的長長金色頭髮，渾身散發婚後的芳香。於是白胖胖的孩童出現了，轉動藍色的眼睛，被牽在一個文雅的年輕紳士手裡。她撲到他懷裡，抱他，靠在他肩上，甚至當著她的父母、客人。接著是香檳酒杯的聲音，鬆軟的白白麵包，噴香的奶油，炸肉片，烤馬鈴薯……。這一切構成一幅暖烘烘的畫，雖然屬於幻覺，卻第一次溫暖了我的北極冰山——我的心。

是的，開始時只不過這麼一點點——這幅小畫。可是，那個又是少女又是主婦的香味卻在我靈魂裡發酵，自我創造，終變成這樣巨大的一個堆積，逼我回憶、冥思，這一生的坎坷。「多少年來，我確確實實還差一點東西。」我不禁聯想我的常失蹤的主婦，我的不全屬於我的女人。她不正是那個荷蘭少女兼主婦的另一幅本土寫照？線條雖異，色調則一。可惜，一年裡，我和她只相聚兩個月左右。永遠是鵲橋相會。永遠是時不時的蜜月旅行。

緬想的閘門一打開，於是我開始洩瀉回憶的洪水，藉記憶的波浪落實幻覺，並支助它顯示生命圓全。

回憶一個女人，即創造一個女人。特別是白晝和黑夜畫等號的這種時辰的回憶。事物本身只是一根火柴，回憶的無窮蛛網式的輻射才形成巨大薪火。對我，回憶常常又是一份浪漫主義。

那幾天，我確實嚼味到有生以來很少嚐過的青春滋味。那是生命實體的美麗，胴體的酒杯。我喝得沉醉，而我回敬的酒又如此飽滿，芳香。我們的「碰杯」是怎樣迷人的一幕。那個下午，午睡醒來，才一抱她。不，左手才一接觸她的肩背，全身就酥，醉。彷彿我是第一次看見愛情，沉入愛情，第一次接觸女子。這裡面似乎添了點新的調味的味精，我對大地的靠攏。以前，我總憧憬高空感情，那種空靈，幻美，不食人間煙火；現在，我卻珍惜大地感情。有了這份新的泥土攪拌，以及我的抒情視覺的角度轉換，她的臉頰、眼睛、嘴、胴體、頭髮、動作，……一切一切，彷彿全兩樣了，充滿新的色素。我開始發現畫面上從未見過的幾種顏色。

她終於走了，像船，我只是碼頭。接連四五天，我還沒醒，我似乎還在睡。每一回想，全集中於那迷人的一點。我彷彿還感覺當時手指的感覺。我的手指宛若和我的想像一樣清明，深刻感觸到她的甜媚。她走了。但我這個房間，第一次再不是一個空房間，我也再不是一個「我」。這裡有新的同居者。她雖走了，但她的芬芳仍溢滿這裡一切。這算是一個眞正有女人氣味的空間了。她隨時似還在室內飄蕩。枕邊、床上、椅上，仍漾著她的香味，眞正「女人」的香味。這種香味，只要眞存在一次，就永遠存在了。正義的香味存在，可能必須倚賴血火才能顯跡。而她這種香味，也只能在一種豐滿的愛情中，才能映現。說是豐滿，因爲這是大地風格的愛，不是高空格調的愛。而且又是平凡的卻滿充實的愛。我愛她，首先因爲她是我的妻子，我的永久同居者。我們將有一個小小的，溫暖的家，有她懷孕的大肚子，有搖籃，有孩子的笑聲和小手小動作，有愛的「丈夫」聲音。我們相依相偎，相助相扶，共消磨這有限歲月，而在冰箱似的人間燃起熘火。

是的，家！這個字縱使似樑上燕巢，多少次被暴虐的紅色狡童搗碎，人們依然一回回的重建，因爲這是生命的起點。

多少次我厭惡尿布呢？現在，我卻從它呼吸到水果的芳香。啊！香的尿布！

我的心爲什麼充實？我再不寂寞了。這是一個平凡眞理；先愛一個平凡女孩子，然後愛全人類。愛人類，因爲她是人類大海中一滴。愛她，因爲她是人類的縮影。不需高深哲理，這裡就已建築一座深沉的哲學宮殿。不同往昔的是，這次愛情，給我異常輕鬆的感受，彷彿是一種不是愛情的愛情。不，一種沒有負擔的愛情。過去對T，對H，我全覺得那時我在扮演一個沉重的角色。現在，像飄過大海，再划小河裡的木船，輕盈透頂，毫不吃力。有愛情的意外收入，卻沒有愛情的意外支付。她像樹上一隻無花果，簡單，甜蜜，我們的愛情眞單純，彷彿是一片沙漠裡的一朵野花。她有少女的一切美點，卻毫無一般少女的缺點。她眞像從我那套感情模型裡鑄鍊出來的，我每一感到她，如感受自己的一部分，她似屬於我自己最單純最純粹的那一部分。

是的，我將不斷回憶，用回憶創造她，創造一份浪漫幻覺，藉以對抗四周恐怖，抵抗不時包圍我的死亡。

畢竟，這一可怖時代，萬萬千千才優學富的生命先後全向時代壓力高舉雙手了，我總得孤軍秘密作戰到底。

第四帖　抒情夢卷㈣

——又名「四十年前一幅鴛鴦圖」

在一個魔性的時代，魈魆風格的空間，雙雙做一對鴛鴦，可眞不易。越是魈魆，我偏偏越想扮鴛鴦。我與菁每一次鵲橋相會，由於我「偏偏」，她也琴瑟相和，「偏偏」了。鴛鴦戲水，我倆每回嬉戲西湖。彷彿只有千古詩人讚美不絕的這片天堂神仙水，才更能襯托出鴛鴦的彩色情調。偶爾，上帝和我倆搗小蛋，西子遂化身一湖黑墨水。然而，鴛鴦卻有鴛鴦的能耐，竟畫出下面一幅鴛鴦潑墨畫。

凡是極恐怖的，在記憶裡極深刻。凡是漆夜裡的狂風暴雨，在記憶裡也深刻。這次我們遊湖，從綺麗的湖色，熾烈的陽光，而夕陽、而黑夜，而大雷電、而暴風雨，而雨過天青，而月出，這是生命捧給我們的一盤豐富果實。

早晨總是一大杯希望，餐後青天忽飛來烏雲，直到下午出發，還有些暗影。我想，今天遊湖可有點掃興了。

不料上船後，滿湖燁燁陽光，我不禁愉快得像個王子，菁也天眞得像個公主。湖上的光影色彩太美，竟把湖景熔製成一隻景泰藍風格的彩盤，一片金碧輝煌。我倆就像坐在彩盤內，被綠色蘇堤白堤輕輕摟抱。可夕陽終於出現，在它最後的巨大光彩中，宇宙說不出的燦爛。不久，四周到處開始簪掛青色霧帶。我們的腰枝，似也束了一條青色緞帶。金色陽光仍照耀著，菁便撐起綢傘，傘藍卻使我們有點眼花撩亂。我輕輕道：「你別看夕陽光彩如此璀璨，很快就完。」果然，一刻鐘後，偉大的太陽只是一隻單純的紅球，漸漸的，它更似一把原來撐得很大的降落傘，最後又摺成手掌一樣小了。不一刻，陽光終於向我們道了聲「再會！明天見！」

暮色中，船駛近平湖秋月，石階上泛溢湖水，連座位下面也滿滿綠水。我眞想喝點酒，便向侍者借了個開瓶器，打開啤酒瓶。過去，總是把船划到湖心，才開始飲酒，用晚餐。因爲這是一個非常非常特殊的時代，我又是一個出局的人，我眞不願岸上人看見，我們正在享受一頓唯美的「西湖晚餐」，有酒，有佳肴，有美點。而遊船客人像我們這樣享受的，確實太少了。特別是：我們的愉快臉色、溫柔動作、輕言悄語，全畫出我們是一雙幸福的鴛鴦，和這個「大時代」多不調和啊！酒菜眞可口，五香牛肉、醺魚、素火腿等等……，只有湖心亭與綠波才是這頓晚餐的旁觀者。我自覺這兩三刻鐘活得眞有點像夢中人，由於西湖的最後色彩、楊柳枝條、粼粼波紋、全撲入我們懷抱。我不斷看遠處岸上，眞怕被人偷窺，可仍情不自禁的摟著菁，溫柔的吻她。她幸福的閉上眼。我們臉偎臉，緊緊貼著。我多想離開世界呵！這可是「極蜂蜜的時辰」。

船近蘇堤，堤卻漸漸浸入墨水海，墨而無人。墨色的蘇堤仍充滿魅力，它畢竟眞燦爛過呵，那些發光的記憶似仍繚繞四周。我吩咐舟子，把船離堤遠點，索性直划過去，打算繞三潭印月兜個幾圈。

此時我們的船幾乎是湖中最後一艘了。想不到快到三潭印月時，忽起大風。天更黑了，比黑炭張飛更黑。爲了抵抗太黑的夜，我們就緊緊抱著，熱烈吻著。若要問世界美不美？就這麼美！若要問最高的歡樂是什麼？就是這個！在和平生活中，這是兜率天的享受。不能再歡樂了！這個光怪陸離的世界，這個墨黑墨黑的夜，只有少女是美麗亮光，是一切生命精華中的精華。

終於雨橫風狂，船再划不走。舟子說，再划很險，風浪太大，必須暫在三潭印月避避風暴。雷轟轟響，閃電像一條條飛馳的銀蛇。夕陽西下時的華麗西湖，絢爛盡收，竟變成佛教閻浮提東方鐵圍山下的地獄，相當恐怖。我們原想在蘇堤柳下泛舟賞月，賞新月冉冉初升，不料竟變成逃難者。我們找月亮，卻獲得暴風雨，只得迅速上岸，在一座神廟中徘徊。必要時，我準備在這裡過夜，把船上沙發靠椅搬進來。朦朧燈光中的神龕是可愛的。外面是狂風暴雨，廟內最兇的神煞也可親了。畢竟這裡有神陪你，有供台下香案可睡。我不禁想起電影「寒山寺鐘聲」的廟內一個鏡頭。古寺的寧謐氣氛常是迷人的。

十五分鐘後，雨居然停了。又一刻鐘，風也小下去。舟子勇氣來了，說把船直划到金門上岸，半小時就夠。這樣，就可能躲過另一場暴風雨。他準備冒點險。出於意外，半小時後，雷不再響，雨不再落，風也全止。眞是雨過天青了。

抵第一碼頭時，一輪大月亮，亮晶晶的繪在天穹。我們歸去時，正是一些人來泛舟賞月。已經八點了。月亮越來越亮，三輪車駛行郊外公路上，這條路似從未這樣晶光發亮過。湖上賞月未成，倒在郊外路上賞月。不過，我們必須不時回頭望，因爲車子和月亮的方向正相反。

抵家時，站在院子裡，月亮似從未這樣美過，清白過。我不禁暗謝上蒼。當我目前經歷一生極地獄性的時辰時，還能消受今天遊湖的愉快，上帝究竟是慈悲的。

晚餐桌上，除了菁烹製的幾式可口小菜，還有一大碗清燉大肥鴨湯，香氣四溢。我們不時開懷碰杯。媽見我們如此愉快，也不時笑了。

想想看，今天遊湖，眞有點像人之一生；極險惡的、與極沈醉的都有。然而，有美麗的菁陪我，她那顆比百合花更溫柔的心，總像魔術似的，把我四周的永恆黑夜變成永恆艷陽天。分分秒秒我沒有忘記，這些年來，我是怎樣在黑夜最深處掙扎。可是，只要她一出現，我又變成太陽人了，和她共享受一次雖短卻又似無盡頭的蜜月。她的一個輕輕聲音似不時在我耳邊響：「只要一看見你，我整個人就溶化了。」

第五帖　抒情夢卷(五)

——又名「憶塔底的女人」

「淫雲全壓數峯低，影淒迷，望中疑。非霧非煙神女欲來時。若問生涯原是夢，除夢裏，沒人知。」

清納蘭性德詞擅抒情，其悼亡詞多佳構，上面這一闋即爲傑作之一。唐元稹那三首悼亡詩雖屬佳篇，膾炙人口，但感人處只限於其妻懿德、賢慧，從實生活細節中見眞性情，卻不及於男女間那片繾綣柔情，如煙似霧，若嵐若翠，既纏綿溫馨，有時又縹緲幻異。納蘭這闋悼亡詞，倒多少透露出個中神妙的玄機。

儘管我們一千次、一萬次用夢描繪愛情，然而，即使到一百萬次，除了「夢」這個字，人類字典上，恐怕再無他字，更能淋漓盡致的描繪男女情感眞諦。

爲了記錄此夢，也爲了對大陸數不清的愛情、婚姻悲劇作「袖珍」見證，去年我撰中篇報導「塔底的女人」，刊臺灣日報副刊。所以稱我的前妻劉菁爲「塔底的女人」，是因爲當年傳說法海和尙破壞許仙和白娘娘的愛情，降伏白蛇、靑蛇，甚至把她們鎭壓在西湖畔雷峯塔底。而當代紅色法海毛澤東及其徒衆中國布爾希維黨人，爲了摧毀我的愛情，倒確實把我和劉菁雙雙鎭壓在紅色雷峯塔底。不料我竟僥倖逃出來了，而且越過臺灣海峽，逃到寶島，菁卻仍留塔下，苦度殘年。

爲了拉緊情節，書中有些抒情片段，我不得不大加刪削。現在想想，這些片段不妨作爲回憶錄，零篇問世，乃整理下面篇什，命題「抒情夢卷」，又名「憶『塔底的女人』」。

經歷五十年代十年海嘯「運動」，毛澤東似乎感到疲倦了，便暫時隱入「第三線」。他的疲倦是我們的幸福。於是，從一九六一到一九六六「文化大革命」，這五年，難得一連串的紅色颱風暫息。其間雖有「四淸運動」，那已算是淸風徐來了。

這時我便加緊做我的「秘密工作」。除了公開的勤研書法外，我還秘密撰長篇自傳小說「綠色的迴聲」，寫許多反共詩（朦朧詩）、幾個短篇小說，和一些雜文、散文、書評、哲思斷片。社會上失業者太多，幼兒園極左派，和湖墅派出所，此際不再像過去那樣計較我的賦閒了。劉菁所受壓力大減。

這一段時辰，能微微療治我過去十年心靈傷口的，依舊是媽媽的笑聲，西湖的翡翠綠，那些偉大死者透過白紙黑字傳出的音籟，和我的鋼筆尖在稿紙上的「嗖嗖聲」。此外，我最帶享受意味的生活節目——包括我的動作、感覺、思維，是不定期的上海之旅，它能創造自我安慰，而我可以「解放者」的心緒，投入愛情和友情。

只有這種時刻，上帝才似乎想起憐惜我，把我那顆在但丁煉獄浸漬了十年的心，又是香膏又是橄欖油的，塗抹個不停。我呢，一踏入火車廂，三魂七魄早變成各式各樣的鴿子：「鴦白」、「紫犍」，「玉翅」、「點子」、「烏頭」，伴著鋼鐵車輪的節拍，急急向上海天空疾速飛去。

那是象牙味的周末之夜。我以類似新婚蜜月的血管顫動，悄悄跳破幼兒園翠綠色淺草坪的幽靜，跆入那幢瑰綺建築的滿室空寂，覓我的新娘。連我自己也非常驚異，史無前例的十年鮮血洗禮，竟毫未玷污我的性靈空間一纖，而今夜還能如此透明的靈魂視覺、嗅覺，把自己溶入一片神秘的愛情荷水香。

這些華麗樓宇，當年是某鉅商的藏嬌金屋。園苑林木蓊鬱，花草繽紛。那些打蠟的砌花地板，全是金黃色美國楊松木質，終年溜光灑亮，晶鏡鑑人。更迷人的是，整棟單人宿舍，只我們倆。

一見我，菁就獻我一杯杯淺笑、濃笑，自斟自飲，且邀我共飲，這就是她對我數月相思的即興酬謝。我回報她，也左一杯，右一杯。我忽然想起一個詞彙，飲笑。我們是以空靈相互碰杯，……靈吻靈。

廚房整潔精緻，泛溢一陣陣菜油香，煎魚香，那口耳字薄皮鐵鍋內「滋滋滋滋」聲連迭響，音籟眞是沁人。

第一尾麵拖小黃魚，才煎好，她就用鐵筷子夾起來，遞入我唇內，看我吃下去，有滋有味的。她又敬我一杯笑。

這海魚，香噴噴、脆花花、黃澄澄，似攪拌著她微笑的媚色和心跳的猩紅色。我不只是咀魚，也是咀海，更是嚐她的笑，味她的心瓣香氣，和魚游大海的情調。日本料理「甜不辣」有點類似這種吃法，可哪有今夜的微妙格調？

我擎著油津津的白磁碟子，一面品味，一面不斷凝視她的臉、眼、眉、鼻、口，似欲透入它們的原始胚形。「這是另一座西湖」！我想。杭州西湖，我抱不動，這一座，我可擁在懷裡。

藍是天空語，淡青是月亮語，春氣是花語。我倆此時語言是魚香、油香，「滋滋滋」聲。而神秘的花語正在四周悄響。

一小時後，在探親宿舍，一座小洋房的頂樓靛青色螢光燈管下，我抱我的西湖在懷裡。她不像我從前的情人，每當激情時，她們雖無聲，在激情前後，多少卻有一些濃言郁語烘雲托月。她卻始終沈默如磁器，彷彿沒有一種人類語言文字，能傳達她的內核訊息。她的永恆音籟只是臉，特別是眼睛。她自信，我早已穿透她的形骸，直達她的原始語言秘庫。

結婚十幾年了，每次鵲橋相會，我們仍沉沒於洞房花燭夜的矞豔光色中。

這不是愛，也不是歡樂，是太空豪麗的吸收現象：夜把宇宙一切光輝都吸收了，創造那最珍珠、也最癲狂的墨黑。歡樂太亮了。再巔峯下去，必須黑。

天知道，這一刻，有那麼多瑰美的呢喃，翅翼，氣體，汁液，要幻化爲虹色北極光，照徹我們今夜赤道的心跳。

平日哪怕是夫妻之間，相互不時儘有秘密鬥爭，那是時代的野蠻色彩，每個大陸人必須負擔的，我們不得不像承受陽光似地，多多少少接受它。然而今夜，它卻絕不介入我們唇瓣的天人合一的妙味，奇香。

這場鵲橋會，無論是睡、醒，我們的心魂，都滲透了彼此靈肉姿影的波浪。離別期間，那些回憶的火燄，此刻更燃燒了血管液體的沸騰。

我終於明白，人類的眞正愛情絕不受死亡與痛苦決定，更不受文化、教養、門第、階級、宗教、政治、形體的影響。愛情的唯一偉大的詮釋，它的地點與終點只有一個字：「愛」。

我們的臨時香巢，什麼陳設也沒有，空無所有，空而不空。

每逢她值夜班，快十一點了，我就泡好一杯龍井茶，等她。

我等得毫不焦灼，異常從容，彷彿大地在等一滴露珠墜落。

長長的靜靜空巷中，一朵柔柔的女音敲擊黑暗：

「四哥！……」

我應聲下樓開門。

才推開房門，我們就投入彼此懷抱，那是太陽光譜的鈣氣擁抱氫氣，沒有它們，就沒有發光的宇宙。

燈下「等」與「應」，是冬尾第一春的花，而我十年來常被無花的時間圍困。「等」開花，「等」我的形體與她的形體開花，是黑夜給我的溫柔囑咐。她的聲音又多麼泛溢花味，花氣，好像她永遠只有童年。

無形中，我也像種花，種她，看她在我秘密空間花盆內展放。

等閒我已失業十五年，紅塵風沙的多次襲擊，似乎並未在她心版留下深跡。她那雙含情的眸子，依舊在沉醉的包圍我，……

我不能不提一件事。

有一晚，我去虹口劉屺懷家。幾個朋友約好了，在劉家交換時局消息。我在杭州享有充裕時間，可以收聽美國之音和臺灣廣播，大家樂意聽我的時局報告。人們似乎是黃泛區的災黎，我的報告中出現任何一葉希望之船，彷彿都有可能載他們到安全彼岸。我呢，在杭州絕不向人吐眞言，積壓了幾個月的悶鬱，卻用火車載到上海，一古腦兒傾倒給知己們。也許，傾瀉得太放浪形骸了吧！在劉家多耽擱了些時候，恰巧又逢暴風雨，發大水，有一大段馬路，淹在水裡。回來時，電車竟不通，我只得繞道步行。原定十時歸，居然遲至十一點半。

一進房，她本躺在床上，飛魚似地，突然跳下來，怒聲叫著：

「你不必回來了！回來幹什麼？你搬到劉家去好了，這裡本來不是你的家，虹口才是。……，你們這一票人，一聚在一起，就扯不完，誰知道你們扯什麼？……，現在幾點鐘了？你也不想想，你們尋歡作樂，有說有笑，人家卻受活罪，傻等；睡也不是，坐也不是，走也不是，我差點去報告公安局，疑心你是失蹤了，出了事……如果你再不回來……」

我把臉伸到她面前：「打吧！打我耳光吧！重重打吧！」

她倒是打了兩下，不算頂重，是中量級的。

等她一場暴風雨發作完了，我微笑著，站在她身邊，貼住她的耳螺，低低道：

「菁，聽了你這一頓臭罵，挨了你的耳光，我倒真感到幸福。回來以後，如果你不狠狠罵我，打我，竟天下太平，那我倒真失望極了。」

她噗嗤笑了，把我攬到懷裡，笑著道：

「你呀！你眞是個魔鬼，眞會耍嘴皮子。」

接著，溫柔的撫摸我的臉頰，輕輕的在我耳螺邊道：「眞對不起，沒有打痛你吧！眞對不起！……」

上帝明鑑，這時我們結婚已十年以上了。

第六帖 一封未寄的情書（註一）

多少年來，我沒有暢暢快快給你寫過一封信。這原因，你知道。（註二）沒有人能衡量，過去十八年來，你給了我多少珍貴東西！上帝給我生命。我給這生命染上光與色，加上一個神聖的使命。但只有你，才給這生命一片神聖基地，讓它生根，發芽，在最可怖的狂風暴雨中開花，結果。

古代人曾用大理石宮殿，用美麗的花園，供奉他的愛人。爲了把幾千里外最新鮮的水果立刻奉給她，不惜讓幾十匹名貴的駿馬死在路上。（註三）

可到現在止，我連一立方呎眞正空間也沒有給過你。從我手裡，你沒有接過一朵眞正的花，一隻眞正的果子。

面對我那些又莊嚴又可憐的夢，從沒有一次，你眞正皺過眉。你像聖女貞德，勇敢的獻身那片夢境火燄，不是由於對它的透徹理解，而是出於對我的透徹信任——一種對我的幾乎是崇高的愛。

在這樣一種嚴厲的漫長時辰，在你那樣一種嚴厲環境中，一個少女保持近十八年的愛情狂熱，不是一件簡單事。只有古代女人對基督教或佛教的狂熱，才能相比。人們要用多少深刻的言語，多少動人的文字，才能把你這片狂熱的大火，它的光燄，它的力量，以及它所燒焦的巨柱、屋宇、物件，描述得清清楚楚。

感激不是一個適當花球，用來贈給你這樣一個愛人。感激也不是一種適當飲料，用來獻給你這樣一個如飢似渴的愛人。感激更不該是一副禮貌白手套，用來掩飾，我那雙獻給你的空虛而枯乾的手。實際上，世界上沒有一種感激——包括這兩個字本身的涵義，能表現我對你的眞實感激。在十八年後，假如我還利用這兩個字作禮物，那是對你的褻瀆。

你本是一口甘泉，你願對任何人——宇宙衆生，敞開你的泉口，無條件的獻出清冽泉水。幸運的是我，自私的也是我，有幸逢到這片泉水剛巧座落在身邊。於是，天賜我以永恆的獨佔，而你，塡滿了我永恆的渴。沒有這種天賜，沒有我的極度自私，是不可能獨佔獨飲這片泉水的。

我不否認，在狂飲了你的甘液後，我也回報了你幾杯酒，甚至幾十杯酒。蜜蜂採吮百花蕊汁後，給人間帶來春蜜。我給你帶來一杯杯人間夢境，那些沉醉的詩情，純美學味的幻夢，以及濃醇的歡樂。可以說，我把我生命中最最精粹的，凡一個男人能奉獻給女人的，差不多都給你了。除了我傾心供奉的MUSE女神外，再沒有一個現實女人，從我這裡享受到更高的燃燒，更狂烈的詩境。我的美麗的，我所給過你的，是不能以人間物質來權衡的。那些極致的燦爛，即使用一座大理石宮殿，甚至一座王國，也不一定能換得來。

我這段傲慢恕詞，證實的將是後代，不是此時。

事實上，你自己也證實了這個。每一次，當你像天鵝展翅一樣，撲到我懷裡——你的天空時，你證實了這個。你毫不含糊的明白，你是和什麼樣的人在談戀愛，你是在攀登怎樣一座愛情高峯。

不談這些了。時間早已代言：我們愛過、歡過、醉過，山盟海誓過。今後，我們還要相愛到底，直到生命最後一口呼吸，直至天堂裡的永恆。

可是，精神事物雖超越時間空間，人類形體依然得受時空限制。我們所渴望的熱情狂風暴雨，帶給我們無可比擬的酩酊，可也能帶來某種毀滅，如果它賡續不斷，化成永恆時空的話。在曠熱的毒夏，一陣風會帶給我們遍體清涼，但持久的暴風雨，在消解了我們肉體的熱意渴意後，卻連大地上的田園莊稼——我們最根本的生命糧食，也會摧毀盡淨。我們不該僅有今天，——甚至僅僅今夜，我們必須有明天、明月、明年。

生命的鐘聲不斷響，大聲告訴我：最美麗的青春玫瑰，最豪華的仲夏夜夢，似乎已經漸漸謝了。一個寧靜的秋季等著我。接著便是更冷靜的冬季。這些話，十年前，或五年前，我早該告訴你，其實，或多或少，已透露給你了。但我忍著，克制著，不願過早驚醒我懷裡的你——你的夢，你的幻美。只要我能夠，我是盡可能讓你延續夢境的。這些夢，是我帶給你，鼓勵你的。我既喚醒你對生命最深沉的渴望，燃燒起你的幻境，我應該對這些渴望和幻境負責。過早砍斷這些幻境的翅膀，將是一種殘忍，你不會原諒我！

而且，一個近四十歲女人的你，對我表現出那樣狂烈的癡情，一種完全是少女式的夢幻的愛，啊！你是這樣一片美麗的火燄，更叫我無法潑任何一匙涼水。

然而，我不得不警告我自己——也警告你：在青春時代，幸福是一隻自由飛翔的雲雀，在中年時代，它還算是一隻馳騁綠野的麋鹿，可越過中年，它就不得不變成一隻家鴿，得安排籠子了。一個過廣闊的不安定天空，隨時會毀滅它。不僅一隻兀鷹，連一隻斑鳩全會咬傷它。

千萬不要被我還算勉強完整的形體所騙，在這片暫時的完整後面，可能是一片可憐的破碎。不管爐火怎樣紅，底火卻漸漸沒有了，這片紅不好好保養住，立刻會變成一片黑暗。

現在，我才明白，我的天使角色也演得過分了。當我也把你催眠得化成一個天使後，你就再不肯回到粗獷大地了。然而，我的天堂是有鐘點的，鐘頭一到，門是要闔上的。

再打一個殘酷比喻。天方夜譚中那個漁夫，把魔鬼從禁錮的瓶子裡徹底解放後，它就反身要毀滅它的解放者了。我把「幸福觀念」那個魔鬼（幸福有它的魔性一面）從你禁錮的肉體裡解放出來後，它現在要毀滅我這個解放者了。不同是：天方夜譚中那個魔鬼，是不折不扣的魔鬼，你的「魔鬼」，卻有著全身「幸福」披掛，完全以善良姿態出現。

「幸福觀念」一超過時間限度，其實會摧毀幸福本身——包括你自己在內。

我最愛的，我說這些，絕不是危言聳聽，更不是恩將仇報，以怨報德。我只是說明：一片新的愛情風暴可能在等待我們，它將一洗過去的硝煙火藥，變得水流花靜，荷幽竹邃，一片眞正平靜的境界，澄明的風格。說俗套點，我們做孩子做得夠久了，應該眞正成熟了，做大人了。

我的愛，請好好讀我這些話。這是你的愛人，在愛你近十八年後，深思熟慮，寫下來的。它應該是我們愛情的里程碑，告訴你，過去發生的，現在正在發生的，以及未來可能應該發生的。

我希望你接受這封信的啓示，好好考慮這些混合著快樂與苦惱的話。假若你能再進一步，愛得我更深刻點，更崇高點，更超越點，那麼，你就眞正更深刻了。你將不僅能咀透我靈魂中狂熱的一面，你將更能欣賞我性靈中明靜的一面。對你說來，這當然需要一番努力與鬥爭。但我相信：這個努力與鬥爭，一定會得到高貴的補償。它會進一步昇華你的人格，磨亮你的智慧的。你難道不願從現在的崇高，昇入更高一層的崇高麼？

一個女人，在一生中，只要能做出一件眞正不尋常的事，她就算不白活了。

【附註】

註一　這是我給妻子劉菁的信，寫於一九六七年——我們間大風暴降臨的前一年。在這封信上，我似乎也有點預感這一風暴，卻還未徹底弄清它的性質。此信寫成，本想面交她，因事延擱了。她始終未見此信。此信主要涵義，是鑑於自己已達「天命」之年，即將鄰近老境，過去那片情感的狂熱，不太能像中年時那樣精力充沛了。如今，愛情或許會變形，只能享受「卻道天涼好個秋」了。

註二　我和前妻劉菁常通信。當時中共檢查我們信件甚嚴，平日家書，我不敢太談情說愛，以免被扣上「資產階級思想放毒」的帽子。

註三　此指唐明皇從廣東摘新鮮荔枝至長安事。他是爲了取悅楊貴妃。

卷二 抒情煙雲

第一葉 葛嶺夢憶

釋 題

「上有天堂，下有蘇杭。」這八個字，早就像民謠，流傳在億萬炎黃子民的耳膜卵圓窗側。蘇州的拙政園、留園諸名園，與杭州西湖，數百年來，被譽爲天堂勝景。想不到，區區竟在天堂西子的葛嶺仙境卜居三年有半。每立樓上窗前，湖光峯色，五彩撲面；楊柳翠絲，綠透眉梢。白堤蘇堤，氣勢如虹；遠山青青，似長長眉黛。水上銀蓬艤舟，像一隻隻白天鵝。這時麗日煦風，聲聲黃鸝，音籟若笛。此景此境，怎不令倚窗人自覺渾身神韻仙韻，羽化爲朵朵白雲？

西湖眞是生香活色，是宇宙大自然的奇景。而人間的最美風景，自數愛情。

湖心泛舟，三潭賞月；韜光觀日，曲院看荷；蘇堤踏青，白堤迎柳；孤山尋梅，玉泉讀魚；靈隱聽鐘聲，花港賞鳥囀；放鶴亭品茗，樓外樓淺酌。一對情人，若如此徜徉於西湖間，牽手紅桃綠柳畔，沉醉在熱戀中，眞活神仙也。

又是一個「想不到」，不材竟如此這般在西湖濱扮「活神仙」三月。

那正是暮春才收梢時分，江南群鶯仍「亂飛」，處處紅花碧樹，翠茵若碧氍毹，湖水似酒，青山如醉。陽光盪氣迴腸，滿溢萬千蜜意，把整個宇宙裝潢得若魔若魅，如烟如霧，一片夢幻奇域。

身處此一仙境，人非木石，孰能無情？何況我和那位佳人，早就相互傾慕了。

這就是我和趙無華小姐的一頁風情畫。十年前區區投奔自由來臺，由於旅法畫家趙無極攪局，曾被媒體炒作，風風雨雨，迫不得已，我只好公開一些資料，趙某始啞口無言，媒體亦風平浪靜。但那些資料中，並未涉及我們眞正的戀愛風光。

而今年逾古稀，每感往事如烟，這段情既是我生命中的眞實一頁，爲了錄影個人歷史珍貴鏡頭，決定先整理當時部分日記，發表片段，以免來日被東坡所嘆：「事如春夢了無痕」。

這幅「葛嶺夢憶」，或許至少涵四種獨特色素。

其一，世間熱戀者多如過江之鯽，但同在一椽屋頂下，日日夜夜，分分秒秒，談情說愛，或等於談情說愛，幾乎百事俱廢，每天十五六個小時，完全沉沒於維納斯懷抱，達三個月之久，這種戀愛風格，恐是罕見。哪怕十九世紀法國名小說家喬治桑與名音樂家蕭邦在馬佐加島度蜜月，兩人雖說熱戀，亦不致如此。在那場著名的戀愛中，當時蕭邦並未停止創作，寫下了不朽的「馬佐加組曲」。就我個人言，平生七十六載，也只有這三月，是全心全意，全部時間，擁抱維納斯。

其二，愛情宇宙，每有靈肉之分，但有生以來第一次，我卻親自深刻體驗了，人世間確有純靈的愛情。和無華熱戀那三個月，眞怪，我竟從無一纖一毫肉體衝動，或本能慾望，或性的誘惑，她也是。這大約因爲，她透徹是林黛玉型的大家閨秀，弱不禁風，遂一貫浸溺於靈性教育，素養，迹近一塵不染，玉潔冰清，是「純粹」的化身。近朱者赤，我也深受感染，被她「純」化了。儘管我們抱吻無數，但那只是兩情相悅的象徵，是生死戀的現實符號，並不涉及性壓力。我們不僅毫無性關係，甚至連「性」的暗示，也從未出現在言談中。我自覺從未如此純潔過，靈性過，透明過。

其三，這三個月的愛情經驗，更叫我心折曹雪芹不凡的藝術天才。他所繪製的寶玉黛玉的種種愛情細節，往日雖欣賞，每覺黛玉似有點小氣，心性狹窄。在墜入「葛嶺風情畫」後，我這才透感，從中國傳統來說，黛玉一切言行，正是東方愛情的巔峯表現。世間熱戀越深者，女方愈是黛玉化，男的也不一定例外。最深刻的愛情，開始是蒙古大草原，最終則是蜀中劍閣崇山峻嶺中的羊腸窄徑。凡此種種，實是東方愛情眞理。

其四，我們那個時代的愛情風格，與當前臺灣風格頗異。時下寶島多流行速溶愛情，我們那時卻重細水長流。愛情生命的可貴唯「眞誠」二字，速溶與「眞誠」似成反比。我不妨舉三事，說明當時我深愛無華究竟到了什麼程度。一、由於無華是林黛玉型，和她相戀日久，每見活蹦活跳的矯健少女，我就看不慣，甚至討厭。二、無華裝扮後，臉膚雖顯粉白，但不敷粉或卸裝後，她的原色卻呈淡棕。習慣了這一色調，以後每見臉孔雪白的少女，就生厭。三、無華當時雖僅患輕度眼結核，我卻偶爾遐思，萬一不幸，眞是嚴重不治，她失明了，我可能會效日本谷崎潤一郎傑作「春琴抄」中那位男主角，他因深愛盲老師春琴，終於弄瞎雙目，兩人共浮沉於黑暗世界，因而創造了永生光明的愛情。

叙上述「特色」訖，我儘可坦率說，和無華的戀愛雖是一齣悲劇，卻也是我平生愛情的最大享受。那位中俄混血兒Tamara雖也震撼過我的心靈（註一），但在那場悲劇中，咀味的多半是苦汁，很少呷飲香醪。

「無名氏生死下落」與「無名氏研究」中，一些文字提到我青春期的愛情，與事實頗有出入，特別是有關林蒂娜（林風眠獨女）那一段。隨著「綠色的迴聲」與「魚簡」問世，以及準備刊行的新篇，我當年的抒情生活，將會眞相大白。

一九五一年五月九日至八月二日，在清幽的葛嶺山麓，我和無華眞是做了三個月活神仙（註二）。不折不扣，那是人間天堂，純粹精靈生活，絕對的靈的沉酣，正像不斷撲眼的四周湖光山色一樣，又縹緲，又空靈，又詩意。這是我此生唯一消受的深刻幸福。爲了它，我支付巨大的代價。事後我毫不後悔。畢竟，我也算眞正銷魂的戀愛過了。

下面我想簡介無華身世及若干細節，好讓讀者了然「抒情夢卷」的背景，而有助於對各篇情節之瞭解。

無華老父趙漢生，是上海金融界聞人，抗戰期曾任上海銀行總管理處主任（相當總經理）。他是金融鉅子陳光甫（曾任國府財政部長，是上海銀行董事長）手下第一員大將。長子趙無極，爲旅法名畫家。出國前，他寓居杭州葛嶺，擁有一座別墅，佔地兩畝七分，單花園就據二畝，樓上下約十間房。那時他和林風眠與我交遊，常往來，赴巴黎後，別墅便讓我寄住。他大妹趙無華是個才女，從小學到高中畢業，十二年中，每學期大考名列第一，而每次月考亦獲冠軍，甚至門門學科奪魁，被校中目爲奇才。惜好勝心切，過度用功，讀中法大學一年級時，攖肺結核，從此纏綿床第七、八年，肺病迹近痊癒後，又患慢性腎臟炎，初癒，忽染眼結核，此疾一千病人中難得有一個。眞是一個多愁多病身。羅眼疾前，神州易幟，她隨著一般青年人趕時髦，學世界語，曾任上海廣播電臺世語節目播報員，結交了一些左傾友人。其中一位是她世語老師，比她大廿歲，平時友好，後來竟向她求婚。她受刺激，乃斷交。此時恰巧生眼疾，便執意來杭州休養。據她母親說：「她幾乎每頓飯都吵著要來杭州。」其實，這時她芳齡已廿六，女大當嫁，因門第傳統不同，對那些左傾友人似有點距離，不免會想起我這個遺世獨立的作家了。我們過去雖相識，卻居兩地，不可能交往。她主動來杭州後，自可朝夕相對。她這個秘密節骨眼，雖不明說，甚至從不願承認，但暗中我洞若觀火，自會猜到。我呢，對她早就景慕，可惜她家門禁森嚴，苦無機緣。此次天賜良緣，她來葛嶺相聚，怎肯錯過機會？她的父母對我素具好感，原有美意，此次母親送她來，住了廿天，見我們相處甚融洽，玩得很好，索性返滬，讓我與無華獨處，成全我倆。唯一美中不足的是，表面看來，無華體態豐腴，臉色正常，絕不像個養病少女，實則嬌滴滴，怯弱之至。論容貌，應屬中上，風度絕佳，生平少見，她又會裝扮，吐屬嫻雅，這就給人相當美麗的印象了。

【附註】

註一　「Tamara是我愛情自傳「綠色的迴聲」女主角，書中我用代名「劉燕眉」，眞名「劉雅歌」。

註二　前後僅八十五天，所以說三個月，因爲，這年五月初，據她母親來信，知她要來，我在想像中就已開始享受神仙幸福了。她來山上，其實是有意想找我，和我接近的。

第一帖　吟月

引子

男女相戀，若像一列火車進行曲，則第一站是吻，第二站是訂婚，第三站卻擁有各種可能的內涵（如雙方自願豐富其內蘊的話），終點則是洞房花燭夜。

在我們那個時代，我和無華的列車想抵第一站，遠比今日難。她出身保守家庭，哪怕已訂婚，想親香澤，亦屬不易。何況現在「妾身未分明」？她是大家閨秀，最講風度，雖平易近人，卻又凜然不可侵犯。若不出奇招，以頗機智的輕鬆風格演這一齣分量不輕的戲，不祇會受冷眼，甚至引起反感。

就我而言，前面已詳釋過，我和她相愛，是純靈，並不渴望肉體接觸。不過，爲了讓她的靈性天空向我全部開放，而我倆形迹能潛入無拘無束的境界，二位一體，則「吻」這一站又非到站不可。

那是一九五〇年六月九日夜七點三刻左右，我們並坐在花樹庭院廊廡的寬闊廊欄上，簷燈暈黃，一院岑寂。

「上月此時此刻，我在火車上找到你，當時我看看錶，是七時三刻。今夜此時此刻，正是我們相聚整一週月的紀念日，你說——」我的溫柔聲音低下來。「該怎樣紀念才好？」

她迅速敏感了，雙頰赧紅。

我又輕輕問一句。

她輕輕害羞道：「你說呢？」

「同意我的紀念方式？」

「——」

我站起來，溫存的道：

「如此美麗的夜，如此美麗的星光，如此美麗的西湖，你忍心拒絕美麗的紀念麼？」

我低下頭，迅速輕輕吻她的黑髮，對她耳螺輕輕道：

「不要怕幸福。」

「你做我哥哥，好麼？」

「好妹妹！」

我迅速吻她右頰，如蜻蜓點水。

我輕輕道：

「別怕！紀念儀式就此結束。」

她害羞的笑了。

我們又恢復了平日廊上夜語。

但是，這一夜，她臨睡前告別時，我輕輕擁著她，親她的唇，只數秒鐘，她不再拒絕，她感到這很美。

例子一開，有好幾天，我仍十分小心翼翼，只作短吻，不超過四、五秒鐘，多半吻她的頰。

直到十二、三日後，六月下旬某夜，覷看伊甸園菓子完全紅熟了，我這才恣意狂摘。

這是一個狂吻之夜。

沒有人否認，吻是愛情巔峯象徵，是兩情相溶的絕頂美，是情人們最銷魂最高雅的溶化一體。做愛是肉慾的發洩，撫摸是性的猥褻，唯吻純屬性靈結晶，是愛的詩意昇華。這種時刻，地球似中止旋轉，時間也停流，穹空有天女散花，萬千花朵包圍著我們。沒有一個眞愛生命的人，不愛這樣的夜，不享受這樣的時辰，讓自己變成吻的花朵的一瓣一蕊。

拿我說，這並非平生第一吻，雖甜，尚多少能把持。對無華，開天闢地卻是她第一吻。在這一陣陣吻潮中，她可說魂銷魄散，整個人如烟如霧，解體了，任我嘴唇擺佈。她狂醉、狂羞，又惱、又嗔、又喜，龐兒激動得由赧紅轉青，再加上披頭散髮，一身雪白睡衣，直像海底女妖，森林女巫。聽聽她胸口，心臟急跳，「卜東卜東」似打鼓，特別是，當我舌尖探入她紅唇後，她簡直瘋了，心跳更速了……

考慮她的健康，我只好提前終止這場「吻舞」。

「這就是你們的狂戀，是不是？」她微喘著瞄我。

我點點頭。

其實，這是好萊塢電影片上的狂戀，眞實人間還有更瘋狂的。

饒這樣，我們繾綣告別後，她興奮得一夜不能好睡，心臟一直快跳，不時氣急。幾個月後才知道，數年臥病，她的心臟有點擴大。這一晚的熱吻，加上舌尖多少有點挑逗，她生理上太受刺激，受不了。

這也是爲什麼，這篇「吟月」開端，我們有那樣的對話，而後來有那樣的收梢，若不先「解題」，讀者不可能入三昧境的。

本文

我愉快的走下樓，渾身充滿幸福感，昨夜那場靈魂維蘇威火山大爆炸，似乎仍有溶漿在我血液裡疾流。

華早起來了，梳洗得整整齊齊，裹著淡咖啡色袍子。她長長的濃密黑髮，展顯又鬈曲又伏貼的大波浪，像闊大樹葉子一樣，婀娜自然。她斜倚著飾紅花的肉桂色沙發，在輕盈的弄兩根髮針。

她打扮得這樣整齊，顯然，極珍惜可貴的昨夜——那花團錦簇的昨夜。也許她很想知道，今早我第一眼含蓄怎樣新鮮的期待。

想不到，她的過度沉靜，卻使我不安。

「昨夜睡得好麼？」

她搖搖頭，輕輕嘆了口氣，似乎自言自語，低低的：「像這樣養病，……怕不容易養得好了。……」

我吃了一驚，連忙問她，是怎麼一回事？

「昨夜我一點睡不好。」

我立刻向她致歉：「昨晚實在睡得太遲了，以後絕不會這樣了。」

她輕輕「嗯」了一聲。

她雖然輕描淡寫，但她的沉靜神色，卻使我異常焦灼。

她安慰我道：

「一兩晚睡不好，不要緊的。以後早點睡好了。」

她把話岔開去，不願再談這個。

這是極寧謐的上午。我們又從戀人的狂熱回歸兄妹風格的安詳。這是繼歡樂颱風後的大海平靜。偶然，我想親吻她，她或是微微閃開，或是僅把龐兒給我，或向我悄悄湊過嘴唇時，卻微笑道：

「可不許吻得太甜。」

我看出來，她非常迷戀於這樣一種沉醉，可又怕，不得不沖淡。我終於豁悟，她的肉體狀態大大限制了情人的過度親昵。

我決定暫不親她。

其實，像昨夜那樣狂風暴雨的醉吻，是我們僅有的一次。我也只需要這樣一次，爲了使我們靈魂更緊密的溶成一片，也爲了使我們彼此的形迹有更大的自由。我早已清醒的估計她的肉體狀態。我從未考慮過妨礙她的健康的任何情慾享受。

晚飯後，我決定讓她早點睡。睡前，我盡可能說些輕鬆笑話，或談談詩。我的一言一語，都仔細考慮過，避免刺激她的情感。

「今晚，我一點不碰你，讓我們享受一個純粹的性靈之夜。」我替她理好枕頭，放下帳子，熄了燈，像以前一樣，僅做了一次柔和的告別式。「我坐在窗外陪你，唸一首詩，催你安眠，好麼？」

她點點頭。

走到廊廡上，我抬起頭。天空陰霾已散，月兒明亮，明天大約不會再下雨了。剛才落過小雨，山中仲夏夜分外涼爽，空氣濕潤，氤氳一種特別幽寂的調子。我的心田不禁感到一泓恬靜。

踱了幾步，站在紗窗邊，我隔窗道：

「讓我口占一首即興短詩，唸給你聽吧！我已經想到三句——反射我此刻眞實情感的，不怎麼好，你願意聽麼？」

「你唸吧！我等著聽呢！」她在帳子裡說。

我背著手，慢慢踱著，想起宋代秦少游與蘇小妹的故事，但我們現在另是一種情調。望著天上皎潔月亮，我忍不住用抒情的聲音道：

「我願你的靈魂是天上明月，

照亮我的今夜，

以及今夜我千千萬萬朵夢。」

唸完，我沉默了。室內也沉默了。月光悄悄爬過碧紗窗，淡淡照射室內，映著圓圓白色紗帳，也映著無華的白色沉默。好一會，她才輕輕問：

「怎麼不唸下去了？」

「下面不太好接。就這三句，倒有點意思。日本俳句只一句，也夠美。」頓了一會，「還是用即興散文詩描畫現場景吧！這對我更方便些。」

「那你就唸吧！」

我仔細端詳四周，像精讀一本書上的風景，終於輕輕道：

「現在，月亮開始從暗色雲層間出來散步了……穿過高高的松樹針葉……我們院子裡灑落著銀色的碎片……隱隱約約的，遠處青色的山畫著微妙的弧線……空氣裏充滿月光色素……這條廊廡長長長的，也閃爍月光的碎影……靠牆的廣玉蘭樹蔭下，一隻螢火蟲亮過去了……山下屋子裡有犬吠聲……哦，一隻夜遊鳥飛過來了……天上有各式各樣的奇異雲彩：船形的、花形的、羊形的、鳥形的、波浪形的、山峰形的、島嶼形的……，啊，月亮又漸漸隱入黑色雲朵裡了，是一朵極大極大的烏雲……我們的松樹與廣玉蘭下面的空間全暗了、……走廊也暗了……我們的長廊現在有一種神秘的陰暗的美……啊，黑雲退潮了……月亮又亮了……世界又亮了……這一輪月亮，就像一朵白色大繡球花，開放在牆邊的松樹梢頭，它俊美的望著我們哪！……」

悄悄的，我停下話語。

不久，房內響起輕盈聲音：「怎麼不說下去了？」

「你怎麼還沒有睡著？」

「我不想睡，我在聽你的聲音。」

「那我不說了。」

「不，我要你說下去。」

我輕輕嘆息。「我怎麼說才好呢？世界現在是如此美麗！」我轉臉凝望閃爍月光的窗內。

「我在窗外陪你，你還是睡不著，反而打攪你，我上樓去了。」

「不，我要你在窗外陪我。現在我眞要好好睡了。」

「你現在說話，眼睛是閉著，還是睜著？」

「睜著的。」

「那麼，好好閉上，睡。」

「嗯！」

過了一會，房內燈光忽然亮了。我聽見華的輕輕聲音：

「你來，我給你看一個東西。」

我走進房，她掀開帳子，從床頭立櫃抽屜裏取出一本紅色袖珍手冊，翻一頁，遞給我：

「你讀讀這首詞。」

我輕輕唸著，是宋詞，一首小令，全用對比句子。（作者按，事後追憶，已忘記作者名字。其實，有些詩詞她並未錄作者名字。她所錄的，大多非常見的唐宋詩詞。）唸完了，我說很好。她又翻一頁，上面全是古人零星詩句，有白樂天的，也有莎士比亞的，我記得莎翁似有這樣一句：「音樂是生命中唯一的火焰。」這個小冊子，收集了古今中外一些著名詩句和中土舊詩詞，鉛筆手抄，字跡娟秀工整。

「你過去的小楷寫得多美，多工整呀！」

「我從前的字很整齊。後來，眼睛病了，才改寫行草，風格全變了。」

我們在燈下共賞一些美麗名句，兩人似全入句中境界，渾身空靈。我似乎想起一件事，低低道：

「好好睡吧！明天再唸，好麼？」又給她理好帳子。「現在，我給你播蕭邦『夜曲』。奏完了，我在窗外，坐一個鐘頭，陪你，再悄悄上樓，好麼？」

「好的。」

「可不許再說話了。」

「嗯。」

「夜曲」的鋼琴聲，琤琤琮琮從蓄音器上瀉出來，漸漸的，又消失了。空中仍搖曳美麗尾音。我坐在窗外廊廡上，望著天上月亮，心情從沒有這樣純粹過，高山流水過。我性靈泉水裡，是一脈清泓，似乎什麼思想都有，什麼思想都沒有。

側耳傾聽，房內似乎了無聲息。

一小時後，看看錶，是九點一刻。我悄悄上樓。踏樓梯時，我走得極慢，極慢，一步一頓，彷彿踏在一堆棉花上，幾乎一點聲音也沒有。

第二帖 涓流

引子

在人類愛情歷史上，宗教曾扮演過犀利鋼刀，無情的把一顆完整的愛情果實剖割成兩橛，永不再合。中世紀回教徒與基教徒的情人們，近古的新、舊基教徒，以及宗教徒與非教徒之間，不知道有多少戀情整體被活生生割開。

然而，人類愛情歷史上一切悲劇的總和，恐怕也沒有當代大陸紅朝上演的那樣多。這個恐怖朝代，洶洶湧湧如浪濤的意識形態，其酷辣直是萬千絞肉機，把無數千萬完整的愛情肉體絞成碎片。數不清的家庭或情人們，多遭遇這架絞肉機的襲擊，被絞裂的愛人們，連痛苦也變成恥辱，受到紅色人物的審判，甚至判刑。

我和無華相戀時，是一九五〇年夏季，上述絞肉機尚未大肆運作，階級鬥爭也尚未開始颼颼風，但意識形態早已伸出魔掌，在情人們之間攪局。它先興起宗教狂熱的潮流，吞沒了幼稚青年的不成熟心靈。在不可抵禦的潮頭下，連無華這樣的林黛玉風格的古典閨秀，出身典型的大資產階級家庭，竟也受蠱惑，學世界語，在上海電臺客串播報世界語節目，被捧成「甜蜜的聲音」，「世界語的玫瑰」。雖然後來因眼結核退出，但四周盡是紅幫青年及智識分子。前一段時期，她的同學林同、林婉兄妹遊杭州，我花了三天慇懃招待他們，臨去時，他們卻對我突然襲擊，堅決向無華道：「（葛嶺）山上有邪氣！」

他們自詡正道，判決我是邪門。

他們這一招，逼我不得不又溫柔纏綣又詞嚴義正的，第一次向無華攤牌，委婉的要求她在林氏兄妹與我的友誼之間，挑選其一。

她終於妥協。

饒這樣，紅色妖魔們仍不時作祟。下面日記便是其中一頁。由於無華迷夢一時尚未全醒，我不易從正面點化她，只得暫順著她，想用感情軟化她。我到底只孤單一個，而她後面卻蜂擁著那樣密集的紅色魔影。

我們的愛情雖不時在紅色漩渦中掙扎、鬥爭，但從另一角度看，對照「紅樓夢」上黛玉與寶玉之間因濃愛而滋隙嫌，我們這是現代化加政治化的愛川小浪花，亦可說是涓涓細流。細嫌與濃愛常成正比，愈是愛得深，愈是挑剔，古今同理。

本文

傍晚，我們聽收音機，正播「解放歌曲」，其中有「唱出一個新中國」一句。我針對此句，開了個小玩笑，說：「母雞能生蛋，歌曲能像雞生蛋一樣，生出一個『新中國』麼？」華不服，和我爭辯幾句，我頗有點不釋。老實說，這時她像許多浪漫主義青年一樣，做著浪漫的「紅夢」，那是一種「青春病」，正如「愛情病」，又豈是我能一時治得好的？但她不以理性論事，我自不能接受。可是，我又不願和她多爭論，以免太掃她的興，便默默走開，上樓了，只剩她一個獨聽音樂。這原是巧合。我本有點事，必須回房料理。但才一坐在書桌邊，我立刻感到，我突然離去，雖是無意的，但此時此刻驟然出此，必引起她誤會，以爲惱了我，負氣出走的。果然，我旋即隱隱聽見，她寢室裡有沙發移動聲。這隻沙發，本來親暱的貼近她床畔，我坐在上面，她躺臥床上，斜倚收音機邊，我們幾乎頭靠頭，聽廣播。現在——

這是一種象徵，她不僅僅是移沙發，……

我連忙下樓，不出所料，沙發果被遠遠移開，回歸牆邊老位置了。

她仍躺在床上，聽「解放音樂」，但臉色卻大不同了。見我過來，神色冷冷的。

「沙發這麼重，你爲什麼自己搬？——你要我來搬好了。」我溫存的說。

我淘氣的又把沙發搬回床邊，和她共聽歌曲。

她把身子翻過去，不理我。

我知道她生氣了，一時倒想不出話來。過了一會，我才向她解釋。平常，我聽慣古典音樂，對「解放歌曲」，有時實在聽不慣，覺得藝術性不強。不過，它們也有好的，只是不常聽到罷了。至於我剛才上樓，絕非不願和她共賞歌曲，而是因爲：本有點事，要上樓去辦。這是一次巧合。

「那麼，你在樓上做事好了，爲什麼要下來？」

「我一聽見你搬動沙發聲，就知道你誤會了，這才下來解釋。」

「我倒一點沒有誤會你。你本來就是這樣。」

「但我剛才不是這樣。」

她不開口了。

吃晚飯時，我比平時格外對她慇懃。往日我也是這樣，今夜卻特別小心翼翼。我替她搬椅子、拿碗、添飯、挾菜，不斷用涼扇給她趕蚊子，又說了些有趣的笑話，逗她開心。但她神情總是淡淡的。甚至我所做所言，反而添了她一些苦悶。

她穿白色綿織睡衣，臉色分外現得蒼白。

飯後，她一個人，獨自踱入走廊，坐在小沙發椅上，默默凝望院內黑暗，在沉思。

我覺得事情有點嚴重了。不久，我走過去。

「爲什麼一個人坐在這裡？」

「歡喜一個人坐著。」

「你現在還生我的氣麼？我答應你：今後，我永不再說這些叫你不愉快的話了。」

接著，我低聲下氣，向她陪了許多不是。

她只簡單的答了我四句話。

「我現在想起林同的話了。他對我說過：『不管你怎樣好，總和我們不一樣。』」

我聽了，直發楞，一時說不出話。——天知道，這對我是怎樣可怕的打擊！

她見我突然沉默，也敏感到我內心情緒的反應。她不再說下去，默默沉思的獨自回房內。

我跟了過去。

「無華！你說出這樣的話，你知道我現在心頭的感受？可是，此時此刻，我不打算對你多作解釋。我只希望，將來，總有一天，全部客觀事實會替我說明一切。」停了停，我有點沉痛的道：「照你這樣說來，我們之間的（觀念）距離，難道永遠不可克服了麼？」

「嗯！永遠不會克服！」她現在說話的口氣，顯然有意嘔我。她又加了一句：「我很知道你的個性。」

「不，一定可以克服！」我堅決的道：「我們不已克服了許多麼？比起你初來山上時，我們之間的距離，不已大大縮短了麼？」又一次，我低聲下氣，向她陪了無數不是，說了許多許多道歉話。千言萬語一句話：今天下午我上樓，完全出於無心，我絕非有意想傷害她的情感。今後，我也永不會這樣了。請她務必多多寬恕我。

幾乎整整一個鐘頭，在我低語聲中，就這麼過去了。我見她神色已經鬆動些了，便笑著對她道：

「好了！今後，我決定跟你走，徹底改變我的嗜好與習慣，也歡喜聽『解放歌曲』。好不好？」我熱情的望著她。「眞的，以後我一切依你。你歡喜的，我也歡喜。你不歡喜的，我也不歡喜。我們倒轉來，算你做男的，我做女的，我處處聽你話，好不？」

聽到這裡，她噗嗤一笑，勾住我的脖子，溫柔地把臉貼在我的臉上。

一個甜蜜熱烈的長吻驅散一切陰霾。

在一陣誤會與苦惱以後，我們的情感照例分外火熱。她抱得我緊緊的。其實，就當她對我最冷淡時，她的心靈依舊狂烈的傾向我。

我們吻得非常之甜。她完全沉醉了。但也和幾天前一般，她對這樣一種深沉的銷魂享受，又喜，又有點怕。

整個庭院悄然無聲，室內室外一片深山禪靜，連天上星星似也偷窺我們的沉醉。這倒是羅丹那幅傑作「青春」雕像，可我們絕非裸體。

這一晚上樓後，我第一件事，就是：在一張白紙條上寫了下面兩句話：「記住『唱出一個新中國』。這次教訓，今後永不再惱她。」

我把這紙條，用圖釘揿在書桌對面牆上。

若干日子後，她偶上樓，一見這紙條，就多情的望著我，久久久久的，深深深深的，……

……。

第三帖　瀟湘

引子

這一晚，頗具瀟湘館情調，但男女主角出於無心，絕非有意想複製大觀園當年往事。我們這些寶、黛們，畢竟現代化了。在某些關鍵時辰，總會多少突破「紅樓」閨閣的古典風格。而不材今日裸展這一景，毫無顧忌，亦只出於現代化一念。白長慶所謂「七月七日長生殿，夜半無人私語時。」那些「私語」，都該像西湖漣漪，或碧海淺浪，把近似秘密的音籟，袒裎在藍天白雲下，人類耳膜卵圓窗邊。

晚飯後，開收音機，短波一片嘈音，想聽「美國之音」的音樂節目不成，只有杭州電臺清晰可聞，卻在宣讀「土地法」。無華怕蚊子，整個身子躲入帳內。我坐在床邊，笑著道：「這邊是泥土味的『土地法』，那邊是帳子的城牆，眞吃不消。」向帳內張了一下，輕輕嘀咕：「隔帳對望，兩張臉孔，彼此一點看不清。」

「你不聽見我的聲音？」

「我要聽，也要看。——親愛的小姐！請『拋頭露面』一次吧！」

「你眞討厭死了。」

她在帳外露了露面，又縮進去。

我沒法，只好移樽就教，把頭鑽到帳內。

她用白色紗帳圍住我的臉孔，大笑。

「你這副樣子，眞像新娘！」

我照照鏡子，果然像極，也大笑。我笑著道：

「我是 Bride（新娘），你是Bridegroom（新郎），好不？」

她雙頰赧紅，只笑。

我低下聲音，讚美她此刻臉龐情緒。

「How sweet you are！（你多甜。）」

「不懂洋文。」她咕咕笑。

「隔牆有耳。」我聽見隔室有保母李媽與她媳婦麗雲的聲音。

蘑菇了好一會，終於輕輕道：

「我要上樓了，給我一個——告別式。親愛的！」

她把身子翻轉得遠遠的。

我把身子滾過去。

「你瞧你！人家看見了，多滑稽！」她笑起來。這時我大半個身子已滑到床上了。

「那麼，請你轉過身子來。」

「唶！你眞牛皮糖。」

「睡前吃點牛皮糖，可安眠。」

「不理你。」

「已有前例了，今夜如何例外？」

她嘆了口氣，「眞正沒有辦法。」

她轉過身子，低下頭，把臉頰湊向我。

「要嘴唇。」

「寵兒不也一樣。」

我吻她右頰，接著，又吻她紅嘴，她閃開了。我只好吻她臉頰。過了一會，她才把嘴唇遞給我。我們纏綿了好一會。

「瞧！你躺在我枕頭上了！」她叫起來。

「就算我們雙雙共枕吧！」我咕咕笑。

我禁不住嘆息。

「我眞捨不得離開你啊！」

「那就請睡在這裡。」她咕咕笑。

「你敢！」

她大笑。

我緊緊抱吻她。我又嘆息了。

「啊，願上帝保佑你早日恢復健康吧！有一天，好讓我眞正永遠留在你這裡。」聲音更低了：「我希望這一天早日降臨。……唉！離開你，眞不能忍受。想想看，還得再有九個小時，我才能看見你。這好像有九萬年似地。」

她聽了，立刻緊緊摟住我，一片火熱的嘴唇，貼得我緊緊的。

翌晨，我聽見樓下的輕盈歌聲，華像一隻畫眉鳥，活潑的唱著。

一下樓，我就看見她坐在飯桌邊。

「昨晚睡得怎樣？」

「啊！睡得好極了。今天一早，我就喝完一杯牛奶。現在，又吃完一大碗粥。胃口從沒有這麼舒服過。眞開心呀！」她高興極了。

我一隻手臂藤蔓樣圍住她的肩膀。

「哦！好極了——Bravo! Bravo!」

「今早你怎麼老睡懶覺呀！」

「我早就起來了，在寫東西。」

「那你怎麼不理我呀？……我曾在樓梯口輕輕喚你：『該起來了呀！該起來了呀！』」

「啊！眞對不起！」我向她解釋，我的房門關著，我又遠遠坐在窗口書桌邊，凝神寫作，沒有聽見她的聲音。

這是她來葛嶺後最快樂的一個早晨。一個眞正樂園風格的淸晨。這一切都寫在她愉快歌聲裡、臉色上、動作中。但我們眞正的伊甸園卻是她的寢室。早飯後，我幫她收拾房間。

「瞧！花已經謝了！今天就讓瓶子空著。扮演一個『無花（此字通華）房間』，好嗎？」

她笑著點點頭。

「哦！不，瓶雖空，仍得有水！」我替空瓶一一換水，輕輕唸起來：「有瓶無花——有瓶無花有水——有瓶有花有水——有瓶無花無水——這是一個有瓶有水無花的房間。」

「去！我們到山下採花去。」

「不，等我剪了鬍子去。要不，亂蓬蓬的鬍鬚，連花也要怪我不禮貌，生我氣哪！」

「天！你說得可眞神氣，你究竟有幾根鬍鬚呀！」

「正因爲沒幾根，我才不大刮臉，只用剪刀剪剪。」

我告訴她，在我生活裡，最輕鬆的，是兩件事，一是吃甜餅乾，一是剪鬍子。這時候，天下大事，全不足道也。

她聽了，立刻從一隻方罐內，取出一塊玫瑰餅乾，笑著塞到我嘴裡。

「來，今早讓你輕鬆個夠！」

我笑了。

第四帖　吻潮

引　子

我不想爲這一闋葛嶺夢貼金。但情人們若僅以吻表現最狂熱的語言畫幅，或思想音樂，而極少涉及任何肉體的本能舞蹈，則這是一曲迹近純靈的戀歌。

太陽才露臉，我就下樓去找她。

「今天是你來葛嶺整整兩個月——」

我們二話不說，就熱烈抱吻。

只要看看她的脈脈含情的雙眼，就知道她正在等我。她看看我的緊張面色，也知道我破例在盥洗前就去找她，是爲了什麼？由於怎樣的神奇火燄在繼續燃燒，我看出她龐兒依舊瀰溢昨夜的醒醉色彩。

這一天，我們整個沉沒在一片巨大海潮裡。一種無比感激的波浪流滿我們血液。

爲了紀念我們相聚整整兩個月，今天——一九五〇年七月九日，我們第一次，也是唯一的一次，整日沒頂在狂熱吻潮中。

吻！本是戀人們定情的絢麗象徵，也是兩顆靈魂溶合一體的最高標誌，卻又充滿無所不在的魅力，叫情人們竟想不出更持久、更熾烈、更詩意的代替符號或動作。

眞不知哪來這麼多吻！吻不夠！吻不足！吻不厭！它眞像千千萬萬朵鮮花：玫瑰、蒼蘭、鬱金香、或康乃馨，採不夠、看不夠、賞不夠。

盥洗前，早餐後，午餐前，午睡前，午睡後，晚餐後，紅吻直似三春桃花，開遍我們唇瓣。大約我們內在秘密的火燄感情、思想已無法用人類語言來傳達，只有藉這些繽紛幻異的猩紅花朵，來散溢它們的奇異芬香，神幻色彩，與夢味線條。

陽光亮麗，從玻窗外射入，照著她的形體。我看著她對鏡梳粧，敷唇膏。三天來，她使用三種不同口紅。今早敷仿巴黎貨的美國成品：Tange，我一眼就看出來了。她告訴我：手邊正牌巴黎貨太少，她捨不得多用。我不禁想起前天「七、七」那一夜，她塗紫紅色唇膏，那是最名貴的巴黎貨，美極，也媚極，她的唇似紫羅蘭與紅玫瑰的混合花瓣。那一夜，西湖濱歸來，在葛嶺綠蔭幽徑上，儘管她吻遍我的臉、頸、與胸膛，但歸來後，借燈光攬鏡自照，我的臉頰和白色網球線衫上，卻絲毫未沾一纖紅迹。

「這可是眞正巴黎貨的魅力。」我讚美。

她笑著，微微害羞，不答我。

我倒想補兩句，卻又打住，怕污染一幀綺麗畫幅。這兩句是：「用廉價化粧品，一場吻之盛宴常叫情郎臉上身上杯盤狼藉。」

「這些天來，我到底吃了你多少口紅？」我笑著說。

「以後不讓你吃了。」

「嗯……嗯……嗯……我現在就要吃。」我逗她，有點扭鼓糖。「假如口紅不僅色彩美，還帶點微妙水果味，該多好。」

「你眞貪！」

「一頭黑鬒鬒長髮，一菱紅猩猩嘴唇，只要有這兩種色態，就可以構成一幅女臉的主色彩與主線條了。」我描畫「海艷」女主角瞿縈的形姿，就著重這兩種色與線。我仔細端詳她的臉。「現在，你倒有幾分像她。」

「是麼？」她抬起頭，嫵媚的望我。

從我的小說談到她的世界語老師兼友人許禾金，他曾翻譯美國斯坦培克的「前進的客車」。我說，一個半月前，她剛來山上時，我見她寫給許的一封信。後來，麗雲和李媽告訴我：她已經訂婚了。我信以爲眞，當時大受刺激。這以後兩天，才特別沉默，且說了一些使她感到很神秘的話。

她回憶一下，突然沉下臉，認眞的道：

「麗雲說得並不錯，我眞和許禾金訂過婚了，你不知道麼？這也是爲什麼，直到現在，我內心一直感到痛苦和矛盾。最近，我常常在考慮這件事……。」

她見我臉色突然大變，登時做了個鬼臉，大笑起來。

我抓住她的手，輕輕敲了兩下手心。

「你這個壞丫頭！」

她解釋：

「那是我寫壞了的一個信封，拆開了，留給姆媽黏起來用的。她大約隨便放在桌上了。也許，是麗雲故意放的。眞怪！爲什麼她們故意造我的謠言呢？」

「這是地盤問題。一部人類歷史，就是地盤爭奪史。在我們這個小小角落裡，也不例外。你隔壁房間，本是李媽他們的地盤。你們來了，要他們搬出去，這不是簡單事。過去兩年多，爲了彼此相安，我一切總順著她們，因爲她們是你大哥的保母，所以她們感到極自由自在。你們上山後，她們處處覺得拘束，不再自由自在了。這就是爲什麼，她們要放些空氣，說你已訂婚了。在她們看來，只要我對你死了心，你在這裡就住不長了。」

她點頭稱是。話聲突然低下來，極輕輕的，彷彿告訴我一個秘密。

「許禾金臉上有一個瘤。」她微微笑了。「有一次，我二叔提到他的書，說應該譯爲『拋錨的客車』。他連書名都譯錯了，這本書怎麼會譯得好呢！」

晚飯後，我們又在廊廡上享受仲夏夜夢。這是一個美極了靜極了的夜。四周一片雨後新涼，院子卻洋溢淡淡的初秋氣氛。

「未來這裡以前，你對我是怎樣個想法？你能簡要分析麼？」她低低說。

我輕輕道：

「按你的正統布爾喬亞家庭環境來說，你習慣一種純粹的、精緻的風格、不習慣那些太血肉、太複雜的作風。再就你的年齡說，由於你年輕，和諸如此類限制，你對那些滲透人生大海和夢幻的生命，那些表面雖平凡簡單，其實內涵卻豐富深刻的東西，你就只能憑你的智慧來接觸，而不能憑你的經驗印證。再就你的家庭教育和你的疾病說，你只能讓你的感情內斂，蘊藏，趨向東方化，而不是傾向西方格調，那種強烈的直接的外鑠。換言之，你的精神走向是茶味的，不是咖啡味的。太強烈的感情，必須有一份壯麗肉體配合。我想，假如不是由於病魔作祟，以你那樣愛好西方音樂，你早就表現得更西化了。」

我望著她。「我有未分析錯？」

「完全對，可也分析了你自己。」她迅速說。

我佩服她的敏感。

不過，我雖則坦率，還是省略了不少剖析。

我看看錶，是七點三刻，正是我們相聚滿兩個月的時辰，是五月九日夜七點三刻左右，我在杭州車站的滬杭列車廂中接到她們母女的。

我們又一次沉入吻潮。這一夜，在廊廡上，我們足足酣醉了兩個小時。

天堂之門似爲我們敞開。

（幾天後，在樓上，我寫了下面幾段日記。）

幸福是閃電，不立刻抓住，稍縱即逝。儘管有千萬幸福，也只是千千萬萬閃電，不馬上捉住，會白白閃過。同樣，我假如不迅速捕捉，不論這些閃電曾怎樣明亮，也只好空留幾條殘迹於記憶，而那些最精緻最微妙的活色生香，將全部消失於時間河流。

這也是爲什麼，近幾日我開始補寫日記，打算把所有這些閃電捕捉在紙上。要不，我將如塔克拉馬干大沙漠，空空享受了千萬年陽光雨露，卻開不出一朵玫瑰。

這些日子，幸福眞是太多太多。過多幸福眞如電閃，多得快叫我無法抓住。金色幸福的濃度正與時間成反比。一天隔一天，就像一山隔一山，山與山之間是幾十里。回頭一望，一切朦朧，整個宇宙也一片昏眩。有時，情人們迅速記憶，又迅速遺忘，這是因爲記憶太多，太醉，如入三峽，千山萬水，千樹萬花，叫人應接不暇。太多苦痛，一個人會忘，因爲受不了。太多幸福，也是這樣，幾乎受不了，因爲幸福也會太累人。這二者質地雖異，但那種強烈的累人程度則同。無論是一齣黑色戲或金色戲劇，全是巨大的劇本，巨大幾如宇宙，那就太累人了。有時我是主角，有時，劇本是主角，我只是主角身上一隻小昆蟲。劇本太龐大，我太渺小，小得使我不敢正視，因而忘記劇本和我自己的眞實存在或關係。的確，在我們的生活裡，太幸福，它反而變成一種太彪碩的形象，簡直如泰山、如上帝一樣壓著我們，雖然這份壓力也是幸福，令我舒服，但我個人的影子卻自「我」消失了。

（眞是抱歉，在這種時辰，我竟寫下這樣的日記。）

第二葉 西湖風情畫

釋題

文人日記公之於世者，多如過江之鯽。但作家私人的愛情日記，卻鮮見於陽光下。清代言情名篇，首推如皋才子冒辟疆的「影梅菴憶語」，及吳門沈三白之「浮生六記」中的「閨房記樂」。二書雖屬傳記性質，其實等於掇拾若干日記的菁華成篇，亦可算是變相的日記，只未標明月日而已。但「憶語」格於傳統禮教，文字拘謹，寫小宛的深情，固能傳神，唯與冒生間的閨房秘事，及昵愛細節，並未提隻字。三白較放，稍具叛逆風，但「記樂」亦止於「比肩調笑」、「戲探其懷，亦怦怦作跳」，及「擁之入帳，不知東方之既白」。此可謂親暱上限。民國以還，最著名的是徐志摩的「愛眉小札」，固屬情文並茂，但兩人濃情蜜意的具體畫面，多避而不談。徐雖屬二十世紀現代人，實則仍受傳統拘束，並不敢將情愛秘辛形之於筆墨。區區想法是：男女間一些內幕鏡頭，只要出之純情，而不涉及鄙穢的猥褻及性亂，儘可公之光天化日下。「紅樓夢」描寶玉黛玉某些昵愛場景，愚意正是當年曹雪芹公子與閨友的眞實寫照，讀者只覺天眞爛漫，並無濁想。在這一理念下，平生第一次，我決定公開四十三年前與趙無華小姐戀愛的日記，並定名「西湖風情畫」。

為了有助讀者瞭解「西湖風情畫」前因後果及客觀背景，必須說明下列數點：

㈠我離開大陸的前一年——一九八一年，我尚卜居杭州，臺灣某百萬銷數的大報美國版副刊編輯即打越洋電話，並寫信給我，要求我供稿。考慮當時中共雖開始統戰我，但對我和海外關係仍持高度警惕，便寄了一些不涉政治性的文章給他，其中有我給趙無華的四封情書，標題「葛嶺夢痕」。一九八二年十二月我赴香港探親，想不到竟轟傳臺港媒體。臺灣兩家百萬銷數的大報副刊，持續一週，整版刊載區區文章，以及他人報導我的文字，而前述大報竟轉載美洲版的「葛嶺夢痕」。無巧不成書，無華兄長趙無極此時適來臺開第二次畫展。甫抵東京，下榻帝國飯店，即獲另一大報某女記者越洋電話，詢問其妹與我相戀，有無其事？按不才猜想，趙長途僕僕風塵，本已疲憊，劈頭竟逢此問，為免麻煩，乾脆答以「沒有這回事」，一了百了。同時，女記者亦打長途電話到香港，問我對趙的發言有何意見？我想，謠言止於智者，不表態或許可省卻不少糾纏，便答：「我不願對此表示意見。」不料女記者正中下懷，即撰專欄文章，標題四句，有一句是「趙無極受訪說那是謠言」。這樣一來，此事竟成其時轟動性的新聞。親友們便一再促我表態，說：「你如保持沉默，有些人不會欣賞你的超脫，還以為你是心虛哩！」我迫不得已，便撰專文「我，趙無極、趙無華」，洋洋兩萬餘言，交某報發表。我提出種種有力證據、原始資料，這樣，滿城風雨才算平息。此一事件甚至驚動執政黨中央黨部秘書長蔣彥士，他對左右頗表訝異，謂區區乃著名反共鬥士，爲何一脫牢籠，竟大寫有關男女的文字？後有人向他說明，是出於不得已，他才釋然。我投奔自由，與家兄拜訪他時，他便絕口不再提此。不過，有的讀者尚感美中不足，即我未進一步公布我這段情的香艷秘辛，這在當時自屬不便。事隔十年，現在總算彌補了。

㈡十年前，趙無極與我雖齟齬，但四十四年前，他和林風眠與我確屬好友，要不，他夫婦赴巴黎求學後，不會把西湖畔葛嶺山麓廿四號的花園別墅交給我住。此宅占地二畝七分，擁房舍近十間。不過，人是善變的。在法國生活數十年，受西方功利主義影響極深，八十年代初，連他老師兼老友林風眠在巴黎開畫展，他都冷酷對待，絲毫不幫一點忙，遑論其他？這是後話。當年正因爲與我友善，才促成他全家對我的好感。無華告我，她一直保存趙無極第一封介紹我給父母的信。其父趙漢生甚愛護我，知我每次赴滬辦事，暫住友人家，居無定所，主動把他在上海銀行頂樓的一個休憩小房間讓給我長住（他曾任此行總經理，是金融界聞人）。其母亦厚遇我，曾爲我作媒。云前江蘇財政廳長趙其祿之獨女貌好、性厚、大學畢業，擬擇一文人爲婿，請她物色，不料她看中區區。我因趙任廳長時，鎮江記者劉月生揭發他食鴉片，被其時省主席顧祝同槍斃，引起全國記者抗議，故不屑其人，乃婉謝趙母。由此可見其時趙家對我之尊重。無華自不例外。我平生最愛才，無華由小學至中學畢業，十二年中，門門功課第一，期期第一，月月奪魁，穎慧無比，我早就孺慕。她對我亦傾心。她貌雖中上，風度卻無比高雅，令人神往。故一九五〇年五月九日，她由母陪伴，來葛嶺休養，我們如磁鐵相吸，故友重逢。其母見我們相處融洽，六月一日，索性返滬，讓我們絕對自由鶼鶼鰈鰈。從五月九日到八月二日她離杭州，這將近三個月，儘可說是：我自入人世以來，享受了愛情眞實幸福的浮士德時辰。

㈢但好事終究多磨，天公常妒良緣。無華因好勝心切，讀書過用功，唸大一時，即攖肺疾，後雖痊癒，又患慢性腎炎，才稍癒，竟染眼結核，此爲奇疾，一千人中難有一個。此次來杭，是爲休養眼疾。但七月底偶量探熱器，發現有二分熱，誤認肺結核復發，遂返滬療治。遽料醫生謂夏季有一、二分熱，天候所致，無礙。但我們卻形同生離死別，之後兩地相思重重。她苦候我赴滬未至（其時我趕寫「無名書」第三卷續篇），八月廿五日，氣急入醫院。其母來信，隱露此是相思病，請我速去。說：「如你來了，她病就可去掉一半去。」果然，九月一日，我抵滬，看她，翌日，病大減。我日日陪她，不過五六天，她竟恢復正常，醫生護士引爲奇觀。只可惜她過於求全，而「解放」後有的醫務人員態度粗獷，服務欠周，她病中易怒，經一次大爭執後，病情乃翻。（即使不翻，我們判斷，最多她只能延壽二年。）十月二日以腎臟炎逝世。不用說，我如臨劈天大禍，在以後日子及追悼會上，我的悲慟，被友人視爲震撼性，完全失了常態。也正由於這段生死戀，才使我多少深悟愛情三昧境，因而修改「海艷」時，補寫了男主角印蒂給女主角瞿縈的一封信。曾昭旭教授讀此信後，曾在某大報副刊發表專文，論及此信，說：「無名氏的這篇文章，眞可說是從生命徹底燃燒所剩下的灰燼中提煉出來的一顆舍利子，亦以是不能不令讀者爲之深心震悼。」

㈣和無華相戀時，曾作部分日記。她仙逝後，又陸續按日補寫。惜文革期喪失小部分，大半仍存。現擇其中五日所記，分五帖發表。

第一帖　維納斯三昧

男女愛情外溢，至少有兩種風格，一是東方古典風格，雙方未共枕合歡之前，無一濃烈語吐愛，甚至無一麗字說情，更別說抱吻之類的重量級動作了。一切靜如止水，幾乎純屬白紙狀態。另一種是西方現代風格（在十八世紀恐未必如此），好萊塢的愛情影片是一個典型。（至於二次世界大戰後某些人慾橫流現象，並非愛情。）

我和無華似是第三型，可算調和了前述二種風格。我們的情感內涵接近東方，外露形象卻有點像西方。當我們熾熱的情緒，再也無法用言語這種符號來傳達了，便用手臂和紅唇來表現。它們似是神秘精神的看得見的詩句。言語的詩句只能聽，卻看不見、摸不到。我們既想聽到，也要感到、觸到、抓得住。只有藉擁抱的言語，吻的詩行，才能實現。那些熱情的抱吻，我一直只當做絕對微妙的靈魂境界的一種現實符號，而不是男女生物學感覺本身的標誌。它們似是「愛情」的「神聖羅馬帝國」的一種徽章或勳章。

華也許不完全這樣感受，但我確是如此感，如此想。這也是爲什麼，和她在一起，幾個月來，我始終把她當作一個象徵性的精靈，從不用生物學的視覺把她看作一個現實女人。我之摯愛她，只因爲她是我理想的純詩風景的一部分。

白熱的愛情狀態，正如我們窗外的夏季陽光，每分每秒，神秘氣氛都在滲透我們的血液。也許，愛情的氣氛比大自然的氣氛更緊張、更熱烈。華眞是一條蟒蛇，緊緊纏住我；同樣，我也蛇纏著她。活了三十三年，我從未被一個看不見的存在纏裹得這樣緊；有時，幾乎連氣也透不轉。這類熱情，熱得有時看不出，但平靜的大海底依舊埋藏一座活火山，不斷噴射熔岩。只有瞭解這一層，才能捕捉我們此時基本情調。這片情調中，我們已化成一個整體，我久已不再能有什麼「自我」、「個性」。這四個字，我早已忘得乾乾淨淨。我幾乎想不到，我還在用「我」這個字。事實上，「我」已和無華共有，形成一種「人格公社」了。

我們生活的唯一主題，是愛情。這種日子，既甜，也怪。因爲我從未經驗過這個。正像我們吃大米吃慣了，有一天，我們忽然發覺，竟開始改爲成年累月整日吃蜂蜜，代替大米了。這是一種又美又奇異的宴席。

正因爲這一切與正常生活迴異，如一幅幅奇巖詭石，便出現某種不安定，彷彿天空忽晴忽雨，忽亮忽曇。我們越想強調這份「蜂蜜餐」的正常，越是感到阢隉、尖銳。本來很平常的一顆鹽粒，竟被看作大苦；本來不足道的一粒沙子，竟被看成大岩石。我們對於做人、做事、說話、行動、姿態，從未這樣苛求過。我們幾乎要求每一言、一笑、一舉、一動、一事、一物，都要符合最高的熱情——一種大熔爐的紅熾狀態，兩千度的熔鋼高熱，而且還要熱得極純粹，不許羼入一點雜色、雜光，或雜物、雜質。

過去和以後，我們之間的一些小彆扭，小負氣、小矯情，全由於這種尖刻的苛求。過度白熱，不大正常，遂不安定。但按人性詮釋，這不安定倒是合情合理，是另一種奇異的安定。假如不合情理，那倒眞怪了。要追求絕對神奇，就只有旋轉在現實性的極度流動不安與緊張中，讓自己神經纖維永無休息。

自然，我們雙方的健康指數，也是造成某種不安的一種因素。有時候，肉體比較脆弱，就限制精神飛翔到最高的寬容境界。其實，愛情本身也嫉妒無所不包的寬容。從前我讀「紅樓夢」，有時不同情林黛玉，總覺得她有點尖刻、小氣、狹窄。現在，我才透徹明白，若要眞正刻骨鏤心愛一個人，就必須身不由己的窮鑽牛角尖。要不，那就不是情人的愛，是基督教徒對上帝的愛，對世人的愛。

比如說，今天上午，她在廊廡拉二胡，唱解放歌，我開了一句玩笑（我是不太喜歡「解放歌」的）。她先是沉默，不理我。後來，眼睛濕了，回到房裡。我登時趕進房，向她陪了許多不是，幾乎是沉痛的宣誓，她這才緩和下來。兩個半月來，這是第二次，我在政治玩笑上刺傷了她。以後，這類事永遠再未發生過。

在一種大衝動下，我說：「爲了你，我什麼事都肯做，將來，我們設法一同到北京去，好麼？」停了停，我沉思：「不過，一個人花了十幾年工夫，才找到一點點眞理，竟——」

我說不下去了。

「我也不一定要求你全部放棄自己的信仰和哲學觀。你只要不太『什麼』就行了。」她反而安慰我。意思是：這完全是爲我的安全設想。

若干日後，偶又生一次小彆扭，儘管我不斷陪罪，把事情轉圜了，心裡仍覺快快的。但我又知道，這個時候，我竟悄悄逃到樓上書房裡，她心裡定會有點起疙瘩，便又下樓，低聲下氣安慰她。這時她正在梳頭。

「親愛的，別再生氣了，上午的事情，我也想過了。我這樣的人，本不是能立刻被別人瞭解的。經過一個多月，你才開始瞭解我，寧證明我還多少有點耐咀嚼哪！這樣想想，我倒高興。」我坐在她旁邊。「華！眞奇怪！不管我有多少沉悶、心思，一看見你，都忘得乾乾淨淨，我滿心只是說不出的歡喜，你說，我該怎麼辦？」

她多情的望著我，回眸嫣然一笑。接著，她放下梳子，偎著我，臉貼我的臉，說不出的情致纏綿，無限芬馨、溫甜。

我們抱吻著，繾綣了好一會，眞覺萬縷情絲，如烟如霧，千纏萬繞，密密扎扎，細針密縷，織滿我們所有感官和形體。

第二帖　平湖秋月書聲

一個雨過天青的下午，我對無華笑著道：

「我們到平湖秋月去！在那個美麗地方，我將爲你唸幾封精采的信，讓你好好享受一下。這些信，是我最佩服的一個無名女子寫的。」

我拿出一本藍皮小書，在她面前晃了晃：是「不開花的春天」。她想搶去看，我卻迅速藏到背後。

「欣賞這樣美麗的信，一定要挑個詩意空間，才能襯托出氣氛。整個西湖，我最愛的空間之一，就是平湖秋月。有一個夏天，我專選遊客少的清靜時刻，去那裡看山，看水，喝茶，看書，泅泳，眞是做神仙。今兒下午，雨才停，那兒遊人不會多，讓我們做神仙去吧！」

果如我所料，平湖秋月竟闃無一客，只我倆，占有全部茶座。我索性挑一個貼湖座子，靠綠水坐著。

「平湖秋月」是乾隆皇帝御題的「西湖十景」之一，位於白堤盡頭，有水榭、樓閣、曲橋。開軒面對一片巨大平臺，左右圍以長長石欄杆，便設一些茶座，是眺望湖景最佳的場合。

剛落過雨，湖風又大，陽光忽亮忽滅，雖是夏季七月，卻一點不覺熱意，反而享受了一片湖涼。

湖色淺綠，水波蕩漾，綠色抖動。天上是藍穹白雲。藍、白映襯湖綠，再配合遠遠如長長黛眉的青山，近近一樹樹翠色柳絲，似是一個色彩世界，卻又是毫無一纖人工的天然彩繪宇宙。山、湖、天穹、蘇堤、白堤、拱橋，湖面一艘艘白蓬船，湖濱一些五彩亭臺樓閣，這一切，眞是如詩、如畫、如音樂，怎不令人覺得是無上的仙境消受？

無華難得來這裡小坐，直是讚美不置。

我們先喝兩瓶桔子汁，再泡兩杯紅茶，我買了一些糖果，還想去購些茶食，她不肯，說過會兒進城去吃。

我們一面看湖，看山，看樹，看船，一面喝茶，一面吃糖，一面看書。

雨後的西湖，泛溢一陣陣清氣，到處活風，到處蔭涼。湖水粼粼，如絲如縐。我們說不出的舒適。無華覺得紅茶特別芳香，可口，不時啜飲。

我望著她，一陣陣湖風，正吹起她彩色圖案的絲織旗袍。她長長的黑色髮浪悠悠飄拂，不時遮住她半個臉。在午後仲夏風颶中，這個身材苗條的湖邊長髮少女，分外現得神姿飄逸。

我望著望著，不禁微笑了。

她對我望著望著，也嫵媚的笑了。

我把兩隻圓圓籐椅貼近湖邊石欄旁，並排坐著。面對綠色湖水，我給她唸了藍書裡的幾封信。

「在我看來，自有新文學以來，沒有一個女作家發表的信，寫得這樣可愛過，眞是個奇蹟。」我又說，其實她並不是作家。我翻開書：「我唸一段給你聽聽。」

望著汩汩波浪，我低低道：「你瞧，她第一封信，僅僅只有兩句話。『今天仍是一絲不透的大太陽天，要命。』多可愛！」

我又輕輕唸第二函，特別讚美它的開端和終結。開端第一段是：「這境界，這心情，頂好是用來緩緩散步，低低說話，但短短的散步已經完結，更沒有誰來和我談什麼話。但我還需要散步，需要說話，就在紙上罷，好嗎？」

最後一段是：「風颸得燭火要熄，我怕。我不要在漆黑的屋子裡有一片蒼白的月色來駭我。」

我一口氣把女的十二函全唸完了。華聽了，不斷笑著，直叫好。面對瑰麗西湖，這些信的情調，雖不一定與四周湖水最和諧，但我們依然覺得：它們十分美。這些信幾乎封封好，段段好，句句好，無法摘錄。這個奇異的女人，在信上說：「如果不是我誇口，我想說，在你從女人手中讀到的信，我的使你感到更有趣的了。在女人嘴上滴下來的話，我說的比別人更加多些了……。」她一點也沒有說錯。按我個人經驗，想像中，很少有一個中國女人寫得出這類的信。這不僅需要天賦、智慧、熱情、勇敢、個性等等，更重要的是：「她必須不是一個文人或職業文人，而且，並不經常寫文章。否則，再怎樣好，也要落俗套，或滿紙文采，缺少個性了。再不，就是一種做作的個性。」

從前董香光論書法，說趙孟頫的字固屬才華四溢，畢竟太熟。一熟，就不免俗。香光自道其藝術求生，字生，則耐咀。這使我聯想起水果，一隻熟爛透的蘋果或桃子，自不及微生的耐咀。書信也一樣。這個女人正因爲不常寫文章，詞句微生，不只耐讀，且易顯個性。

坦率說，無論當年名女作家黃廬隱與李唯建的情書（「雲鷗情書」），或徐志摩與陸小曼的情書（「愛眉小札」），全不及這本藍色小書。

我把這些想法透露給華。

「這些信最不可企及處是：它們沒有一絲文人習氣。一做了文人，不管是職業的或業餘的，就有習氣，寫不出這樣的信。當然，就文字說，它們並非沒有可議之處。但好處正在這裡。它們完全不是文人的文字。」我望著湖水，它已漲滿水汀階級，就在我們腳下喃喃細語。「再如，像下面這一段，就絕不是一般女人寫得出的。」

「今晚我出去了一遭，從江口回來，疲倦極了。但一回到家，又精神好起來。有一些咖啡之類在我血管中急急航行，和對房一班人扯到兩點鐘。此刻她們全睡了。但是我感到血管中的咖啡煎煮得更濃了。」

無華希望我再把男的那幾封讀給她聽。我說，那些不值一讀。若讀，很煞風景。不過，我卻把整個故事告訴她。

「男的是著名詩人陳夢家，是徐志摩的得意弟子，想不到信卻沒有女的寫得好——他缺少個性。」

我倒奇怪，他的老師給陸小曼的那些情書，寫得眞不壞，弟子爲什麼沒有學到什麼？我記得，他後來的妻子趙夢蕤，算是寫得一手好文章的，而且是中國第一個譯出T·S·艾略特的長詩「荒原」。

「對於這樣的女人，你大概很欣賞吧？」華笑道。

「見到她本人，那倒不一定滿意。不過，這些信確實可愛。」

「她的一些句子很俏皮，富有哲學味，倒不像一個女人寫的。」華讚賞。

翌晨，想不到她不顧眼疾，竟把這本書看完了，得意的對我道：「眞好，眞好。」

她沉思，「現在，我發現她的寫信秘訣了。主要有三點：一是不談實際事，一是專寫自己情緒和感覺，一是多寫帶哲學味的話。這種寫法與普遍寫信方式不同。」

「我很欣賞這種寫法。一封信瑣事寫多了，就庸俗了。這是一些很有個性的信。」

「男的眞是豈有此理，太莫名奇妙了。」

「我看他簡直可惡，要了女人的一切，反過來又罵她下流，眞是惡劣。」

「這種男人也算名詩人，眞無聊。」

「我猜，這是眞人眞事。可是，男的信就遠不如女的了。女的信很自然，有個性，一點文人習氣也沒有。男的信，雖然技巧熟練些，但太咬文嚼字，沾一股酸氣，缺少個性。」我望著她。「過去，我似乎和你談過，一個專攻文學的人，寫出來的信，不一定比一個有天賦的普通人好，就因爲他們太『文』了。拿法國短篇小說之王莫泊桑說，他曾和一位法國少女通訊，寫情書，他的信就沒有那位無名女子好。所以女的後來不願和他通信了。『不開花的春天』，使我們在中國得到另一個證據。」

「她信裡有些話，我已經記住了。很深刻，也很費思想。」

我很高興，她的意見竟和我不謀而合。

話說這天下午，我們喝芳香四溢的紅茶，嚼可口糖果，欣賞青青湖山，綠綠湖水，享受涼涼湖風，品鑑一冊可愛的小書，暢談瑰美的詩意的句子。眞是悠哉遊哉，不知人間天上。

風越來越大，陽光漸漸暗下去，四周風景徐徐收歛複雜的色素。幻變於水中的長長柳絲倒影，橢圓與圓型之間的，也慢慢模糊了。湖心白蓬船，原像一隻隻大白鵝的，它們也不少靠岸了。

不知不覺，這一杯杯茶，竟喝了三個多鐘頭，快六點了。湖風強烈，坐久了，怕著涼，我們便入城，逛書店，購文具，到她一個表兄家吃點心，又去爲她製衣服，回來時，帶了個碩大的橢圓平湖西瓜。

晚飯後，乘我不備，無華把我一件東西悄悄藏到小立櫃裡。我原想開櫃，替她放物事，她不許，說明眞相，不願我發現那件東西。

「什麼重要東西？」

「你猜，猜到了，我就喊你一聲你最想聽也最愛聽的。」她嫵媚的笑著。

我想了一下，笑著道：「這個，我一時猜不出。這樣吧！我猜：大約是下面五樣東西裡的一樣：⑴你寫的詩。⑵你男朋友的信。⑶你看病的診斷書。⑷照片。⑸世界語學校的獎章。」

她從裡面取出我的一本「新詩」雜誌（註一）。「你一樣也沒猜到」。她笑說。

我不答應。「你並未說明是我的東西，你意思是指你自己的東西，這叫人怎麼猜得對。而且我已猜出是詩，就算對了。」

我要她實踐諾言。

「不！」她笑著搖頭。「你沒有中獎，就得不到獎品。」

「那麼，我對了一半，也該半獎吧！」

她先不依，經不起我糾纏，終於笑道：「好吧！發半獎。」

於是，貼著我的耳螺，極輕輕的，溫柔的甜蜜的喚了一聲：「好——哥——哥！」

我長長的「嗯」了一聲，直對她笑。我猜，她的全獎是：「好—丈—夫！」

【附註】

註一　「新詩」雜誌是三十年代最重要的詩刊，主編爲當時詩壇名詩人孫大雨，卞之琳、馮至、梁宗岱、戴望舒等人。我所蒐藏的這一冊，內有馮至介紹德國大詩人里爾克的長文，以及他所譯的若干首里氏名詩，故我異常珍惜。「不開花的春天」，爲陳夢家所編，提及的那位女性，化名「青子」，眞名不詳。又，無華患輕度眼結核，來葛嶺休養，爲了保護眼睛，平日不讀書報，故我爲她唸詩，讀文章。這天早晨，因偷讀「不開花的春天」，致微微眼痛，因此書是抗戰時期桂林印刷品，土紙，字小，讀時頗吃力。她偷閱「新詩」，也是瞞我的。

第三帖　萬花遮面不知儂（上）

昨天下午，貪嘴，多吃了幾隻水蜜桃，夜間被子單薄，腹部受涼，從午夜起，想不到竟突然大瀉三次，直瀉得魂飛魄散，全身水分彷彿抽空了，再也沒有一點生命元氣。清晨想下床，卻爬不起來，渾身似棉花，又軟、又疲倦，直像徒步跋涉撒哈拉沙漠，耗盡了陽氣。摸摸頭，似乎沒有熱度，但整個人卻癱瘓在床上。

自從無華來葛嶺，兩個多月來，這還是我第一次生病。

七點多鐘，我聽見樓梯這位怪音樂家的奇異鋼琴聲。

「猜我會上來嗎？」

「猜到……可也說不準。」我故意編造第二句。

「可是我偏不上來呢？」

「那也沒法。」

一朵明媚的笑。「我早想上樓，但有點膽怯，怕麗雲她們笑話。可我終於大膽上來了。」

「『人言可畏』呵！」我笑了。

「瞧，將來她們準會造我們謠。」（註一）

「管那些。那樣活著，一個人太苦了。」

一片閃電思想掠過腦際，兩個多月來，密封的「愛情」罐頭，今早第一次走了點氣。其實，這只是我們騙自己，揆情度理，麗雲和李媽她們早就看穿了。女人也許對什麼全鈍，唯獨遇見他人男女間的細事，卻目光如炬。

她用水銀錶替我量了溫度。「你有幾分熱度，好好休息兩天吧！」

她給我帶來璜榴弧和雪炭銀丸。

「這銀丸是德國藥，貝爾藥廠出品，從二妹藥房裡拿來的，現在已經不進口了。它止瀉靈得很呢！」

她倒了杯開水，侍候我服下一粒，又吞了三片璜榴弧。中午，果然瀉得好些。下午，就幾乎不大瀉了。

「這銀丸眞靈。你把藥名抄給我，以後設法去買。」我輕輕說。「過去，我常鬧瀉肚，就找不到好止瀉藥，只得喝濃紅茶、濃咖啡止瀉。」

「不一定買得到。以後瀉肚，就在我這裡拿好了。」

不讓我知道，她囑咐麗雲買了許多麵包。

我要還她錢，她生氣了。「你這個人眞是，平常你給我買那許多，你就不說了。」

「這兩天，你不可吃牛奶了，它含有高脂肪。」（在我們那個時代，大陸尚未有低脂牛奶。）

我不得不佩服她醫藥常識的豐富。這正如俗話所說，「久病成良醫」。七、八年來，她等於成年累月參觀「醫藥展覽會」。她忽然輕輕笑著。「今天，你穿新衣服了。」她覷看今早我穿的一件白色新網球線衫。

「早買了，放在箱子裡，沒有穿。」

「你的衣服都是買了，放在箱子裡不穿的？」她有點調皮的笑著。這是指上次遊湖，我現穿一件高級新府綢襯衫。

老實說，這兩件新網球線衫和其他新內衣，倒是聽說她要來葛嶺才買的。其他箱內新衣，也是她來後才新穿的。這叫「養兵千日，用兵一時。」

「這網球衫不好看是嗎？」

「不，樣式很好看。」

她當然知道，我這些新衣服，是爲她穿的，所以不斷微笑。

我想，生病時，一個人形貌一定黯淡無光，一件新衣服，或許可以沖淡色調。

「你把眼鏡摘掉，讓我看看。」

我乖乖聽她，她定定望了我好一會。

「戴眼鏡的人，一旦去掉，臉孔多難看！」我心裡有點慌。

想不到，她竟搖搖頭，沉思的看著我。「不，我還是喜歡你不戴眼鏡。」

「爲什麼？」

「這個時候，你的形象完全像個小孩子。就像你十七歲時，以前在北京照的那張相片一樣，純潔得很。」

她瞧了我許久，怪入神的，帶了點回憶。

她悄悄告訴我：平日，我戴上眼鏡，偶爾臉一板，顯得嚴肅極了，簡直是一個世故極深的成年人，幾乎令人生畏。現在呢，神情完全相反，非常之天眞。

「你的睡衣呢？」她問。

「去洗了。」

她迅速下樓，不一會，把她自己那件白色棉織睡衣遞給我。

「這件睡衣是乾淨的，你穿上吧！生病，躺在床上，需要一件睡衣。特別是，你現在正瀉肚，可不能再著涼。」

我不肯。說：怪不好意思的。

「這有什麼？這是剛洗過的。」

她幫我穿上，像個大姐姐。

「瀉肚眞討厭，渾身無力，不能下床，也不能隨便吃東西。」

「你不說過，小病是一種享受？今天你怎麼叫苦了？」

「哦！我現在不叫了，有你在哪！」

午飯時，華約定，下午五點見。

「我遲點上來，你好多休息一會。我在這兒，你反而休息不好。」

下午睡醒，哪再睡得著？一心只盼她上樓。看看錶，又還早，我不時輕輕咳嗽，表示已睡醒了，巴望她能聽見。上帝知道，她哪聽得到？但我分明聽見樓下有人語聲，麗雲與鄰舍愛花她們，似乎都在她房裡，和她有一搭沒一搭談笑，彷彿是一場馬拉松的談話。我再怎樣急，也是乾著急，卻又再不能氣定神閒的躺著。身子休息，心不能安息。

我這才深透明白，愛情固能帶來幸福，可也捎來麻煩。她若不來葛嶺，我再怎樣臥病，也會安安靜靜，成天躺著，心似古井。好容易——樓梯終於響了。

我向她嘀咕：「只聽人語響，不見人上來。……」

「我沒有說什麼，都是麗雲她們談。我知道你等我，想早點上來，又怕她們笑話。最後，畢竟顧不得了，說：『我要去陪陪卜先生了！』」

「一個人不舒服，躺在床上，眞想人呵！——我現在才明白你了。」

「過去足足有好幾年，我一直躺著，你倒替我想想。」她走近床前，溫柔的低低道：「你現在好點嗎？不瀉了吧！」

「這銀丸眞靈。一直沒有瀉過，精神也好些了。明天大約可以復原了。」

她替我量了溫度：「熱度是退了點，可還沒有退清呢！好好休息兩天吧！」

她舉目四顧，終於發現我用圖釘釘在牆上的那張紙條：「記住『唱出一個新中國』這次教訓，今後永不再惱她」。（註二）

她怔怔對它瞧了好一會，似被一件充滿魅力的藝術品吸住了。接著，又靜靜走過來，不斷多情的痴痴望著我，我也痴痴望著她，有好一會，我們沒有說一句話。

我輕輕喚她。

「我要你來。」

「幹什麼？」

「坐近點——坐在這裏。」我指指床邊。

她臉紅了，悄悄坐在我床頭。

我仰起臉，嘴唇故意嘛得高高的。

她突然笑了。「你這是做什麼呀？」

「嗯……」我扭著頭，學她平日習慣輕哼的那種聲音。

「不。」

「嗯……」

「好好養病吧！」

「給我一個——病好得更快。」

「調皮的！」

「嗯……」我終於有點什麼，頭像扭鼓糖似的。

「你撒嬌！」她嫵媚的笑了，低下頭，我雙手立刻勾住她的雪白頸脖子，吻了一會。

我要她躺下來。她依了，睡在我旁邊。

「我這眞是陪你生病了。」她咕咕笑。

「要陪，就陪個徹底。這才算眞陪哩！」

我們頭並頭，低低密語，不時被一點紅唇中斷。此情此景，借古人詩，眞似「萬花遮路不知儂」。「路」若改爲「面」，更妙。

沉迷了許久，我低低的在她耳畔道：

「晚飯時，我們在樓上共餐，好嗎？」

她點點頭。

這眞像一頓神仙餐。倒不是菜餚特佳，似瑤池瓊漿玉液，或蓮花盛宴，而是情調美。有佳人相伴且不說，令人盪氣迴腸的，是她那份體貼，那脈溫柔，眞似「春風又綠江南岸」。我所有靈魂形體上的「岸」空間，全綠盈盈的，滿溢春情春意，而這份濃如醇酒的「春」，正是神仙情調。

華味口特好。她卻一時不許我吃這，一時不許我吃那，既不許我用油膩，也不允我動葷腥，只容我喝稀飯，吃土司，又不讓我多吃。有時候，她怪溫存的，挾一筷素菜塞在我嘴裡，叫我開開胃。我嚼筍乾菜時，她再三叮嚀我吐渣子，免得不消化。她也反對我買醬小菜佐餐，說不乾淨。吃點心時，她阻止我食甜餅乾，只許我用蘇打餅乾，說甜食會加速小腸蠕動。

想起今兒上午，她不時替我翻枕頭，讓枕背那片蔭涼來散發我後腦與臉頰的熱氣，叫我感到舒適。她又不時爲我掖被子，叮囑我喉部蓋得薄點，以免受熱發炎。我偶有睡意，她勸我翻過身子，朝裡睡，別老是面對她，免得睡不著，睡不好。接著，她又拉開窗帘，室內光線便暗下來。我睡著了，她悄悄下去，不許麗雲她們大聲講話。一醒來，她又馬上替我倒面水、泡茶、絞毛巾、拭臉。

她對我的種種體貼，像一片片天鵝絨毛，纏綿的包圍我，叫我酩酊。我知道，她這是和我競賽，爲了我曾細緻的看護過她。

晚飯後，麗雲把蓄音器搬上來，華播放我最喜歡的蕭邦降E調小夜曲，是羅賓斯坦演奏。我說，現在什麼都好，就是燈光亮一點。她便用一張微微透明的藍色薄紙裹住燈泡。登時，室內一片蔚藍，伴著小夜曲的音樂，情調非常之美。開了電風扇，樓上一點不覺熱。其實我們根本忘記了，世界上還有什麼「天氣」。窗外一片下弦月光，似透過白紗窗，使四周氣氛分外顯得幽雅。在暗藍色的燈光下，無華的美麗臉孔，格外明亮。

「以前，睡前是我陪你，看你睡。今夜，是你陪我，看我睡了。」

她嫵媚的望著我，嫣然一笑。

一支又一支小夜曲掠過去了，像鴿翅似的輕盈、玲瓏、空靈。蕭邦的音符是仙籟，爲樓上空間創造夢的氛圍，使聽者如入夢境。

她終於離開夢的天空，站了起來，靜靜替我放下白色圓紗帳。

「今夜，輪到你給我告別式了。」我望著她明亮的臉。

她優雅的笑著，溫柔的抓住我的手，攤開手掌，在右頰上貼一會，這是我們慣常的最後告別式。在這之前，有時自不免有其他甜蜜插曲。不用說，平日我是用她的纖手貼我的雙頰。

情不自禁的，我又把她拉過來。她繾綣的低下頭，多情的俯身吻我，一次又一次，眞是難捨難分。她索性躺下來。

在圓圓的白紗帳內，她親暱的撫摸我的臉。

「你瘦多了。」

「可今天卻是我生命中最幸福的一天。」

撫摸著，撫摸著，她忽然輕盈的笑了起來。「要是麗雲她們突然上來，多可怕呀！」

「她們早上蘇州了！」（註三）

我們臉偎臉，相互愛撫著。她偎著我，低低道：

「今天，你知道，我一切全依你，因爲你身體不好。」

我貼著她雪白耳螺。「那麼，明後天，我身體一好，你收回一切？」

「嗯。」

「那我不要好了，永遠就一直病下去。」

「嗯……嗯……嗯！」她扭扭頭。

我們繼續耳語。有一次，半玩笑半認眞的，我輕輕問：

「親愛的，你什麼時候嫁我呢？」

「不嫁。不嫁。」她搖頭。

我不再開口，閉上眼睛，裝睡。

隔不一會，她突然極輕輕的，像西藏喇嘛唸經似的，輕輕嘰咕幾句。

「你在講什麼呀？」我睜開眼。

「聽不見，就算了。」

「告訴我，你究竟在講什麼？究竟嫁不嫁我呵？」

「人家已經講了兩遍，聽不見算了。」

我笑著道：「我只聽見一句：『一輩子不嫁人』，下一句是不是：『要嫁人就嫁你』！」

「你眞壞。你早聽見了，還假裝沒聽見。」

「我眞沒聽見，是胡猜的，想不到居然猜中了。謝謝！謝謝！千謝萬謝！」天知道，我哪來靈感，居然把她模糊的語聲猜出了。

我們熱烈的抱吻著。

從白色圓帳外，一片藍色燈光濾射過來，帳內遂塗抹一派暗藍暈光。華的臉孔分外顯出燦爛的沉醉。她那雙原就清澄的眸子，也更亮了。這一刻、一分、一秒，是如此刹那，又如此永恒。我們簡直著了魔，完全忘記時辰。或者正如浮士德所說：「時辰，停住吧！」在這種浮士德時辰，任一滴「再會！」聲，彷彿都是生離死別。我從沒有比此刻更深刻的體驗，男女相愛到最高點，即使不說，不動，僅僅相偎，也可沉醉一整夜。

然而，再長再甜的夢，也有休止符。在最纏綿難捨的時辰，她終於翩然飄去。只有兩朵「晚安」聲像梔子花，像小夜曲，久久久瀰溢香氣於枕畔。是如此美麗的迷人的仲夏夜，香味不斷飄浮，繚繞，直到我恍惚入夢。

第四帖 萬花遮面不知儂（下）

「燎沉香，消溽暑，鳥雀呼晴，侵曉窺簷語。……」

一片篤妙的鳥籟中，我躺著，低吟周邦彥名句。

當眞一隻鳥飛過來了，翩然靠近床頭。

是一隻又紅又黑的鳥。

華穿一襲紅黑條紋的絲織長旗袍，絲光閃閃的。她敷了猩紅色唇膏，雙頰卻泛出淡淡胭脂色，顯得風神煥發。

量量溫度，我的熱度已退清。

腹瀉完全停止。昨夜流了許多汗，我疲倦之至，整個人彷彿比昨天更吃力。我知道，不流汗，退不了燒。

「瀉肚就是這個樣子，你得多憩憩。今天還是吃土司，好麼？」

「原以爲今早可以下樓了。不行。渾身一點力氣也沒有。」

「不許你下樓，乖乖躺著。」

樓外起風，愈來愈大，有點瘋狂的樣子。一排紗窗忽開忽閉，震響得吵人。我怕她著涼，不讓她知道，逕自下床，悄悄去關上，連外衣也不披。正當我站在窗下時，想不到兩條藤蔓手臂，突然從後面溫柔的抱我的腰枝，一件白色睡衣竟纏著我的腰腹。

「當心肚子著涼！」

我轉過頭，脈脈瞄著她。她也微笑的脈脈瞄我。

天漸漸熱了，我們開了電風扇。怕她正面對風口，我把它放到窗邊，讓風悠悠從遠處斜吹過來。她見我臉上有汗，連忙絞了個熱手巾，替我拭擦。接著，又爲我砌了杯濃濃紅茶，自己也泡了一杯。因爲，紅茶能止瀉。

「你坐著怪累的，休息一下吧！」

我招呼麗雲把樓下籐睡椅搬上來，擱在房門口，囑她躺著，面孔正對樓梯拐角。那條藏書長廊上，敞開兩扇大玻窗，窗外湧現雄峻的葛嶺山巒，到處點綴豐茂的綠樹，青青草叢，嶒峻的巖石，宛似一幅元人畫卷。她一面喝茶，一面看山，不斷讚美。

「這整個一幢房子，就數這一角最可愛。又幽靜，風景又好。」

「你眞有法眼，林風眠先生也最愛這一角。眞該把樓梯改裝一下，騰點地方，收拾成一座小閣，好品茗，讀書，看山。」

山光樹色大約是開胃藥，午餐時，她打破個人歷史紀錄，連吃兩滿碗飯。一大碗番茄燒肉丸子，也全被她獨吞了。她連說：「好吃！眞好吃！」又逗我道：「你看著我吃，就是不給你吃，讓你饞！」

我見她吃得有聲有色，那麼香，眞是妒火三丈。可也只得怨自家腸胃不爭氣，任她取笑。

飯後，她替我絞了臉巾，泡了紅茶，又躺在籐椅上吹風。

「啊！眞舒服。——從來沒有這樣適意過！」

「你不覺得樓上熱！」

「一點不覺得。」

其實，平常她最怕熱，此刻樓上也並不怎樣涼快，不過，當一個人如服迷幻藥，被另一種神秘魅力麻醉時，再熱，也不覺得了。

她把籐睡椅調了個位置，躺著，一雙赤腳放在我床上。我要她把雙腳放進薄被內，免得受涼。她當眞伸過來，和我的赤腳嬉耍，不斷用腳指搔弄我的腳心，癢得我直笑。我忽然道：「你可千萬別夾我呵！」過去，我是領教過她用腳指夾人的厲害的。

「不會。……不會。」她笑著說。過一憩，又道：「夾的。夾的……」

終於，她接受我的意思，用她赤裸裸的腳底吻我的赤裸腳底。它們接觸時，我們對笑了。

她或許不知道，我這是按我的「海艷」的男女主角的一頁戀景行事哪！

我看看錶，快一點鐘了。「再五分鐘，你得下去休息了。這最後五分鐘，我們誰也不說話，不想，就這樣腳吻腳，好嗎？」

「好的。」她笑著點頭。

我們對望著，微笑著，整個人眞像騰雲駕霧。

忽然，也不知道爲什麼，我竟喃喃自言自語。

「五年前，在西安，有一晚，塔瑪拉睡在我們那裏，我怕她冷，給她蓋上我的呢大衣。翌晨，我問她：昨夜冷不冷？她說：不，因爲有你的大衣。我說：那不是我的大衣蓋著你，是我的友誼蓋著你……」

「好。一點正了。再會！」

「讓我們來一個短短告別式。」我熱烈的望著她。

「不！」她搖頭，迅速走下樓。

我知道闖了禍，連忙趕到樓梯口，向她道歉。

「無華，千萬別生我氣！」

她頭也不回，飛也似的不見了。

我嘆了口氣，心想，「眞糟！我怎麼搞的，竟會說出那些勞什子話！」我躺在床上，心裏七上八下，怔忡不安。

下午，我一直在想這件事。

這自然是我的不是。

不過，我是一個藝術工作者，必須具備最大的幻覺，在極度自由的想像中，能擁抱全宇宙，這樣，才能上昇到一種超脫境界。一個眞正文學家，即使浸沒於愛情深流，可能也習慣把整個現實感覺昇華到高度藝術幻覺領域，爲了能從中呼吸豐富的靈感。作爲過去情人的塔瑪拉，現在可能不再存於我的心靈；但作爲藝術形體的她，卻仍可能閃亮於我的詩情記憶。作爲無華情人的我，確實應該忘記塔瑪拉，但作爲作家的我，卻不能徹底忘記她——這一藝術形象和少女典型。而前一種角色，不一定必須殺死後一種角色。

或許我還有一個壞習慣。當我極幸福時，內心會連帶騈生過去生命中的美麗回憶。彷彿眼前這一幅幸福圖卷，只有與過去某一景聯結在一起，相互映襯，生命本身這才更現得光輝絢爛。

這一切，固然是人類靈魂在忘我境界中的自然展裸，卻也是愛情現實的很大弱點。

我又想，愛情的壓力眞是如影隨形。幸福與重量似不可分。越幸福，肩胛就越覺沉重。而女人的佔有慾，更似水銀瀉地，幾乎要佔有你每一顆細胞。

我再也無法入睡，萬千思緒，風起雲湧。我非常明白，這個下午，她肯定不會再出現了。

果然，直到五點，不見驚鴻蹤影。

我慢慢走下樓，有氣無力，兩腿軟綿綿的。只見她獨自一個，坐在大客廳肉桂色長沙發上，臉色充滿沉思，像一個極嚴肅的哲學家。

「華，剛才我無意中犯了一個錯誤。現在，我親自下來，向你道歉，請求你原諒——你能寬恕我一次麼？」我黯然說。

她的沉思面孔並不看我，卻神情淡淡的，把話岔開去。

「你爲什麼下樓呢？你應該多休息。你的氣色還不太好，自己該當心點。」

「我怎麼能躺得住呢？」我忍不住有點爆發了。「華！請原諒我吧！我絕不是有心的。人不舒服，精神一差，說話就大意了。我完全是無心的。我向你發誓，今後，我永遠不再提她了！」

我誠懇的望著她。

「無華，我們在一起兩個月了。我從未對你說過這類錯話。我第一次犯了這個錯誤，你就不能寬恕我嗎？」

她不響，臉色從未這麼冷靜過。我還想說下去，她用淡淡聲音阻止我。

「沒有什麼。」

看得出來，她似乎很矛盾，不知道怎麼表示才好。我呢？到底病後，也未午睡，而且精

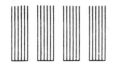

廣	告	回	信
台灣北區郵政管理局登記證			
北台字第 9122 號			
免	貼	郵	資

231

台北縣新店市中正路24號5樓

鴻泰圖書有限公司 收

讀者編號：

縣市　　鄉鎮市區

路街　段　巷　弄　號　樓

鴻泰圖書有限公司 讀者服務卡

我們非常感謝 您對本公司經銷圖書的喜愛，希望 您告訴我們， 您閱讀此書後的觀感，及對出版社或本公司的建議，讓我們能與 您更親近，更臻您的理想，下列資料請 您撥冗填寫，寄回公司（免貼郵票）。我們亦會不定期寄發新書資訊給 您。

您的大名字號＿＿＿＿＿＿＿＿＿＿

性別＿＿＿＿ 年齡＿＿＿＿ 職業＿＿＿＿ 學歷＿＿＿＿

電話＿＿＿＿＿＿＿＿ 傳眞＿＿＿＿＿＿＿＿

您購買的書籍：

出版社＿＿＿＿＿＿＿＿＿＿

書名＿＿＿＿＿＿＿＿＿＿

購買地點＿＿＿＿＿＿縣(市)＿＿＿＿＿＿書店

或 ☐ 透過劃撥，匯款向本公司郵購

您閱讀本書的感想：

您如何知道本書的消息：

☐ 在書店瀏覽發現　☐ 報章雜誌推薦

☐ 親友介紹　☐ 書訊　☐ ＿＿＿＿＿＿＿＿圖書館

☐ 其他＿＿＿＿＿＿＿＿＿＿

您通常以什麼方式購買圖書：

☐ 到各大書店　☐ 郵政劃撥　☐ 其他

原因：＿＿＿＿＿＿＿＿＿＿

您對出版社或本公司的建議

劃撥帳號 1378704-1　鴻泰圖書有限公司

Tel：(02)9152618 · Fax：(02)9154059

神緊張，腦力也不濟，再加上心裡難受，更是說不下去了。我似乎有點灰心。

這一頓晚飯，眞像活祭，哪裡是味兒？和昨天晚餐、今日中午一比，活像天堂地獄對照。我說不出的心酸。

我們相對無言，一句話不說，默默結束這一桌淒涼景象。她的筷子像爬喜瑪拉雅山，我的筷子也慢如蝸牛。一桌菜幾乎沒有動；各人一碗飯，也剩了不少。

分別時，我再一次向她道歉，懇求她的寬恕。我表示：她一分鐘不原諒我，我心裡就一分鐘不收回歉意。我坦率告訴她，今天一下午，我沒有一分鐘安靜。今後幾天，也絕不會安靜。

她聽了，先是不開口，終於又淡淡重複了先前說過的話：

「你身體還沒有好，自己當心點，多休息幾天吧！」向我點點頭。「早點上樓睡吧！明天見。」

多少天來，這是第一次沒有告別式的告別。她彷彿有點怕我碰她。

兩個月來，我第一次敏感到，她已經離開我了，雖然我們還在同一個屋頂下。

客廳一幕，像失去茶花女的布吉窪，我說不出的黯然。雖然我不可能萌生阿芒式的怨憤，但我也有點不自在。事情固屬我錯，既在病中，難道就不肯饒我嗎？這樣硬著心腸，眞不肯原諒，也就算了。次日早晨，我本該下去盥洗，偏不下去，逕自在樓上梳洗了。本該下去用早飯，我偏不下去，卻在樓上獨吃了。我決定，這一上午，絕不下樓，讓自己索性安靜一陣子。一切順其自然，管他！我把籐睡椅搬到長長書廊上，躺著看書，看山景。從她寢室裡，不時傳來小提琴獨奏音籟，是德伏夏克的「詼諧曲」、「母親教我的歌」，是馬斯納的「泰綺思默想曲」、聖桑的「天鵝」。……一陣陣弦籟，異常淒婉、瑰麗，如泣似訴。這些世界最著名的提琴曲，傾瀉出震撼性的抒情美。我聽著聽著，胸臆不禁襲來一片哀愁，像紗幔一樣，籠罩我的心靈窗子。

我沉思男女感情的微妙，以及一些幾乎不可解的神秘結子。有些情景，像潮水剛退去的海灘，明知會有生命之鹽粒，一時卻看不見、抓不住，手觸不行，你得用舌尖深深舐，才嚐到鹹味。這是大海的味道？還是時間的滋味？說不定什麼時候，又是一陣新的潮水？你如何站在水中？還是走避得無影無蹤？……啊！我是拿定決心，永遠不會在她面前提塔瑪拉了，而且還要從記憶裡完全抹掉她的形象，可無華能原諒我嗎？昨天我說了那許多央求話，直是繡花針落大海，影蹤全無。眞就連一點自尊心都不留給人麼？我越想越覺得自己受委屈。但樓下的提琴音樂，偏不肯饒我，仍是一波又一浪，不斷湧上樓，波波浪浪的，把我整個淹沒了。是那樣旖旎動人的音色、音調、音韻，於無限惆悵中，我又止不住對如夢的現實生命倍加眷戀起來。

已經九點了，我還不下樓，她會斷定我在賭氣，眞正和她鬧彆扭了。這還是相愛以來破題兒第一遭。她是斷不會上樓的。這不就鬧僵了？

不知何時起，琴聲停止了。

是衝動？是懺悔？是矛盾？是巨壓？是寂寞？還是天地間那股比火燄更強、比太陽更亮、比上帝更神秘的魅力？我終於出現在她房內。

不出我預料，她果然在寫信。

「無華，眞對不起你，昨天叫你那樣不愉快。假如你知道我犯錯誤的根因，你就會寬恕我的。你不能想像，你未上山前，這兩年來，我過的是什麼日子？我的生命本有將來，但在現實生活中，卻絲毫不感到將來。我的生命已失掉過去，卻又時時感到過去，希望從那些已經消滅的記憶中，挑選出一兩朵可以供我朝夕欣賞的花朵。這幾乎已成爲我的壞習慣，常常把四周的一切與過去連結起來。你光輝燦爛的出現了，帶給我眞正的幸福。這兩個月，我像一個囚徒，剛走出牢獄，雖然四周充滿自由與幸福，但我的思想內層，仍沒有擺脫過去鐐銬的陰影，因而時不時的，仍被回憶所侵襲。正像獄中囚徒歡喜記憶從前偶爾供養的玫瑰，所以，昨天我之回憶過去，也正是一種記憶病的偶然發作。我絕不是有心的，更無絲毫貶抑我目前幸福的意思。我知道這是不對的，但得讓我慢慢改。而且，也還得讓我有一份正常心情。昨天，我的身體不舒服，心情是不正常的，這才犯了錯誤。這是我第一次犯，今後一定不會再犯了。我希望你能原諒我。」

這一席話，是我昨夜一再分析自己心理背景時想起的。昨天下午，儘管我左思右想，還未能自我挖掘得這樣徹底。

無華停下手裡的鋼筆。

「我寫不下去了。」

「那我出去吧！」

「不。」她阻止我。

「爲什麼寫不下去？」

她用鋼筆指指信紙。「你站在房裡，就像擋在這裡（指信紙），我寫不下去了。」

她把白色信紙摺好，放在抽屜內。過了一會兒，她突然又把它取出來，用洋刀裁了一段，撕成粉碎，扔到地上。

「爲什麼撕掉？」

「寫得不好，得重寫。」

我不再開口，心裡卻放下一塊大石頭。一座新的凱旋門，登時又屹立心中，像巴黎那座一樣輝煌。天知道！這是怎樣一場拔河戲！我早已敏感，她是向上海林婉、林同寫信。這一對左傾的姊妹，一直反對我，要拉她過去，勸她早日回上海，以免受我這個異教徒的「邪氣」（這是她們形容我的字眼）影響。昨天午後，無華在我這裡受了委屈，衝動之餘，自然會考慮靠攏他們。然而，我終於扭轉乾坤了。

我坐在靠窗沙發上，充滿誠懇的道：

「我本想暫不下來，獨自休息一陣子。可是，一聽見提琴聲，我馬上決定，非到你這兒，請求你的寬恕不可。」我的語調開始激動。「無華，你比我更清楚：只要一坐在這兒、這兩扇窗子下面，這就是我的最高幸福。……」

接著，我又對她陪了許多不是。

她臉孔赧紅了，低低的微微嬌嗔道：

「嗯……人家陪了你一天，你還是忘不了她。」

她噘了噘紅嘴，頭低下去了，兩隻手指在摸衣角。

「天知道，昨天中午，彷彿魔鬼附體，好端端的，竟會說出那些勞什子話！」我左右開弓，輕輕敲了自己兩記耳光。「放心！今後在我記憶中，我將把有關『她』的一切，全部驅逐出境，好麼？」

她嫣然一笑，一雙明亮眼睛瞪了瞪我。

天可憐見！將近二十二小時以來，她臉上第一次綻放「笑」的曇花！當眞，在以後日子裡，我再不敢提起塔瑪拉，也再不想起她了。

天可憐見，她竟不停的怔怔望著我，百望不厭，彷彿分別了十年。

「你今天上午的形象，眞像你在北京時照的那張照片，非常純潔。」她的聲音說不出的誠懇。

我眞佩服她的眼光，她一點也沒有說錯。自從與她相識以來，今天上午，是我靈魂最接近「聖潔」的一刻。當我走進她的寢室時，我幾乎無法預測一切後果。我懷著一種異乎尋常的平靜心情，不雜一絲一毫個人私念，完全忘了自己，只想爲別人犧牲一切。萬一她就此和我斷交，我也絕不怨她。我的神色充滿一種非常純粹的情愫，而我的衣著、形姿，也一反往常，只隨隨便便穿了那件白色網球衫，頭髮也微亂的鬈曲著，不像平時梳得溜光嶄平。這時，我不再自覺是一個戀人，而是一個朝拜麥加的回教徒，或一個朝覲耶路撒冷的基督徒，一種與大自然融化爲一的宇宙感擁抱了我。

我明白，與其說是我上面那席話勸服了她，倒不如說我的一副精誠形象感動了她。不止一次，她告訴我，她從未見過一個十六、七歲少年，曾具有北京時代我那副極嚴肅、極純潔的形象。

爲了貼近她，我就在她隔壁房間午睡。

今天太陽很強烈，樓上更熱。我哪受得了？眞怪，一個人躺在樓上時，分外感到熱。午睡醒來，和她談得高興時，見她神色完全開朗了，我終於笑著道：

「昨天你可眞把我整夠了。整整一夜，我一點不能睡呀！」

她不開口，只是抿著嘴笑。

我猜，這時假如一定要她回答，她可能會說：

「誰要你想別人的？我為了你，連姆媽曾對我那樣好，我都把她忘了。你為了我，連一個女朋友都忘不了，何況她過去對你並不怎樣好呀！」

夜間臨別，我要求恢復告別式，她還有點矜持，怕被我取笑。

本來，我們的告別式，前一種是熱烈的，後一種是平靜的。她只答應我後一種，讓我拿起她的手，在我左右頰上貼個一會。可我乘她從枕上坐起來，協助我替她放帳子時，偷偷吻了她一下。我暖暖的嘴唇才一貼她的香腮，她立刻就緊緊摟住我。

我們吻了許久，非常非常的火熱，彷彿從未吻過似的。

「我怕你今晚睡不著，假如拒絕你的ＫＩＳＳ。」

我點點頭。

事隔多年，後來我這才想起，男女巔峯性的戀愛，有時等於一場大殲滅戰。她不僅要把你思想、情感、習慣裡種種不適合她個性的所有細胞殲滅淨盡，更要把你記憶裡所有女友的任何痕跡連根拔盡。若說得通俗點，愛情有時更似一具刈草機，一定要把你思想、情感、習慣裡不和她協調的一切雜草刈個乾淨，而最觸目的蕪草，就是你以前的女友。

【附　註】

註一 李媽與其媳婦麗雲原是趙無極保母，趙夫婦赴巴黎留學，把葛嶺別墅讓給我住，她們乃成我的保母。無華與其母來葛嶺休養後，認爲她們不夠盡職，擬設法遣走，她們乃對趙氏母女不悏，卻不怨我。（因我和她們相處甚洽）。在她們看來，若我不和無華談戀愛，華不會久居葛嶺。故華平日甚注意言行，在她們面前，我們絕無親暱跡象，因而她連上樓護理病中的我，全有顧慮，唯恐母女流言傳到外間，影響無華家庭及其親友對我的觀感。

註二 某次，爲了無華聽解放歌，我對其中「唱出一個新中國」一句開玩笑，她生了氣。我們鬧了個彆扭。後雖平息，我卻留言牆壁，汲取教訓。

註三 杭人俗語，「上了蘇州」，意指早已入夢，赴蘇州了。

（作者後按）清代納蘭性德悼亡名句有：「人到情多情轉薄，而今眞個悔多情」。但這只是狂戀事後語。當一個人失去最心愛的珍寶後，不管怎樣多情，面對一片空無，亦不可能如對實有之情深。單憑回憶，似（捉）水中倒影，影子亦將隨時間漸漸褪色。因多情而生種種痛苦，自感後悔。正在狂戀中的情人，絕不會滋生上述名句心態，只是隨著情深意眞，會不斷「柳暗花明又一村」，以種種迴異形姿一瀉自己情懷與魂魄。此間所記，可作一證。

第五帖 心心

深刻的愛情世界既美，又恐怖。它令人如狂如醉，瘋瘋魔魔，卻又自甘下沉，沉入一個絕對喪失自我的宇宙，卻又堅信必有一個「我」。

近幾天來，無華正是沉淪於這樣一個宇宙。她的感情似已陷入風暴海底，一切渾渾噩噩，混亂不堪。她有點茫無主意。她的整個精力都在愛情大漩渦裡旋轉。今天這個漩渦深一尺，明天就深一丈，後天卻深十丈。

我變成她唯一的主意，幾乎事事全要我出主意。她對我信託和倚賴的程度，眞叫我感動，有時幾乎使我想流淚。天可憐見，這樣一個才華過人的優美靈魂，多少年來被病魔所苦，何嘗咀味過生命眞幸福？在命運絕境中，突然獲得人間最可貴的，她怎不如飲瓊漿玉露，緊緊抓住杯子，抵死不肯放下？

不止一次，她對我道：

「你一不在，我就受不了。我見你在樓上不下來，就心煩。我一見你看書寫字，就不自在。」

倒不是她每分每秒一定需要我。有時，她心思集中在一些瑣事或玩兒上，其實不需要我。可是，她寧願我空著，白白坐著，看她忙自己事，而不願我手上有一本書或一枝筆。那樣，似乎我再不屬於她，而屬於我自己了。無論我被別人佔有，或被自己佔有，在她看來，都是一樣不快樂。她需要完全佔有我的靈魂與形體。哪怕她並不需要利用這份佔有時，她依舊要保持一種我被她全部佔有的感覺，或者隨時等待她佔有的感覺。正如我們酷愛一件名貴的宋代柴窯茶杯或酒器，即使不用它們飲酒或品茗，我們也不情願被別人碰觸。

不止一次，她又對我道：「我現在簡直被你寵壞了，將來回到家裡，我再過不慣了。任何其他生活方式，我也不能適應了。」

爲了排除她的寂寞，今天上午，我又一次提議找人唸書給她聽。我說山下一位友人的妻子，現在閒著，我願每月津貼一石米，請她每天爲無華唸二三小時書，直到她獲得工作爲止。

華聽了，很急。

「不行，不行，這怎麼行呢？」

「這件事，我想了許久了，當然要你同意。」

「生眼疾後，在家裡，我本想請個人讀書給我聽。爸爸說，這些年來，我治病已花掉很多錢了，現在還提這個？將來還不知道怎麼樣呢？連三妹想學鋼琴，每月付十五個「單位」（當時的臨時計算方式，以防人民幣的波動），姆媽還怨呢！她說：解放了，不比從前了，現在連吃一口飯都不容易了，還學琴呢！」

「這件事，不需要讓你家裡知道，一石米並不是個大數目，由我負擔好了。」

「不許你說下去了，你再說，我又要……。」

她掏出手絹，作拭淚狀，我只好不再說了。

我解釋，每天上午，我本想繼續讀點書摘給她聽，像過去一樣，可是，近來覺得自己精力有點不濟，身體比從前似乎差些了，讀不了十幾分鐘，喉嚨就感不舒服，非常吃力的樣子，彷彿是口乾。

這樣的話，無意中，以後大約又提過一次。我雖說輕描淡寫，其實我自己也知道，我的健康遠比我提到的麻煩。有時候，我自覺像一輛汽車，正在行駛，忽然煞住了，因爲汽油沒有了。又彷彿生命之泉有點枯竭了，不再源源不斷湧出活水了。替她朗誦就是個例子。我試了幾次，讀不了多少時，就覺口乾喉燥，不管我喝多少水，也無濟於事。（作者按：直到此年冬季，我去照X光，才發現患初期肺結核。）

晚飯後，廊廡上，我們又享受伊甸酩酊，達兩小時。站起來後，我們又擁抱許久，說不出的難捨難分。

假如上帝允許，我們眞想沉醉十萬年，不再醒來。

這兩天，在日記上，我寫了下面幾段話。

許多話，我們說過，忘了。許多事，我們做過，忘了。只因爲它們是幸福的，我們忘了。不是忘幸福，而是由於每天都是幸福。而明天總有千百個幸福等我們，如不設法把「昨天」的倉庫騰出來，新的就無法裝進去。一個人因爲忙著接待太多幸福而緊張，這自然是奇蹟，至少，這種例子，在現實生活中並不多。

有許多深刻事，必須事到臨頭，親自體驗，才感到，嚐到。比如，這就是一篇好小說的主題：一對戀人，天天過著伊甸園生活。有一天，男的忽然悄悄走了，留下一張字條：「就這樣，突然關閉伊甸園大門，最好。已生活過的幸福，將永生於我們心靈。幸福本是一朵鮮花，經不起無限榨取。」或是另留一張：「兩頭兀鷹，不能太久同居一個巢，彼此的翅膀太大了。」或者，只留一句話：「願你永活在我記憶和想像中。」

眞正，生活本身比一切都偉大，人類所有文化理想，假如都在生活中實現，則全部文化將絕滅。因爲，幸福的生活本身，永比幸福的文化理想更深湛，更充實。活在詩裡，自比寫詩深刻。而且，當你全生命沉入生活漩渦時，你也就無暇作抽象思維了。最高的幸福生活本身，常逼人懶於思想幸福，只當幸福失去時，人們才終日思想它。

近七年來，我早已養成孤獨生活和獨立思想、工作的習慣，現在要我全部改變，很需要一點時間。不過，遠在七年前，我原是過群體生活的。

和無華熱戀兩個多月後，我還寫出這樣冷靜的句子，這就說明：我幾乎已不可救藥的習慣於成日累月作嚴肅思索了，思索一些永恒的問題，永恒的意象。有時，則深深沉浸於一種微妙境界。這七十天來，我的玄思線索是中斷了。然而，爲了愛情，這一代價是值得付出的。

當然，這確實是我應該好好思索的一個問題：如何調和幸福現實與幸福思想——即生活與理想之間的矛盾。

以上幾頁後來我讀給無華聽，她很歡喜。但她卻突然道：

「嗯！你會『悄悄走開』，別人也會『悄悄走開』的。」她噘嘴。

這幾段日記，似在她心裡打了個結子。經我一再詮釋，她才釋然。

這幾天，每晚總比預定時間睡得遲一點，約遲一小時。今天下午，我對無華說：「這幾晚，睡得太遲了，對你身體不太好。」

「晚飯後，你讓我獨自在走廊上坐一會，過一下，我自己會去睡的。」

「好的，今晚我一定如此。」

果然，吃完晚飯，我就道：

「今晚遵囑，讓你早點睡。」

我想，這樣也好，睡前我也可上樓，抽點時間寫作。

出於意料，才七點三刻，她就放下帳子，悄悄鑽進去了。原來規定時間，是八點半—九時。

我有點奇怪。「今晚你又睡得太早了，你應該在走廊上納一會涼，再睡。」

「不，我要睡了。」

「八點鐘，我還要聽新聞廣播呢！」

「你聽吧！」

「好，就耽擱你一刻鐘。」

扭開收音機，聽了一會，聲音很雜，聽不清，我又關上。

「我不聽了，你睡吧！」停了停，聲音低下來，輕輕道：「給我五分鐘告別。」

見她不響，我又輕輕道：「我有幾句話要對你說。」

「不說了，明天見！」

她聲音那樣冷冷的，我很詫異。「今晚你爲什麼這樣？」

她不答。

「華！」

帳內一片沉默。

我輕輕走到床邊，坐在帳子外，燈已滅了，室內一片黑暗，只有窗外的幽幽天光，和樓梯口通道上反映進來的燈光。院子裡正在起風。

「華！」我繼續溫柔的喚她。

帳內仍沉默。

「華！」我輕輕喚她。

「不要喚我呀！」我聽出，她身子向左側翻過去，背對我。

「究竟爲什麼呀！」我又低低喚她：「華……華……。」

帳內仍一片悄靜。

正在這時候，不知怎的，帳子突然墜下來，我們幾乎嚇了一跳。

「你出去坐一會，我和阿唐給你掛帳子。」

因爲保母李媽和麗雲就要走了，這幾天，阿唐來此暫住，幫她們收拾行李，現在我正好請他幫忙。

我們掛帳子時，風突然強猛起來，不一刻，天空「隆隆」響暴雷，亮著閃電。華仍單留在廊廡上。我去看她，她正獨自坐在沙發上，默默凝望天空，一派神聖不可侵犯的樣子。我張了一下，她不響，我只好又悄悄進房。

帳子總算掛好了，她又回來。

「你一向最怕打雷打閃，今晚怎麼不怕了？獨自在走廊上坐那麼久？」

「看清楚它們，便不怕了。」她冷靜的說。

這不像她講的話。

帳子又放下來了。

「明天見！」又是一個短短的冷冷的聲音。

我越聽越覺不對，越想越覺蹊蹺。

我又在帳外經輕喚她：

「華！……華！……華！……」

「不要喚我呀！」聲音有點急。

「不行，今晚你這個樣子，不理我，我要一直喚下去！」我又溫柔的輕輕喚她：「華！……華！華！……」

帳內一片沉默。

突然我聽見她在啜泣。

「華！華！究竟爲什麼？……千萬別難過呀！我求求你，千萬別難過……」

「不要碰我。」她啜泣著。

「不！不許你哭了。你知道，我剛才本要和你講幾句話，向你解釋一下。」

「不要解釋。」

「不！華！你知道，我今晚提早上樓，是遵照你的意思，我剛才想向你解釋幾句，你如果提早睡，我今晚想上樓補寫日記，它已拖得太久了。我懇求，我希望，你不會因爲這點小事而難過。」

「我不是因爲這個難過。我是爲自己難過。」

我詫異起來，問了許久，她始終不說。最後被我逼緊了，她突然坐起來，抱住我大哭。

「爲了你的身體。」她哭著道。

我聽了，又驚又急，又痛又慌。我連忙安慰她，但她卻又哭又急的道：

「今天下午，你不是說，你身體愈來愈壞了，我怕我們再在一起，對你身體不好，這次姆媽來，我一定要她帶我回去了。」

她哭成那樣子，我眞是慌急了，亂成一團，我怕她眼睛又要痛起來。好不容易央求她，勸慰她，說我只是隨便說說的。我身體其實很好。她千萬別想這些，求了好一會，她才不哭了，答應我不離開杭州。我問她，眼睛怎樣了？好不好臨時吃點藥止痛？她看我急得那樣子，便吃了幾顆止痛片，眼痛才算好些。

就在我慌亂一團時，帳子忽然又墜下來，大約掛鈎沒釘緊。阿唐早已睡了。我找了個梯子，獨自花了些力氣、時間，又替她掛起來。

這一次，她讓我躺下來。我們擁抱在一起，相互偎貼了許久。

「寧！你太好了。你對我眞太好了。你愈是對我好，我愈是——」她說不下去了，只緊緊依偎著我的臉。

窗外是大風、巨雷、閃電、暴雨，宇宙一片昏暗。窗內則是一片朦朧，微襯淡綠色的傘燈光。閃電時不時衝破朦朧，突然把室內化成一片銀色世界。

第三葉　荷露墜·離人淚

第一帖　黑色的早晨

我永忘不了這個清晨，我生命中極黑暗的一天。

華不梳洗，一清早，就坐在走廊籐睡椅上，低頭沈思。她的美麗眼睛，定定望著前面：那是三個月來最熟悉的大院落，地上飄著橢圓形落葉，牆上懸掛著紫籐與薔薇枝條，這些長長藤條，一部分攀纏著牆邊高高挺立的老松軀幹。再過去，是翠色桂樹，根株微斜，肥大的圓葉子像一片片綠色手掌。靠她腳下、臺階兩側，是苗條的廣玉蘭，樹身發銀灰色。天知道，在這個大院子裏，在這些綠色葉子與枝條間，多少次曾飄響起我們所鍾愛的蕭邦小夜曲，貝多芬的月光曲，莫札特的旋轉曲，麗蓮·彭斯與基尼的歌聲，曼紐罕和克萊斯特的提琴聲，羅賓斯坦與希那拜爾的鋼琴聲。

可是，天哪！從今以後，如此旖旎的音樂、歌聲，我倆再不可能共同享受了。這條長廊上，將祗剩下我寂寞、淒涼的孤影。

天哪！透過青色矮牆的鐵戟籬柵，和上面隱隱綽綽的薔薇枝葉，最後一次，她還想悄悄凝望西湖，湖上長堤迤邐如虹，堤上楊柳如烟如霧。是不是她又一次在回憶我們過去在堤上的踪迹？我們印在堤面的足痕？我們的初夜泛舟？我倆在船上的仲夏夜語聲？以及船舷擦過荷葉時的「沙沙」聲？

上帝啊！任這些回憶如詩似夢，再過兩個半小時，火車汽笛一響，這些夢可能永遠被斬斷，再無續篇，只餘我倆心內的一片惆悵，一幀哀傷。

啊！多殘酷的一幅畫面！依舊是這長長的靜靜的走廊，這寧謐的石堦，這長長長的廊臺，這被淩霄花長長枝條所擁抱的長柱，這安靜的藤睡椅，這幾隻豆紅色靠背沙發椅。現在，溫柔的朵麗，依舊在華附近躺著，意態閒適。幾隻母雞，也依舊在牆角緩緩踱著，不時發出咯咯聲。這一切，華是不是要看個透？好把它們牢牢鐫入心扉，好帶到另一個遼遠所在？啊，這走廊，這石堦，這廊臺，其實並不是空空的，靜靜的，這裏面含有太多太多的歡樂！太多太多的記憶！多少次，在這裏，我們曾共念過莎士比亞和勃朗寧的詩篇；唐人的絕句；歐德和紀德的散文；十九世紀法國作家的書簡。多少次，在這裏，我們同觀過希臘磁皿畫；文藝復興期大師的傑作；近代印象派與現代立體派的畫。多少次，在這裏，我們的腳步，我們的手掌，我們的臂膀與身體，我們的脈跳與體溫，曾深深鐫印下不滅的痕跡，那些最具燃燒性的痕跡！

她怎麼能離開這些？她哪裡忍心離開這些？但她必須離開這些。而且馬上就要離開。這等於逼她撕開我倆共同創造的生命幸福體，只留下一片鮮血淋漓。

現在是五點三十分，離火車汽笛鳴聲只有兩個半鐘頭。在一個半鐘頭內，我們就得正式結束八十四天來的一切幸福場景，一切夢幻，花朵，青春的狂想，熱情的瀑布！

在這個致命的時刻，我們不能再表演火山爆發了。現實環境也不許可我們爆發了。前天下午，發現她連續第三天有卅七度二的微熱，決定返滬檢查時，乘她母親赴市區買車票，我緊抱著她痛哭一場，又怕她目疾受損，我又獨自上樓大哭許久。一面哭，一面我倆訂好了海誓山盟，將來一定要結合，永不分離。而不太久，我一定會去上海看她。眞正有血有肉的告別式，這就算舉行了。剩下來的今早場面，只是形式的告別。饒這樣，我倆依舊萬分悲痛，只是不好太裸露罷了。

我眞是永忘不了她這時的形姿、臉孔、神色。她依舊穿那件白地藍花大睡衣，她繁茂的象牙黑頭髮，有點亂亂的，臉上是怔怔怔怔的，說不出的在發呆發痴，彷彿一個聖母式的純潔少女，才在哺餵嬰兒，一個殘酷大盜卻突然從她懷裏刼去這個小生命，並且當面立刻把他殺死。她已沒有淚，淚早乾了。她現在只是怔怔怔怔的，呆呆望著刼後的一切。

儘管前天我倆已抱著痛哭過許久，她現還是深深沉入強烈悲哀中。

那只躺了三個月的籐睡椅，一定是在她身上生了根，與她肉體連成一片，現在她再也無法從它拔出。

我走到廊廡上，一看見她的臉色，心弦登時抽緊。但我必須平靜。特別是此時此刻，必須平靜。這是一個必須平靜的早晨！這是她的最後的早晨！也是我的最後的早晨！我必須把萬千風暴化成一片寧靜，爲了她的健康，也爲了大環境。

「你坐著不累麼？」我走過去，望著她。「還是躺下吧！」

她乖乖躺了下來。

我從房裏取出蚊子油，遞給她。

她乖乖的，在兩條腿上擦滿了，塗得厚厚的。

「昨晚睡得怎樣？」

她搖搖頭。

這一問，其實不必問，但我還是問。她其實無須答，但還是答。

「怎麼還不去洗臉？」

「等一會。」她沈思著。

我走到廚房裏，替她把牛奶熱好，端出來，叮囑她：

「太燙。等等喝。」

等一會，她喝了一口，立刻作嘔，馬上放下碗。

「你喝點開水吧！」我倒了杯水給她。

「謝謝你。」聲音裏充滿沈思。

我苦笑。

我們相對無語。

這個早上，我和任何人都可以找兩句話說，但對華，我卻很難找出一句話說。一看見她，我所有言語，像十二月荒野上的燭火，被一陣狂風吹熄了。也可以說，類似巨雷式的悲痛，完全把我擊倒了。

她進去洗了臉，並不梳頭，又回到廊廡上，在籐睡椅上躺著。她不說一句話，只定定的、怔怔的，望著面前又靜又大的院落。

我永忘不了她這時臉色。這並不是一個女人臉孔，更不像一個少女臉孔，這彷彿是歷經萬萬千千驚濤駭浪的大海臉孔。——大海在平靜中沈思著，怔怔沈思著：多少萬年來的大變化。

她感到頭痛。我去取VICKS，她挖了一些，塗擦太陽穴。又是一聲「謝謝你」。

我忍不住輕輕道：

「今天早上，我爲你做任何事，不許你說一個謝字。」停了停，我低低道：「這是一個沒有『謝謝』的早晨，好麼？」

她不開口。

她只是怔怔的、呆呆的，望著台前又靜又大的院落。她簡直是望癡了。

人們手忙腳亂的，把行李搬到走廊上。阿興、李媽、靜伯母、小妹妹我母親，都跑來跑去。連朵麗也躺不住了，忽然跳起來，衝進衝出的，彷彿預感那即將蒞臨的緊張一幕。

「忙什麼？還早得很呢。」華對大家道。

不顧她的聲音，箱子還是一個接著一個，被阿興搬出來。她不響了。她對面前大院落的凝望，更深更痴更入定了。她絕不向四周行李箱籠投一眼，或動一動手，說一個字。在她形體裏，好像沒有「旅行」這件事。但在她感覺裏，隱隱綽綽的，卻已意識到：一個巨大力量正開始把她從這片可愛的幽美空間撕開，這些箱籠，正代表這個巨大力量的一部份。而最可怕的，是把她和她痴愛的一個人兒撕開。這整個早晨，她幾乎不敢再看我一眼，正說明她不敢面對撕裂的一幕。我倆本已熔爲一體，她怎麼能忍受無情的撕裂？

三輪車的喇叭聲突然在山下響起來。多殘忍的聲音，天！

她抬起頭，望望山下，臉色變得愈加陰暗了。我在一邊守著她，又一次聯想起歷史上那幅最著名的雕像：羅丹的「沈思者」。

「妳可以準備了！」靜伯母催她。

「忙什麼，還早得很呢。」她眞是不想站起來，腳彷彿生了根。

雖這麼說，終於，她吸了一口氣，進去梳頭，梳出一朵又一朵的最大最美的黑色髮浪。

接著，她回到廊廡上，請我暫避開。她卸下睡衣，穿上那件綠地紅花長旗袍。

我看看懷錶，正是六點一刻，三輪車提前十五分鐘來了。

「時間還早。妳還是設法，把這碗牛奶喝下去吧。免得到火車上受餓。」我又一次把那碗牛奶端給她。

假如在平時，胃口不好，她可能會拒絕我。但今早她卻決心一切依我。她接過碗，毫不思索，一口氣喝下去。

可是，不久，她就感到反胃。很快的，她跑到洗澡間，把所喝的全吐出來。我和靜伯母跟她進去。我倒了一杯溫水給她漱口，靜伯母絞了把熱手巾，給她拭臉。我們勸她在隔壁李媽床上暫躺一會。我替她泡了杯熱茶，再度給她取來VICKS。

憩了一會，她才覺得好些。靜伯母又去料理東西，留下我單獨陪她。我的眼睛，一直定定望著她的臉，幾乎一秒也不離開。我們全意識到：這是留給我們倆的最後時辰了。這個時辰，不好以一點鐘、一刻鐘來算，只能以一分鐘、兩分鐘做單位。我們所能有的，大約只是五分鐘，最多也不過十分鐘。我們必須利用這最後五分鐘做點什麼，說點什麼。

可是，我們只是相互廝守著，幾乎什麼也說不出，做不出。一個聲音不斷在我心裏響：「這是最後的時辰了。」但我卻怔住了，痴住了。不管我怎樣努力，我都無法表現出任何動作，聲音。

我永忘不了這最後的時辰！——眞正的浮士德時辰——這一次，眞正是浮士德的最後！床上一個閉著眼。床下一個睜著眼。她的眼睛雖閉猶睜。我的眼睛雖睜猶閉。我們有點像羊，眼瞧著就要活生生被硬拉到兩個不同屠宰場。我感覺到：她內心在作最後掙扎。自從認識她以來，我從未見她臉色這麼陰沈過，嚴肅過，簡直像一扇地獄的黑色大鐵門。整整一個早上，我沒有看見她臉上有半絲輕鬆線條。這已不再是一幅天眞無辜的臉孔。從今早第一線曙光出現起，滄海的巨大波浪就開始正式襲擊它，在它上面留下很殘酷的浪迹。

我輕輕走過去，替她脫下皮鞋，讓她雙腳平置在床上，睡得舒服點。接著我蹲在床前，低下頭，湊向她耳邊，低低喚道：

「華！……」

「嗯。……」

很慢很慢的，很低很低的，她輕得幾乎聽不見的「嗯」了一聲。這聲「嗯」非常悠長，似代表一個連續很久的情緒波浪。

「華！……」

「嗯。……」

「現在好點麼？」

她又輕「嗯」了一聲。

我在她頰上輕輕印了一個吻。她一動不動，好像睡熟了。過了一會，我輕摟著她的身子，短短吻了她一會。她伸出右手，摟住我的脖子。我們臉貼臉，偎了一會。

「我什麼話也說不出。……就讓我們用沈默紀念這個早晨，好麼？」

她輕輕點點頭。

「我們一定要平平靜靜的，度過這個早晨，大家不許難過，好麼？」

她點點頭，極輕極輕的，只略微動動身子。

「記住：我們不久就要見面了。我們將來一定要結合，是麼？」

她點點頭。

「一定要把自己身體養好，記得麼？」

她又點點頭。

我永忘不了她這時的睡態。她的美麗眼睛一直閉著，眼皮上只寫著兩個大字：「痛苦」——正像兩千年前寫在十字架上的耶穌的額上一樣。

由於我的慰藉，漸漸的，她的臉色似乎稍稍柔和點。剛才嘔吐時，她的臉色不時扭曲得很厲害。

有幾次，聽見外面有腳步聲，她迅速做了個手勢，叫我離開：

「快一點！」

我迅捷走開，仍遠遠坐回原處。及至看見沒有人進來，我又坐在她床邊。

終於，她輕輕的卻是堅決的說道：

「好了！」

她坐起來。

這是今早她第一個有力的聲音。

才一穿好鞋子，她就移坐到右側另一張放行李的床上。她取出一塊長手帕，慢慢拭眼淚。那種滿心悲哀而又強忍住的黯然神情，使我不禁全身顫慄。她眞不想坐起來，更不想站起來。後一個行動，等於是對這幢房子道「再會」。她儘可能的拖延這兩個字。這兩個字，對她幾乎是催命符啊！

她坐了一兩分鐘，總捨不得站起身。實在不得已，才又拭眼淚，依依不捨的站起來。我走過去，輕輕用手撫摸她的肩膀：

「華，妳答應過：今早我們不許流眼淚的。」

她微微哽咽的「嗯」了一聲，把手帕輕輕塞到口袋裏。

我緊緊擁抱她、吻她，又臉貼臉，偎依了好一會。我俯在她耳邊，低低道：

「親愛的，等等到車上，我們沒有機會好好道『再會』了。現在我們這就算道過『再會』了，好麼？——再會！我的華！再會！」

她不開口，雙臂緊緊抱我，臉孔緊緊貼我。我也緊緊抱她。天哪！下一次再抱，還不知何時哪！

眞得感謝靜伯母，這最後的五分鐘，出乎意外的竟延長到二十分鐘左右，使我們獲得一個比較從容的告別時辰。她也知道我倆此時的情緒，不能不體貼我們。

我們一同走出來。我給她取來泡飯和梅干菜，坐在旁邊，看著她慢慢吃下去。

「這是十粒雪炭片，治瀉肚的。你用完了，告訴我，我再寄給你。」她拿出一包德國藥給我。

一切行李都收拾好了。華又沈思起來：

「我們再坐幾分鐘。」

她走到廊廡上，又一次躺在籐睡椅上，臉色再度非常嚴肅起來。她陷入一種極其深沈的思情。天哪！她哪裡肯站起來？又哪裡肯走？

人們在四周說話。母親、李媽，和靜伯母、小妹妹說著告別的話。阿興忙著最後的瑣事。華卻一句話不說。只當我穿衣服時，她輕輕對我道：

「上裝不穿吧。那樣太整齊了，我覺得不習慣。——輕鬆點吧！」

我依她，上面只穿一件白府綢襯衫，下面是米黃色凡勒丁長褲。

我破例也不戴草帽。——因爲她最不歡喜我戴帽子。

山下喇叭聲，一聲比一聲緊，三輪車夫彷彿等得不耐煩了。母親，李媽，和靜伯母、小妹妹的告別話，似乎也說完了。

「我們可以走了吧！」靜伯母催她。

「再坐兩分鐘！」華堅持道。這個時候，哪怕多坐一秒、兩秒鐘，也是好的。天知道，她就是鐵打的心腸，也不忍心燬滅近三個月來花團錦簇的那一片。這一片活神仙生活，自出娘始以來，她又何嘗享受過？天哪！此刻她不得不告別仙境了！

「也好，準七點走！現在還欠兩分鐘！」我說。我又哪肯她從此離開。

華躺著，凝望著，沈思著，整個人癱瘓了似地。

我守著她，幾乎像守一個重病人。

當所有箱籠行李、一件件都被搬走時，她不得不嘆了口氣，終於站起來。

她回轉身子，對客廳、她的寢室、長長廊廡，對整個院落，作最後一次深深凝視。

我永忘不了她這時的眼睛。她突然取下墨鏡，對四周定定的痴痴的望著，彷彿要把這裏的一草、一木、一柱、一石、一桌、一椅，都一起吸進去，一古腦兒帶走。

我也對這條棼亂的走廊投了一瞥。一剎那間，我回想起八十三天前，五月十日，她們剛上山的那一天。那時候，一切像做喜事，整幢屋子裏充滿了歡樂、希望、青春、美麗，今天，太陽光比那天還明亮，天空比那天還蔚藍，想不到——

「再會！再會！」

「再會！再會！」

「一路順風！再會！再會！」

「謝謝。謝謝。再會！再會！」

母親、李媽、阿興，一直送到大門外，和我們四個道著再會。路邊阿楊嫂和愛花，也走出來道再會。靜伯母，小妹妹，和我一一答謝。華卻沉默，不發一語。

昨天下午，華本和我約定：我們同上一輛車，結果，今早一切預定計畫，完全失敗。快走到路口時，靜伯母挽著無華手臂，扶她坐上後一輛，我只好和小妹妹坐前一輛。

車子疾馳西湖邊，依舊是一片又明又藍的湖水。藍色的水面上，依然盛開著紅色荷花，漂浮著綠色圓圓荷葉。遠遠的，依然是長長白堤，堤上的綠柳，拱形橋，圓圓橋洞，紅紅亭子，紅黃二色的公共汽車駛過綠柳叢中時，如一幢幢活動彩色小建築。這是一個多美麗的充滿太陽光的西湖早晨。

可我的心靈卻暗沉如地窖，沒有一絲湖水味、陽光味。這湖、這堤、這橋、這船、這湖濱路，這一只只石凳、這些法國梧桐、碧桃、楊柳，有著我們如許多的歡樂記憶。一看見它們，我的眼睛，就沉下來，我的心子就絞扭了。我想，和我一樣，這時無華也早被一片綺麗記憶淹沒了。

啊！上帝哪！今早，在西湖上，沒有一條陽光不浸透我們的無聲眼淚！沒有一隻飛鳥翅膀不馱載我們的深深哀愁。過去比牡丹、芍藥更差的西湖，此刻卻是一片痛苦的化身。

一到車站，華就摘下墨鏡，她要在這最後一刹，好好看清杭州，特別是：好好看清我。一下車，她立刻就走向我，和我並排走在一起，身子靠我很近。我替她們提了隻箱子，放慢腳步，和她共享受這最後兩分鐘的散步。

上火車時，腳夫不許上車，我把她們所有箱子行李都一一搬上去，放到車架上，忙得滿身是汗。

「虧得我早上叫你不穿上裝，否則，你可熱壞了，也多不方便。」她微微慶喜著自己的先見之明。這是她整個今晨的唯一的一點輕鬆。

「右邊等等有太陽光，你會熱的。」我給她選了一只靠左的座子，照料她坐下。因爲附近左邊車座再沒有空位置，靜伯母與小妹妹只好坐在她對面的右座上。我打算給她們泡三杯茶，湊巧列車員不在，而且，泡茶的時間也似乎沒有到。

「你太累了，坐下憩憩吧！」靜伯母對我道。她臉上充滿了感情：「眞正謝謝你！這幾個月在山上，你用了許多錢，花了許多精神，眞正謝謝謝謝！」

靜伯母和我說話的語調，從未顯得這麼誠懇過，熱烈過。她臉色泛紅，似有許多話要說而說不出。

聽見她這些話，我全身血液沸騰起來。

「大妹妹在這裏，一切都沒有照顧好，她現在身子又不舒服，我眞覺得抱歉。希望她回去，好好養息養息。」

我還想說什麼，說不出。華本和我約定：要我不陪她上車，或者，上車後，很快下去，不要說什麼。她怕自己受不住，會爆發。我答應了她。我也怕自己一時受不住，會失常態。今早，我特別戴了那付calaba墨鏡，正爲了必要時好遮掩住我的眼淚。

我站起來，看看懷錶。

「還有十分鐘才開車。」我問華：「妳坐在這位置上，吃力麼？」

「還好。」她靠在綠色絲羢椅背上說。

一轉眼，偶然發現，我後面的藍色府綢襯衫露出在西裝長褲腰外面，她突然站起來，不顧一切，默默的，當衆人面，爲我把西裝長褲腰用力向上拉了拉，遮住襯衫。那神情，就像個母親照料孩子。

這是她在杭州對我所做的最後一個動作。

她立即又坐下去，陷入沉思中。

其實，一上火車，一坐下，她顯然就已被一種強烈激情抓住了。她什麼也不想說，只深深深深的沈沒在一種狂猛思情中。彷彿已預感可怕的未來一幕在等她。

「妳肚子不好，等等泡杯紅茶。過一會，肚子餓，妳得在車上買點東西吃。」我低低對她說。

她點點頭。

「你去吧！」

我看出：她開始不能忍受了。

我向她們母女三個道了再會。走下車，我站在月臺上，和靜伯母小妹妹說了幾句話，向她們揚揚手，又走過下一個車窗，默默看著窗內的華。她依舊沒有戴墨鏡。但她似乎不敢看我，卻微微斜著頭，故意看我旁邊。偶然，她的視線和我相遇了，極痴痴痴痴的望了我一會，又悄悄避開去。

汽笛聲終於吼起來。車子開始蠕動了。

「等等別忘記泡一杯紅茶呀！」

靜伯母走到窗口，說了兩次，要我回去，我還是痴痴痴痴的跟著火車前進，一面走，一面揚手。

最後一次，我和華臉孔相對時，我看見她的眼睛在斜望開去，再不敢看我。我對她揚著手，她只點點頭，整個人完全痴呆了。

這時，她的情感，使我想起隱在深沉暮色中的落日，在宇宙大昏暗中，分明可以看出一片極狂猘的原始燃燒。現在，她顯然是被一片天旋地轉式的靈魂大變化攪呆了，剎那間，變成一座埃及雕像了。

第二帖　情簡㈠

小　引

下面這幾封信，人們不難呼吸燙手的熱度，以及火山熔岩漿的氣息。不過，我必須聲明：僅僅爲了她的健康，也爲了她對古典東方寧謐的偏嗜，我的信才寫得這樣克制、含蓄。否則，可能我不會採用這種簡單風格的。當時她患眼結核，不宜多寫字，她給我的僅有的那封信，大約只花了十分鐘，是用草書迅速寫成的急就章。比之她未患此疾前，平時那些寫給友人的信，或她偶代她母親寫給我的信，質量是打了相當折扣的。

華：

那天出了車站，我眞不敢回家，更不想回家。「家」似已變成一頭悲哀的猛獸，要撕碎我。經過中國旅行社，第一個念頭，是想到莫干山，甚至到任一個遙遠的地方，離杭州越遠越好。可一打聽，要拜日才有車，玩兩天，旅費起碼三十萬。沒辦法，只好改變主意，到一個從來不大去的朋友蘇先生那裡。吃了午飯，他說，林先生（註一）見我上週末未去，以爲我病了；他這兩天也不舒適，正發風疹。我們於是去看他，在畫室坐了一會。我戴了副黑眼鏡，話說得少，臉上大約也是陰陽怪氣的。窗外天打雷，暴風雨似乎要來，我必須在暴風雨降臨前趕到裕生農場（註二）。還好，沒有淋雨。我告訴裕生：「今晚我必須住在這裡，不想回去了。」裕生見我神色奇異，話語蹊巧，問我是不是受了大刺激？我說沒有什麼，今夜我只是必須住在這裡而已。

晚飯時，我很想和裕生喝個大醉。但又想，你是不喜歡人喝酒的，並且，你也絕不會贊成我這樣做。於是，我買酒請了全體農場工人，自己卻涓滴不飲。這一天，我可抽了近二十支煙，打破紀錄。

也許，這幾天太緊張，也許，這一天我想我的朋友想得太累，八點鐘休息，上床不太久，就睡著了，睡得很熟。夜半甦醒，窗外滿地月光，隔壁是羊咩咩，豬咕咕。小室充滿菓樹氣息。我再睡不著。從菓樹越來越濃的新鮮味上，我知道黎明快來了，但現在究竟還是黑夜，我必須等待。

我從未聽過這樣深沈的羊咩聲，夜半聞來，特別貫人心骨。我想起許多許多事。漸漸的，思想朦朧起來。朦朧個不久，工人大聲講話了，我知道黎明終於來了，卻捨不得起來，在床上玩味著拂曉的鮮味。

大家都下田了。我坐在廣玉蘭樹下，藤圈椅上，看「泰戈爾傳」，抽煙。忽然，我渴望到那片大紫竹林裡走走。溪水漲滿了，綠流峻急，石頭浮浮的，很滑，又全浸在水內。我想冒險作三級跳越過去，又怕整個人變成落湯雞。然而，想到紫竹林裡去的決心戰勝一切，我終於冒險越過去，還好，只一隻腳浸濕。散步了一會，回頭看看溪水，歸路比去路更麻煩。我於是搬了兩個大石頭，在水中墊足，謹愼的跳過來，讓剛才已濕的右腳再濕一次。裕生望著我有點潮濕的新皮鞋道：「我們在溪裡捕魚，水攔得特別高，除非赤腳，是不好過去的，你怎麼過去的？」我說：「我決心要過去，就過去了，如此而已。」

想在農場多住幾天，因爲報戶口很麻煩，只得回來。其實我哪裡敢回來？

才走過阿楊房子，一踏上野菊與罎子花夾道的路（菊與花早沒有了），我的心子就抽緊了。我的腳步，一步，一步，慢起來。一個聲音悄悄在我心底響：「轉彎了，這是睡下的石界，這是三角楓，這是最後的林蔭路——我倆的「情人路」——這是羊齒草，……」（註三）想著想著，我突然一咬牙，迅捷跳上門前石階，彷彿要面臨一場決鬥。

我是鼓著最大勇氣，走上廊廡的。我低低對自己道：「放勇敢些，反正不久會再見的。放勇敢些！」這幾句話，有很大效果，特別是第二句。是的，今後我必須活，而且必須幸福的活，那麼，兩個之中比較健康而飽經滄桑的一個，就得肩負起更多更沈重的。

在無比心酸中，我第一件事，就是把你房裡的凋殘波斯菊拋掉，將架子上幾隻空花瓶放在一起，又移走兩尊石膏雕像。這樣，全房間就顯得有點空，有點亂，有點不像老樣子，但大體又還是老樣子。別的，我就不再動，也不敢再動了。好像一幅畫，我只改動幾筆，使我乍一看，認不出是原畫，但細看起來，從改動的淡淡幾筆中，又能隨時認出是原畫。是的，這隻房間蘊有許多許多東西，它們太強、太燃燒，我必須用一點幕紗遮一下，使我不敢每分每刻都遭遇焦點，——雖然，即使幕紗本身，也會著火的。

縱然如此，每一走進這個房間，我的心還是沉。六號那一天，我想把它大大改變一下。我打算要母親搬過來，我自己則把她那一間佈置成臨時工作室。我在廊廡上跑來跑去，考慮又考慮，許久許久，不能決定。因爲，這樣做，似乎在謀殺一些無辜的生命。最後，決定了，我流了淚。我又幾乎動搖了。多虧母視一句話拯救了我。她說：她的方帳子在大床上不好掛。我如釋重負，立刻歡悅的叫阿興把才搬進來的兩件行李又搬出去。說不出的，我感謝媽，彷彿一些面臨絞刑的生命又遇特赦脫離刑場——在這些生命中，我自己也是一個。

你走後，這裡的一些情形，我只能畫出上面一點點，其餘的，讓你自己去想吧！

這些日子，成天我不想說話，不想出門；我可能要沉默一個月，或一個多月，直到與你再見時，我才願正式開口。啊！天！與你再見！那將是天堂敞開大門的時刻！每天，只要不讀、不寫，就想你。眞怪，這些日子，我自覺變成一個受過洗的宗教徒，有了我的主、我的神——你！一切雜念全無，靈魂倒反而單純了，因此，夜眠和午睡都好，正和你一樣。我想，不管怎樣，我們總會在虔誠中得救，——多少年來，我所追求的不朽事物，從前我只是想到、知道，現在卻聽到、呼吸到了，眞不知如何謝你才好。華，只有離開你後，我才感到：你給我的影響是多麼大！多麼深！我的思想、感覺、精神、人格，一切一切，全受了巨大衝激，變得很兇。這些，說來話長，現在，我只從心底向你道謝！一千個一萬個十萬個謝。

朵麗的事（註四），我給你母親的信尾，提了幾句（很自然的），我的部分解釋，那裡有。其餘的，我不想多說。將來人們反正總會慢慢瞭解我、諒宥我的。每天兩蛋，和照料食事，你們走後，翌日即開始實行。這是很小很小的事，今後應該不成問題。

來信開頭幾句，也正是我本想說的，你既寫在先頭了，我只好不寫，我們該勾勾小指頭了。（註五）

相片太好！太好！單爲這，也得永遠謝你。你的信和相片，我看了好些遍。一面看，一面沈思，一面不斷抽煙，吸了近十支。

你整個健康情形，得等你全部檢查過，我才放心。腸結核大約不是基因，因爲你瀉肚只是新近的事。希望你早點檢查，早點告訴我。我平日對你的一些零星意見，你都知道。希望你自己好好養攝。我那些話，認爲對你有益的，就得聽，而且要好好實行（比如，腸胃不好，零食就該少吃一點之類）。要想到，我此刻已不在你身邊，今後可能有一個很長時期，也不會在你身邊了，你該如何好好好好的……。

希望下次見面時，你能胖起來，健康大有進步，這就是你給我的最大酬報了。

我工作健康兩順利。上月那天早上，在裡西湖兜了一圈，走到平湖秋月，要半點鐘，休息了半點鐘，回來，又是半點鐘，共化一點半鐘。前天（六號）總共只費半個小時，中途也沒有休息，跑得極快。腸胃也很好（謝謝你的贈藥提議）。我想我會胖起來的。工作頗順遂，並且也用功，「金夜」殘稿，一個月內定可殺青。

你要我不寫信，我還是寫了，而且是這樣的一封長信（以後也許短點）。你雖然不準備收我的信，但還是願意看它的。爲了不讓你太難受，爲了這是一艘可能要通過封鎖線的走私船，我只能寫這樣一封比較樸素的信（註六）。

太長了，不能再寫了。看完信，千萬別難受，別流淚，別心煩。你應該歡喜，終算有一個眞正幸福的明天在等待我們了。我們必須嚴肅、振作、安靜的克服一切黑夜的噩夢，完成你的健康、我的工作，早日振臂迎接那在門外等我們等得心焦的黎明。你有沒有想過：也有那麼一天，我們會手牽手，在朝陽光中大笑著跑向海邊，鳥樣的撲到水裡，又魚樣的在海水裡互相追逐嬉戲麼？……

祝你睡得好好的，吃得好好的！

寧　一九五〇年八月十日

【附註】

註一　此指林風眠。蘇先生是蘇天賜，是林的學生，當時任杭州藝專講師，現在是江蘇藝專教授。在杭州時我每週至少去林家一次。

註二　「裕生」即是當時申報駐浙江特派員儲備生，一九五一年春被中共殺害。

註三　我和無華常走過此路，甚至慢慢散步，談情話，所以它當時特別感動我。

註四　朵麗是趙無華大哥趙無極留給我的雌狼犬，這幢葛嶺別墅，也是他夫婦去法國後，讓給我卜居的。

註五　兩人勾小指頭，表示心心相印，所想相同。

註六　所謂「通過封鎖線」，指此信可能被她父親發覺。所以我的信盡可能抑制情感，即使他發現，也挑不出太大毛病。

第三帖　情簡㈡

寧：

只有在離開了你以後，才發覺自己是怎樣地不願離開你，和離不開你。只要是賸下我一個，獨自留在房間裡，就不能有一刻不想到你。想到你待我的那些好，就禁不住哭。又知道你最不願意我淌眼淚，又只好拚命忍住。寧，這樣的日子眞不好過。眞盼望你有一天會突然出現在我身邊，讓我們好好地整整地，談一個上午，或是一個黃昏，不許別的人來打擾我們，你說好是不好？

不過，也就只能這麼盼望盼望罷了，事實上很少這種可能。

母親因爲看到朵麗吃飯沒有人照顧，又沒有雞蛋吃，回來對爸爸談起，大家都不高興。我眞替你難受（註一）。要是你經濟情況能好轉，這些叫人不快的事，不都沒有了嗎？我把這些話都對你說了，想想我是怎樣向著你。至於弟妹們，這次我總算讓你給了他們一個較好的印象。

上海天氣很熱，室內溫度八十六度F，X光片子因此也沒有拍。晚間睡得很好，很少做夢，倒是意外。透氣也漸趨正常。溫度有時三七·一度C，有時沒有。林婉他們全都有二三分熱。醫生也說，夏天有幾分熱，算不了一回事，聽了這些，眞氣死人。倒楣的熱度表（註二），把我們隔得多遠。腹瀉仍是常有。回來後碰到熟人，人人都說我瘦得很厲害，擔心得很。我怕會是腸結核吶。你這幾天肚子可好？銀丸藥吃完了，告訴我，我可以在信裡寄給你，像你寄螺絲帽子一樣。你要的照片，我找了半天，也沒找到一張好的。就這張算了。本來是送給大哥的，大哥認爲很好，從重慶回來時拿出來，我看見了，又搶了回來，結果卻送給了你，也是意外。你可千萬別放大了掛在你屋子裡。要不然，我還是要搶回來的。聽我的話，好好用功，好好睡覺，好好運動，好好吃東西，少想我。

無華　八月九日晨

馬克思像，到家的第二天一早，就收到，正巧林婉來看我，送她了。謝謝你。

【附註】

註一 照顧狼狗朵麗食事，本是保母李媽的事。當時李因媳婦被趙伯母逼走，大不高興，有意怠慢朵麗，算是出氣。恰巧給趙伯母發現了。趙等離山後，很快我就囑男工阿興親自料理此狗飲食。

註二 華住葛嶺，本感幸福。某日，偶量熱度表，發現有二分熱，極駭，疑肺病復發，其母遂力主返滬就醫。因而造成我們分離。

【附記】

在無華這封短短情簡裡，內夾她的一幀玉照。乍一見，我眞有點看呆了。古人云：「翩若驚鴻」，「矯若游龍」，她此時風度，實足以當之，哪裡像病魔纏身的林黛玉？她渾身罩在一襲像印度沙麗的頎長墨綠呢羢披風內，明眸艷扮，薔薇色的雙頰，猩紅的菱唇，那瀑布式的長長濃黑髮鬖，更把她裝飾成一尊半女神半少女的雕像。

她送我這幅小照，我立刻敏感是一次競賽。這個好勝心強的女孩子，一定要在我記憶裡占那位中俄混血少女的上風，因爲她見過後者照片，承認她有深度。不過，後來我翻印此相爲黑白照，再放大後，除了那雲彩似的美髮多少尚能顯示本貌風采，整體而言，卻遠遜原照的又熱情又縹緲的高貴風姿了。

她這封短簡和肖像，足足消耗了我半個下午。我獨自坐在樓上書桌前，一會兒複唸信，一會兒欣賞照片，有時也瞅窗外西湖，整個人有點雲裡霧裡的，像喝醉了酒。

從此，我更深味：一對情人眞溶成一體後，每人必減半，變爲半個人，只有長相伴守，耳鬢廝磨，才是整體人。而且，「情」本身便是一種幸福魔術，永咀不盡，嚐不透，到了最後，世界便成幻影，虛空，虛僞，只有情人駢體才是眞實，眞誠。多少人爲情死，爲情苦，爲情犧牲而無怨無悔，正證明此一魔術的偉大。

所以我認爲，清納蘭承德名句「人到情多情轉薄，而今眞個悔多情。」只說對了一半，他可能尚未投入上述魔術漩渦最深處。

第四帖　情簡㈢

華：

現在正是下午五點三十分，我坐在客廳紗窗畔，最後夕陽光中，準備寫滿這張紙寄你。過了這一夜，我們離開整整二十天了。這二十天像個大海，並沒有波浪，卻長得很、大得很。你在海那邊，我在海這邊，我們彼此招呼、講話，但誰也看不見、聽不見。我們所能看到聽到的，只是這片無聲海水。啊，二十天！

白天，在廊廡上、在花園裡、在路上、湖邊，想你。夜裡，常常醒來，想你。夜裡的你似乎特別深沈。奇怪，每次想你，就只是一個單單純純的你，金字塔式的、佔有我思想荒漠。

眞是巨大極了，也單純極了。並沒有任何詳細色彩、形象、線條、動作，以及事件的牽連。就那麼一個又清明又朦朧的巨大輪廓——你，重重壓著我。哦，神秘！

（對不起，寫到這裡，我得開燈了。）

每次上樓，打開抽屜，總忍不住從信封裡取出你的相片，望個一會。一週前，我開始睡在你那隻房間，第一夜，我不時聞到維他命B_1的香味。幾天以後，香才漸漸淡下去。

從沒有像現在這樣起勁的搭拉個拖鞋，成天劈卜劈卜，和你的拖鞋聲一樣響。我常常記起，有一次，你洗頭髮，披藍花大睡衣，頭上裹白色大毛巾，雙手捧著白色大磁盆，跑進盥洗室，風姿像個阿拉伯女人似的，——那一次，你的拖鞋聲好像特別響。

錶針正指六點。你這時在家裡做什麼？是不是又像個阿拉伯女人似的，在盥洗室裡起勁的響著拖鞋？

今天是二十天來最熱的一隻「老虎」，室內整整華氏九十度。

啊，一張白紙終於滿了。晚安！

祝你今夜做一個「無華有月」的夢！

寧　八月二十一日燈光夕陽下

第五帖　情簡(四)

華：

現在正是早上八點，牛奶蛋餅以後，我聽著蕭邦「瑪佐加」，突然想給你幾個字——依舊儘這張紙，好麼？

這是第一個眞正秋天早晨。我又坐在客廳紗窗邊。天空澄藍，有幾朵白雲，樹葉子靜靜。斑鳩在林叢咕咕。還有另外鳥叫。偶然也聽見一兩聲雞語。羊正在門外嚙草。人們都出去了。這大宅子只我一人。我面前照例飄起靜靜藍煙（還是你娘送的那一罐白錫包），墨水瓶邊照例是我那隻錶。我看見秒針在走，卻聽不見錶聲（夜裡它們可又那麼奇怪的清楚）。朵麗和黑貓也跑開了。這大客廳可眞正只有我一個。「瑪佐加」還在四周響，依舊是那幾張片子，也依舊是那種中國古典味的琴瑟聲。然而，窗外究竟是秋天了，而現在，這裏又畢竟只我一人！

昨天一整日狂雨，最後的夏味全被沖淡了。溫度是華氏七十七度。西湖開始一年中最美麗的季節。一切是出奇的蔚藍、寧靜，我們好像在過一種「入定」的生活。

這些日子來，我愛在客廳紗窗畔工作，再不願上樓。一抬起頭，隨時會看見那個可愛的房間，它雖然空空的，我卻覺不空；它架子上雖沒有燈光，我卻總覺得有燈有火，我仍像浴在我可愛朋友的溫柔視線光彩裡。我工作得很舒服。

這是一個靜靜的早晨，我不時側耳傾聽門口，你說，我在聽什麼？等什麼？

希望你收到這封信時，也是一個早上。那麼，我好在這裡向你道一聲：

「早安！」

好像我們剛起來見面似的。

寧 八月二十四日 你走後第二十二個沒有「早安」的早晨

第四葉 橋影流虹

引子

八月三十一日上午接小妹信，如晴天霹靂，此晚徹夜失眠，翌晨搭早班火車急抵上海。先與出版人蕭璉入浴室談出版事，並暢叙無華種種，稍抒心靈沉如巨石的鬱悶。我完全瞭解：未來等待我的，是一大串怎樣奇重的時辰，我不能不儲蓄一點精力，來接受挑戰。只有我自己明白，我的健康其實並不佳（當時尚不知已染肺疾），雖然表面尚可。

趙伯母的信，九月下旬我由滬返杭辦事時，才看見。她自幼生長於極保守的古典家庭，信上竟寫出「如你來了，她病就可去掉一半。」這樣的話，可見其萬分焦灼的心情，也顧不得傳統禮教的束縛了。

至於此章何以名「橋影流虹」，篇末會有詮釋。

第一帖 海上飛鴻

(一)小妹來信

卜先生：

您好嗎？大姐叫我寫信問候您。她自己不能寫信。大姐到上海後，身體一直不大好。吃東西常嘔吐。廿五日，三姐到青島大學唸書，趙恩（註）忽然喘氣困難，急送中山醫院。現用氧，比較好些。醫生診視，說腎和心臟不好。

再談了！代問候老太太

敬祝快樂！

家母囑筆問您和老太太安好

無宣上一九五〇年八月卅日

【附註】

註　趙恩即趙無華。

(二)趙靜芳伯母來信

卜先生：

我們分別沒有幾天，華兒忽然在上月廿五日氣急，無法阻止，即送中山醫院。至今已八天，但仍無起色，而日夜需人陪伴。我每天早晨來院，晚上回去。她見我日日如此，說太辛苦了，所以想起你，說你待她眞好，在山（上）一切，均你照應她，眞比大哥哥多（都）好。她心中萬分想念你。如你身體好，沒有別的事，可能到上海來看看她，她很需要你照應她，並說：你比什麼人多（都）體貼，如你來了，她病就可去掉一半。無蘊也在廿五那天去青島山東大學。趙先生又在北京。家中無人可以商量，眞眞急壞人了。望你接信速覆，或來中山醫院第一病室一一六號。

並祝近好！

靜芳言 九月一日

老太太前問安 或許換醫院 現在大妹妹病腰子

第二帖 橋影流虹

一

中山醫院一一六號病房。站在門前，我用指節輕叩兩下，覺得右手中指似有十斤重。門上嵌長方形小玻璃窗，透過它，只見靜伯母正在室內。她一面忙碌、一面和二妹無塵說話。一架藏青布屏風半圍繞病床，我望不見床上人。一聽叩門聲，靜伯母轉過頭，發現是我，臉上立露喜色，迅速走出來。

「你什麼時候來的？」她的聲音高興極了。

「剛下火車。」

「你來得眞快。昨天我才寄出信。」語氣混了些詫異。

「我沒有收到你的信。昨天我接到小妹妹的信。」

「怪道呢！昨天才發信，今天人就到了，太快了！」

我做了個暗示，和她踱到甬道遠處。

「大妹妹現在究竟怎樣了？要不要緊？」我聲調很低。

她的臉孔過去相當肥胖，此刻顯得清瘦，而且一片重重黑氣，這一切，其實早已寫出部分答案。但我仍不相信，那是眞答案。

慈母臉色，這時表情，眞是複雜。一看到我，又是興奮，又是難過，又是欣慰，又是黯然，她低低道：

「上月二十五號，三妹妹準備動身去青島讀書，我們正在樓下吃午飯，大妹妹忽然在樓上滿床亂滾，又在地板上打滾。她一時氣急，透不過氣了。我們急得沒法，立刻找馮伯伯（大夫）來，把她送到這裡。現在，她接氧氣管呼吸，好得多了。這些天來，她一直吐，不能吃東西，檢查小便，內科錢主任心直口快，說：她兩隻腰子全壞了。『趙師母，我先把話說在前頭，叫你們死了心，免得將來痛苦。然後再死裡求生，想辦法，……。依我看，她沒有什麼希望了。拿國民黨和共產黨打比方，現在，共產黨已佔領全中國，大局已定，臺灣方面，不管怎樣掙扎，也沒用了。你女兒的腰子，大部份已爛了，機能喪失十之七八，大局已定，要想好轉，是不可能了。只能拖拖時間，騙騙她了。』」

她面色開始泛紅，平時一緊張，她總是這樣。

「這個姓錢的，人也太粗，在門外談話，聲音卻響得很，她都聽見了。她說：『我病了這許多年，苦也吃夠了。我早想自殺了，只是怕人家笑話，才沒有下決心。現在，事既如此，與其將來拖下去，受苦，累你們，只要你們同意，倒不如索性讓我現在吃安眠藥算了。』」

「後來，我們的熟人湯醫生來了，知道這件事。他說：『這是笑話！錢某從哪裡看見兩隻腰子全爛了？他用什麼方法檢查出來的？老實說，直到目前止，全世界還沒有一種科學儀器能徹底檢查出腰子的破壞情形。你千萬不要信他的武斷。等大妹妹將來好了，我們倒要責問他。這種粗率態度，眞不是醫生應有的！』」

談到這裡，靜伯母用一種無可奈何的語氣道：

「現在，我們只有想盡一切辦法，替她治病。盡人力所能盡的最大力量。我們趙先生正在北京開會，我和他通過長途電話，他同意我的決定。他說：『一切聽醫生的話。』」

像遭遇一次特大地震，我簡直駭極了。萬想不到，事情竟這樣嚴重，我一時說不出話。

但我盡量保持鎮靜。

我低低道：

「我想，事情可能不致像錢醫生說的那麼嚴重。大妹妹在杭州三個月，除了偶爾有點嘔吐，並沒有別的嚴重迹象，怎麼一下子會變得這樣快？靜伯母，我希望你別急，吉人自有天相。」

「你來了，很好。大妹妹說，她在杭州，你待她眞好，處處照顧她，比任何人都好。她看我太辛苦了，想請你來幫幫忙。今晚你住在哪裡？」

「蕭先生家裏。」

「明天你就搬到我家。」

「再等兩天好麼？這兩晚，我還要和蕭先生談點事。」

×　×　×　×

整個病室瀰漫一片出奇的靜。病床上，似有一種神秘的等待——一份非常非常深沉的期待。顯然，這並不是二十幾分鐘的等待，也不是幾天來的期待，這是整整一個月的企盼。自從八月三日那聲汽笛鳴響後，她早就沉沒於佇待中。我知道，她不僅期待我，也彷彿期待自有地球以來那種最深最迷人的宇宙震撼。這種神秘的震撼，過去三月，我倆膠在一起時，幾乎分分秒秒在享受。正像吸強力膠似地，一旦吞吸它上了癮，在上海這二十幾天，突然強逼她戒癮，她怎麼受得了？

現在，她等待的對象——那個象徵震撼性的生命，正在門外。她雖看不見，卻看見；她雖聽不到，卻聽到。她怎麼辦？她不能飛出來。這個等待畢竟堆積得太高了，說得非常誇張點，直有點像喜馬拉雅山高。只因爲她已失去最大的動作表現力，山頂全部積雪——她那顆白玉靈魂，才溶化爲一片白色嘆靜。

我的朋友躺在白色鐵床上，白色被單下面，像一朵玉蘭花，正在萎謝。一口暗綠色巨大氧氣瓶屹立床左，長長的棕紅橡皮管，一端接玻璃瓶，一頭通她鼻管，以兩撇白色橡皮膏黏紮橡管，貼在她唇吻兩側，彷彿頑童曾用粉筆在她嘴邊畫了個八字鬍。她戴一付角形墨鏡，淡綠色，頭髮混亂，散披枕面，臉龐瘦削，蠟黃，略帶蒼白。我幾乎不認識這張臉了。但我必須認識。即使過一萬年，我也應該認識。可這副面孔上，我看不出絲毫表情，活氣。假如生命像聲音，那麼，這個聲音，此刻似乎低得聽不出了。她彷彿是一盞將熄的油燈，搖搖欲墜，接近芯盡油乾了。

儘管如此，這個似將沉落的生命，這臉、這髮、這鼻、這唇，卻是我日思夢想的焦點。自她別後，這個月來，只要不工作，沒有一刻，我的靈魂不與她的纏在一起。幾乎是分分秒秒，我在想她，盼她，每一想充滿甜蜜，每一盼洋溢沉醉。我是獨醉，也是雙醉。現在，縱使她奉獻我這樣一副形象，我依舊……。

像一隻小動物被深深黑夜震懾，她縮縮的躺著。是由於過度虛脫？是由於過度等待？還是由於過度震撼？她一動不動，比一塊大理石更靜。

有一件事，即使再過十萬年，我變成化石，也不會忘記。我發現，自我進房後，床上人的一雙眼睛，簡直像獵人猛追狩獵物一樣，一刻也不肯放鬆我。她緊緊追逐我每一個動作，每一個姿態，每一個聲音，每一個字。我相信，那雙隱在墨鏡後面的眸子，幾乎變成兩條白籐蔓，死死纏住我一髮、一鼻、一唇、一動、一靜、一影。

突然一陣心酸，我差點想大哭。我連忙轉頭，不敢再望她。我的眼睛濕了，卻不敢用手帕拭，我拚命抑制自己。

再轉首時，發現她從枕畔取了一方手帕，靜靜拭淚。

這不是發洩的時辰。上帝也會阻止「我」的氾濫。

我故意張張四壁，看看窗口，桌椅，好像在找什麼，探望什麼，盡可能避免再看她。眞是沒法，總有那麼多的氾濫液要溢出來。終於，我只得藉故踱到那架青布屏風後面，偷偷揩了一些眼淚。我繼續努力抑制自己。我似乎不斷在勸自己：「靜一點！靜一點！別騷擾她。」

「現在覺得好點麼？」我躡腳走到床邊，低低問。

她直直瞪著我，似認識我，又似不認識我。有好一會，她說不出話。她想開口，喉管卻彷彿塞了塊石頭，說不出。我怕她興奮，立刻輕輕道：

「安靜點。……安靜點……」

我並不希望她回答我。

我悄悄踱到病室中央，似乎輕輕自言自語：

「安安靜靜的。一切會好起來的。」

我面對二妹，低低道：

「今天，我在火車上，窗外稻田一望無際，一片綠色。我想，大自然多安靜呵！大自然的健康、正在於它的無邊安靜。」

華仍在直直瞪我，一面瞪，一面又從枕邊拿起手帕，不斷拭眼淚。

我眞不敢看她的臉。

我眞不敢相信，這就是我的華！

又一次，我悄悄踅到屏東後面，不斷揩眼淚。

這眞是難堪的時刻！靜伯母雖疼我，可她那個古意的家庭，畢竟太受禮教束縛，我和華畢竟還沒有最明確的身分，華又是那樣古典，我怎麼能放縱自己情緒？

我再用最大意志壓制自己，再度走近床頭，溫柔的低低問：

「現在舒服點麼？」

她怔怔怔瞪我，異常貪婪的望著我，低低道：

「一點也不能吃東西。」

我知道，這並不是她眞想說的話。只因爲媽媽和二妹在旁邊，她只得這樣說，聲音充滿自怨自艾。其實，這七個字的眞正涵義很深刻，她知道，我知道，媽媽與二妹也知道。

我低低安慰她：

「不要緊……好好休養……慢慢會好的。」

我問無塵：「晚上誰陪無華？」

「現在請一個人陪。」

「最好有自己家裏人陪。」

靜伯母道：

「頭一夜，是我陪，這以後，不行了，我哪裡吃得消？便要張媽來陪，白天嘉陵在家裏吵得很，張媽睡不著，陪了三晚，也吃不消了，這才由醫院找了個『伴夜的』，伴一夜，要五萬元呢！」

「太貴了，還是讓張媽陪好了。白天叫她休息，不做事；或者只做半天，下午睡六七個鐘頭。」

正談著，病床上一聲輕喚，震動了我們。

「姆媽，我要吃東西！」

我永忘不了這輕輕一喚，八天來，無華處於絕食狀態，全靠打葡萄糖點滴營養，產生熱量。她根本不要吃、不想吃，也吃不進。現在，這是她第一次要吃東西。這一聲低喚，蘊含了對生命的多大渴望！其實是對我的多大渴望！我聽了，忍不住眸子又濕了。生命既開始恢復光輝的意義了，她多想儘快抓住它！而且，她似乎有意要表現給媽咪和二妹看：

「你們看，他來了，現在我眞正渴望生命了。」

這輕輕一聲，倒像聖誕節午夜天使報喜，給予靜伯母極大鼓勵。她一直沉重的臉，開始顯露愉快，馬上去熱炒米粥。不久，就半瓢羹半瓢羹的，一口口餵女兒。

吃了七八口，她搖搖頭。她要水，我倒了杯開水給她。我問她：要不要瓢羹餵？她說，自己可以喝。她就我的手，躺著喝了半杯，一面喝，一面非常感到欣慰。好像她不是飲水，是在飲我的呼吸、聲音、和心靈。她知道，此時此刻，我滿心盈溢對她的眤愛，以致連我的呼吸與聲音全是芳香的。她臉上開始透出一些活氣。好像一個快要停止呼吸的人，忽然恢復生氣，有點生意盎然的樣子。喝完了，她輕輕太息一聲，閉上眼睛，彷彿沉入一片太夢幻太幸福的回憶中。不，她是在深深咀味幸福。這種幸福，不是長久被相思所苦，以致罹病的人，絲毫不能領略的。

窗口，無塵不斷注視我，不放過我每一個動作，每一個聲音，似懷著極大好奇。這位兩個孩子的母親，往日愛嬌的雪白臉孔，已略帶黧褐色，比起兩年前來，那一張粉嫩的臉孔，已稍顯粗糙，十足是個健壯少婦了。

我發覺，自我出現後，病室就出現一片緊張氣氛，我必須予以緩和。於是，我轉過話題，微微輕鬆的對無塵道：

「從現在起，關於這裡的一切事情，我要好好學習。從明天起，我要參加你們的護理工作。這些天來，你們太累了。」我的話題又轉開去：「昨天下午，一接到小妹妹信，我立刻進城買當天車票。但我又想，到了上海，是午夜十二點，去南市敲蕭先生門，已是凌晨一點半，不大方便。我臨時又退票，換今天早車。不過，今早我卻有點後悔了。因爲，昨天一整夜，我簡直無法入睡，早知如此，索性乘夜車來算了。」

我的聲音雖低，但我相信，每一個字全會像打鼓一樣，敲在無華的耳鼓上。她突然摘掉墨鏡，定定望了我許久——這以前，她已不止一次，不時摘下墨鏡看我了。但這一次，卻望得特別久。天知道，這哪裡是望？她的視線簡直是兩枚鐵釘，緊緊釘在我臉上、身上。不是我故作形容，假若她雙眼是兩張嘴，她寧願不斷狠狠咬我、嚼我，咬嚼我的每一吋肌肉。是恨我？是愛極而成恨？我想兩者全是。要不是遇見我？她怎麼會變成現在這副模樣？天知道！儘管她的眸子此刻是無限溫柔，但它們內涵卻無窮狂猛，那種狂意，絕不是今天的時髦女性所理解的。

「你比以前胖點了。」她輕輕說。

「這一晌，比較注意攝生，腸胃和睡眠大體正常，每天又不斷做運動，所以身體好了點。」我並不想說明：健康對我的涵義，現在和過去大不相同了。其實，她也許知道，那三個月，我爲什麼消瘦？

「你一下火車，就來這裏？」

「我和蕭先生碰了頭，同去沐浴，談點出版事。要不，到了這裏，滿身塵土，樣子怪狼狽的。」我瞄瞄無塵，聲音更低了。「我怕，感情太緊張，在這裏不相宜，所以先安靜一下。」

我無法描畫，聽這些話時，她臉上的表情，她已衰弱得不易有什麼表情了，但她也無力抑制自己，彷彿臉部每一個細胞全是我的聲音的迴音，忍不住顯示一種想強烈卻無法強烈的情緒的旋律。

談了一會，無塵要回去了，她已走到門口，姐姐又輕喚她回來，輕輕道：

「拉拉手！」仍是有氣無力，細細的聲音。

今天下午，走進病室，兩小時來，我第一次發現她現得輕鬆。

她愉快的伸出小指，和二妹的勾了一下。（註）

二妹對她笑了笑，大有深意，又覷覷我，那是盡在不言中。

後來聽她說，前幾天，每見二妹歸去，她總是老大不自在，恨不成日成夜陪她。可今天卻截然兩樣，高高興興讓她走了。

不久，她又想吃喝，喝了些西瓜水，吃了點炒米粥。

靜伯母眞是高興。她對我說：女兒七八天不想吃，不要吃。（這些日子，有好幾天，一直注射葡萄糖）。每天早晨，帶大半鍋粥來，晚上依舊全帶回去，一碰也不碰。今天下午，還是她第一次想吃，能吃。這位慈母，心裏眞是放下一塊大石頭。

黑夜開始降臨，一切靜悄悄的。我厮守在床邊，看一些流質、不時流入她的唇瓣。靜伯母毫不介意，甚至帶點鼓勵，看我一匙匙的，不時餵她西瓜水和炒米粥，老人臉上堆滿笑容。今天，這個病房當眞出現奇蹟（後來連醫生也承認是奇蹟），一個奄奄一息的生命，突然又開始煥發，出現生機了。雖然還軟弱，卻有一片剛強的力量從她內層升起。她一口口，呷下我匙裏的液體，眉宇透出一份忻慰，雙頰隱露喜悅。她知道，這不只是我餵她，我是把我自己生命的意志，混合了火山情感，通過液體，輸入她的血管。這種時刻，她和我一樣清楚：又一次我們似乎重度西湖畔葛嶺山莊的瑰美時辰。那些下午、黃昏、黑夜，我們肩靠肩，或手挽手，站著或坐著，在幽麗的長廊、在西湖濱，享受詩味的時刻。那種時辰，宇宙間一切彷彿全是虛幻，只我倆心跳是唯一的眞實。而這種跳動、透過相觸的肉體，傳遍我們奇經八脈，一切血管，似告訴我倆一個聲音：這一刻，你們是地球上最玫瑰的一對。

有一次，乘媽咪不在，華突然低聲下氣，用一種懇求的聲音，以滬語問我：

「儂明早還來哦？」

她這一問，那內涵，那種又纏綿又悱惻的音調，眞叫我渾身一陣陣顫慄。天可憐見，這哪像她的口吻？這哪像那個平日心高氣傲的女孩子？那個大家閨秀趙無華？這個時刻，她好像遭遇奇災異禍，如稚童緊攀住母親衣角不放。她的語氣，又天眞、又純潔，眞叫人愛煞、憐煞！疼煞！斯時斯地，她的神情如此惶懼，眞怕我會化爲黃鶴，將一去不復返了。

話出於無心，聽來卻有點複雜滋味。我想，她也許會偶然想（也許不），我想你想得病倒了，是「衣帶漸寬終不悔」，你卻並未「爲伊消得人憔悴」。上帝明鑒，她在杭州，我整整陪了她三個月，誠然是甜極、蜜極，可也累極，甚至我不相信不比一個大國總統累。說得罪過點，幸福眞似一塊千鈞大石，緊緊壓在頭上，你體重不劇烈下降，才怪。直到她走了，大石卸下，我的體重才稍稍復原。和一個絕頂聰慧的林黛玉型的少女戀愛，每時每刻，你全得提防那許多敏感——小心眼——無事生非性質的突擊，任一座鐵的城堡，也要被攻得遍體鱗傷。最深刻的愛情往往是血淋淋的傷口展覽會。僅在愛情邊緣游走的那些粗獷的現代人，「開放派」，何嘗眞懂眞能吃透愛情三昧？

不過，這些想法湧往腦際，卻是後事了。現在，我只輕輕回答她：

「爲什麼這樣問？」我似有點詫異，其實早就明白一切。接著我用溫柔的聲音，親切的安慰她：「明早我當然會來。以後，我每天都來看你。」

天可憐見，聽了這兩句話，像病人正被肉體疼痛煎熬，突然注射一支嗎啡，登時遍體通泰。她清瘦的、黃黃的臉上，顯露幸福的神色。她閉上雙眼，似在慢慢咀嚼、享受一顆定心丸的甜味、蜜味。而這種甜蜜是嚼不盡嘗不盡的。

夜越來越沉，畢竟是眞正黑夜了。我輕輕放下白色圓帳，就像過去兩三個月，在葛嶺山麓一樣。那時候，每一夜情話像海水，總流不完；兩人內心深處，總有那許多深情似海，不斷氾濫，幾乎連室內一燈、一影、一窗、一帘，全滲透海味。然而，考慮到她的健康，總是我先把白紗帳放下來，纏綿的用熱吻舉行晚安告別式。

見室內無人，忽然她從帳內伸出左手，輕輕提醒我：

「拉拉手！」

我緊緊抓住它。這是今天我第一次緊抓它。好幾次靜伯母不在病室，我早就可以緊抓住她的雙手，甚至更強烈的表現我的情感。可我不敢，怕影響她的病情，我盡量克制自己。此刻，她是如此渴望，我本想吻她，卻怕刺激她，對她健康不利。於是，我降低抒情音符，只按我們過去的習慣——一種溫和的告別儀式，先把她的一隻手貼住我的右頰，又貼貼左頰，這才溫柔的將它放進帳內。接著，隔住帳子，我又把手伸進去，讓她抓著，分別在她左右頰偎了一會。她的雙頰，眞是熱極了，燙得像兩團火。不需探首進帳看，我知道，此刻她的雙頰一定泛出紅色，血管內所有虛弱的血液，全湧上臉。眞正沉入深戀的處女，哪怕男性一根手指的觸摸，全可能激起血液的風暴。

七點鐘了，伴夜的王小姐還沒來，靜伯母怕我累，勸我先回去休息，我不同意。這位慈母完全意識到：自從昨天上午接到小妹信，到現在，這整整三十小時，我是怎樣緊張，一分鐘也沒有好好休息過。

過了一會，又見媽媽出去了，華悄悄道：

「寧呵！今夜……你爲什麼——不喊我呀？」

從昨天中午起，我就急昏了，亂昏了，直至此刻，我似乎才有點清醒，恍然明白，她現在眞需要的是什麼。

啊！她那輕輕的音，有氣無力，卻一個字一個字似瀉不盡的生命神秘。不，是一種突變。像她那樣古典性格的靈魂，今夜竟完全現代化了。這種突變，我除了感動，還能說什麼？

我低下頭，貼著帳子，情不自禁的，輕輕喚著：

「華！」

「嗯！」

「華！」

「嗯！」

「華！」

「嗯！」

「華！」

「嗯！」

她不斷溫柔的哼著，似哼，似呻吟，似嘆息。每哼，眞是千種深意，萬縷情愫，我猜，她的眼睛此刻緊閉，讓自己沉入一個深深的夢，在夢中聽我輕喚，聽自己輕應。

「華——好好睡——睡得甜甜的——明兒我來，希望看見你比今天氣色好。」

「嗯！……」她仍低低的溫柔的哼著。

這哼，此刻是她製造聲音的搖籃，搖呀搖的，把她甜甜搖入夢鄉。

已經九點，王小姐仍未到。靜伯母和我決定，打電話囑張媽就來。正走出去，王小姐卻姍姍來遲。

這一會，我猜床上人眞是睡著了，便和她母親悄悄走出去。

僱了一輛三輪車，送靜伯母到家門口。車上，我們談了許多事。看樣子，這位慈母已經把我當做女兒的唯一生命救星了，對我眞是傾囊相陳，什麼體己話全說了。

一離開她，我立刻請車夫送我到最近一個麵攤。昨天午晚飯和今日午飯，我全沒好好吃過，加之晚飯又推遲三小時，等於餓了兩天，現在眞是餓壞了。我像埃及人遭了七個荒年，電光石火般地，迅速狼吞虎嚥了十隻肉餛飩，接著是一大碗麵。天哪！我眞是餓極了。累極了。一天半來，那座大山，才算暫從肩上卸下了。

到出版人蕭璉處，已十點多。又一次，他請我正式吃飯，兩人一直談到十二點左右。談話中，我顯得非常興奮。確實，我是在談生命中一件大事，在談一個幾乎和我生死與共的生命。我把整個情形告訴他。

「現在，情形雖然險惡，按我估計，再拖個兩年，總不致成大問題。比如，一對健康的腰子，可能使人再活三十年、四十年。現在，只剩下十分之二是健康的，照生理科學原理，再延長四五年生命，應該可能。打個對折吧！也應該可以再生存兩年。不過，今後，她必須完全改變生活態度、方式，得好好利用這點殘剩生命，找點快樂或生活樂趣。」我沉思著。「至於我個人，目前還不可能考慮其他事情。首先，頭等大事，是希望她能漸漸好起來。我一定盡我最大力量，好好愛護她，幫助她早日恢復健康。我一定不叫她失望。現在，我年紀也不算小了，只要能再享受兩三年眞愛情，純愛情，我就非常心滿意足了。別的，我再無奢望。『結婚』這兩個字，對我並不重要，在生命中，只要能有眞正純粹的性靈享受，情感享受，我就算獲得最高幸福了。」

聽了我的話，蕭璉胖胖臉上現得很感動。他安慰我。

「我很同情你這種想法，雖然太理想點。」

這一晚，我對一切依然樂觀。雖然預報大風暴的風球早已掛起，我卻並未把它放在眼裏，更未與最可怕的噩運聯繫。我總是想，任何噩夢絕不會這樣快。我不是不知道，災難正在等待我們；但我又想，假定它的旅程是兩年，它的腳步應該是慢的。只要能拖一些時日——甚至是長長時日，「拖」的本身，似乎就象徵得救。我所以抱這種態度，只不過把我過去多少年在現實生活經歷中常體驗到的那個古舊法寶，第一次拿來靈活運用罷了。

我想，當無望的生命需要各種援軍時，有時，哲學原則，也是一支偉大生力軍。

想不到，我的哲學原則當眞一時勝利了。

翌日上午八時許，我才一進病房，簡直駭住了。

天！和昨兒一比，簡直像上帝施了魔術，無華判若兩人！那一朵萎謝將墜的花消失了，我看見一朵新花，有色有彩，開始洋溢鮮氣，活氣。昨天，她那副臉，死氣沉沉，似一盞奄奄欲熄，今早，燈芯重射明亮的火燄，她的臉龐泛出血色、光澤、生命，那片蠟黃完全失蹤了。

她說，不再像前幾夜不斷失眠，昨夜睡得又甜又熟，今早她已吃過兩次炒米粥，胃口好極了。

奇蹟！

僅僅一夜間，就魔術式的變了一個人。

我發現，我才進房，她就摘去角形墨鏡（由於染眼結核，爲保護眼睛，才在室內戴墨鏡），定定的不斷望我。這以後，除了飲食，小寐，雙眼一直再未離開我，眞是望我望得有點痴了。

只有這種時刻，以及此後一些時刻，我才想起清朝大詞人朱竹垞名詞「慶春澤」（紀恨）：

「橋影流虹，湖光映雪，翠簾不捲春深。一寸橫波，斷腸人在樓陰。遊絲不繫羊車住。倩何人傳語青禽。最難禁，倚徧雕闌，夢徧羅衾。　　重來已是朝雲散。悵明珠佩冷，紫玉煙沈。前度桃花，依然開滿江潯。鍾情怕到相思路，盼長堤草盡紅心，動愁吟，碧落黃泉，兩處誰尋？」

引起朱竹垞寫此詞的原來故事如下：

「吳江葉元禮，少日過流虹橋，有女在樓上，見而慕之，竟至病死。氣方絕，適元禮復過其門，女之母以女臨終之言告葉，葉入哭，女目始瞑，友人爲作傳，余記以詞。」

我是多麼平凡的一個尋常人，想不到多少也重演此劇。可見「情」之一字，內涵如魔宮，多少無法想像的奇事，會一一飛出來，如魔術師手中的空箱飛白鴿。

【附記】

從這天起，趙家視我幾如神醫，具魔術師風格，能助病人起死回生，轉危爲安。連那位黑旋風李逵作風的錢內科主任，亦承認此事迹近奇蹟。四五天後，好幾位大夫更肯定：二三日內，無華就可出院了。普天同慶聲中，畢竟天妒紅顏，命運更捉弄有情人；若干日後，無華本已恢復健康，幾似常人，去複查胸部，作放射線透視時，不料一二突出「解放」姿態的醫務人員卻侮謾她。平素本嬌寵慣了，她受不了，不禁大憤，大哭。這一場劇烈的刺激，促使她病情驟起變化，自此每下愈況，終入膏肓。

我日日陪她，有二十幾天。九月二十七日，我因要事須回杭處理（當時戶口嚴密管制，由杭州赴上海應辦通行證，而我已逾期），遂暫離開她，直至十月二日上午始遄返。抵滬後，下午入中山醫院，她已香消玉殞。

第五葉　她靜靜睡了

第一帖　她靜靜睡了

小引

素來小說或文章寫男女死別者，多簡單了事。「紅樓夢」縷刻晴雯之死，及寶玉的情感反應，很是出色。但高鶚續的那四十回，描述林黛玉之死，及寶玉的反應，就大大遜色了。「影梅庵憶語」記董小宛之死，「浮生六記」敍陳芸的死，雖有妙筆，都嫌短促點。我這份資料，倒把無華之死，記得特別詳細，以便將來正式撰文時另創一格，讓這類文章寫得更細緻點，帶點意識流的心理小說筆調。因爲，說來說去，死總是愛情王國的頭等大事，怎不需要大費筆墨，來宣洩內心的黑色火焰？

下午一點，火車進北站。到上海銀行安放好隨身物事，已近兩點。我本該立即驅車到醫院，但五天來在杭州陪伴客人，忙碌家務，加之昨夜失眠和今天旅行，這種精神上的過度緊張，幾乎使我肉體崩潰了，我必須先稍稍休息一下，才能應付我即將面對的新局面。其實，後來我才知道，這是我肺內潛在結核菌對我的第一次大襲擊，它差不多剝奪了我全部精力，我當時不察，還以爲是一種純粹生理現象呢！

我假寐了一小時，又踏上過去廿天內天天重複的那段路程。這段又美麗又沉痛的街景，並不因我五天小別而絲毫有所變化，依舊是那最熟悉的幾條馬路。霞飛路上，依舊是美麗的花店，綢緞店，皮鞋店，戲院與飯店。培特林白脫餅乾的巨大的「彩樓配」廣告牌，依舊吸引我的視線，終於出現了漫長的汾陽路和楓林橋畔的石亭……

車過楓林橋，遠遠的，一看見那座輝耀著杏黃琉璃瓦的東方風的巨大建築，我突然有點好奇的問自己：「她現在究竟怎樣了呢？」我的匆匆分析，不外三種，其一，她的病症可能有轉機了。其二，她仍和過去一樣，或者病勢更沉重了。其三，一場變故眞正發生了。我對第一種分析毫無信心，但這樣一種觀念究竟對我是一大安慰，一大快樂，因而我極度渴望（而非確信）它的可能性。第二種最接近現實本身，可能性最大，它給人的某種欺騙性的安慰，說明事情還未達到最後的絕望程度。第三種情形也並不叫人詫異，雖然按照我的不科學的直覺，她在這個世界上，似乎還可以多逗留五天——十天。我估計，如有變化的話，十月十五號是她的最大限期，假如她眞正發生不幸。不過，由於這一分析，本身就是一種殘酷，我不願多去考慮。

上帝知道，今天下午，這個四十分鐘旅程，將在我生命畫布上留下怎樣的線條！怎樣的色彩！

不管怎樣，兩三分鐘內，謎底立刻就可揭曉了。

下了車，經過中山醫院長廊十字路口「肅靜」牌，我沒有遇見一個熟人。

轉了彎，走不兩步，一抬頭，隱隱約約的，我看見：一一六號病室門口，似乎簇聚了許多人，距離太遠，我看不清這些人的面部表情。我只是神秘的感到，在他們的姿態中，籠罩了一片奇異氣氛。

穿過「第一病室」大玻璃門，我終於看見他（她）們了——首先是靜芳伯母。

「你才來麼？」

「我剛下火車！」

「你來得正好。她剛剛回去。」她抬起頭，望著我，沉痛的說。

其實，不需要任何話語，她的沉痛臉色，就深刻的說明一切，也不需要任何字眼，她的聲音就徹底表現出一切。

二妹妹，小妹妹，小弟弟，和尚，張媽，湯醫生，袁承德，大表姊，護士，和一些戚友及醫務人員，全湧在門口。所有的人都靜默無聲，好像任一句話，任一個聲音，都是一種褻瀆。

她是在兩點五十分停止呼吸的，假如我不回上海銀行，從車站直接趕來，還可以和她見最後一面。

這是這個女孩子在地球上廿六年的最後一個下午。

一幕又高貴又沉痛的戲劇終於落下最後幕布！

事情似乎是如此，事情似乎本該如此，可是——

有生以來第一次，我是面對這樣一個巨大的死，它巨大得包圍我的一切，變成我生命的一部分。

使我奇異的，是室外所有的人如此靜默——包括我自己在內，彷彿這裡並未發生過任何驚天動地的事。

當然，在我出現之前，人們早已作出人世間最悲慘的反應，現在，只得把一切最可怖的苦痛，暫化爲靜默，因爲，靜默本是死的唯一內涵。

我悄悄走進病室，室內一切已空，所有裝飾性的實用性的物件，已被人們迅速搬走，爲了消毒或別的原因。那龐大的氧氣瓶，葡萄糖玻璃瓶大吊架，熱水瓶與茶杯，白鋁鍋與食盤，白色蒼蘭和紅色康乃馨，完全沒有了。桌上空空，窗台上空空，茶几上空空，剝掉了白色台布的桌子與茶几，顯出一種特別刺人的赤裸，彷彿一個生命突然在冬天寒夜遭受過流氓抄靶子。

我看不見她。一襲白色罩單掩蓋了她全部形體。

在白色床上，比這一襲白色罩單更森人的，是那片可怕的白色寂靜。這片寂靜說明了一件可怕事實：在這張床上曾經整整掙扎了四十天之久的那個鮮花樣的生命，終於在一點半鐘以前停止掙扎了。

這一次，這張白色罩單是徹底勝利了，它是眞正征服了她，永遠把她壓在下面了。

奇怪，現在我沒有眼淚，也沒有任何情感或非情感，我只是說不出的僵硬，好像一隻硬殼甲蟲，突然僵化了，風乾了。

我覺得再支持不住了，我隨時會跌倒在地上，我只好倒身坐在窗前皮沙發椅上——這是我最後一次坐在這張沙發椅上了。左手支住臉，我閉上眼，暫時沉入一種深淵式的靜默中。我實在太累，太需要休憩，我渾身精力彷彿已耗空了，我的肉體是眞正瀕於崩潰了。而且，我又太需要想，我必須坐下，才能好好想一想。可是我一時又想不出什麼。我的腦汁似已枯乾了，凍結了。終於我站起來，佇立窗前，望著窗外景物。依舊是黃色建築，綠色草地，茂密的冬青灌木叢，光潔的柏油行人道，明亮的陽光，活潑的孩子們，這個世界依舊是如此明媚旖旎……

我忍不住走到床前，伸出微微抖顫的手，輕輕揭開白色罩單——

啊，我的華！

這是我的華？這哪裡是我的華？這哪裡是一九四八年秋天上午我第一次見到的那個藍衣

少女？這哪裡是一九五〇年五月九日夜裡，我見到的那張瑰麗的臉？這哪裡是那位戴金色大草帽在西湖邊靜靜垂釣的文雅女郎？這哪裡是那有著最美麗的象牙黑長長鬈髮的姑娘？這哪裡是那婷婷立在紫籐架下風度翩翩的小姐？這哪裡是穿著藕紅色睡衫的嫵媚的華？這哪裡是那常飄著白地藍花大睡衣的儀態萬千的華？這哪裡是那個穿印度紅旗袍靜靜聽蕭邦音樂的華？這哪裡是那個發出「甜蜜的聲音」的華？這哪裡是——？

多殘忍的上帝！現在你終於讓我看見——一副微微薑黃的蒼白色的瘦削臉孔，一雙過一千年也不會睜開的緊閉的眼睛，兩片發紫的嘴唇張開著，有點歪扭，一簇簇頭髮披散著，紊亂如稻草。乍一看來，這副臉形並不特別曇醜，也不特別與生時截然不同，可是，一個驚天動地大變化是：它現在僅僅是一種純粹形式，一種面具，它後面再沒有一點具體內容，它唯一的眞正內容：那活蹦活跳了廿六年的生命，突然絕對飛走了。正像冬天的蛇蛻脫下的一層乾枯空殼，眞正的蛇已沒有了。從她凹陷的緊閉的眼睛，她大大歪扭的張開的嘴唇，可以看出：「生命」這個殘酷精靈，走得多匆忙，並未爲它的主人安排下一份最後的正常形象：一個甜的姿容。可能她正想說什麼，那個精靈突然遺棄她了，於是，一切永遠停止了，她的嘴巴就這麼歪扭的張開著。單從這點看，這個廿六年來那樣倔強的少女，在生命的最後一秒，是怎樣徹底暴露出她的可憐處境。

天啊！那雙眼睛，閉得多緊呀！你即使傾瀉一條黃河的眼淚，它們也絕不會睜開了，是怎樣殘忍的緊閉著呀！

「唉！直到現在，嘴巴還不肯閉上。」

靜芳伯母走過來，一面嗚咽，一面輕輕替她把嘴唇闔上。

我知道她爲什麼不肯閉上嘴巴。我也知道，她最後的話可能是什麼話。

後來，靜芳伯母哽咽著道：

「唉！大妹妹臨終時，一點眼淚也沒有。」

「不，她右眼角有一滴眼淚，我給她拭掉了。」二妹妹悲痛的說。

臨終前幾晚，一直整夜陪伴華的張媽，在一邊對我道：

「這兩天，小姐一直很好，一點不氣急，也沒有什麼不舒服。」

我茫然聽著她的話，彷彿是另一個星球上的聲音。

除了在國外的兩個哥哥，在北京的父親，和在青島的三妹，她們全家人都來了。只有八歲的嘉陵不肯來。他說，他怕看死了的大姑。

人們不斷進進出出，忙著收拾室內剩餘事物，我一直守在室內，不想離開，我似乎還得做點什麼。假如現在不做，我將永遠沒機會了。乘房內無人，我走到床前，又一次偷偷揭開白色罩單，再一次細細看她的臉。閉上嘴唇以後的臉，現在似乎正常點了，也睡得好看點了。可是，這是一次怎樣殘忍的熟睡呀！就這樣，難道我們竟永遠被分割在兩個不同世界，過一萬年也不通一言一語？天！我忍不住摸摸她的臉，臉膚還是溫熱的，我彷彿還感到三個月前它在我手掌裡的溫度。從這張瘦削的臉，我可以想像出下面是一副怎樣瘦削的身體。我有點抖顫起來。我眞想俯下去，和她作最後一次告別抱吻，但是——

現在我眞相信命運的殘酷本質了。

後來我計算一下，從五月九日那一夜，我正式和她交往起，到今天，整整是一百四十七天。

這是我的肢體和她的肢體的最後一次接觸。

舁屍人出現了，靜芳伯母仍不斷摸摸女兒身子，哽咽道：

「她的身子還是暖熱的，她會不會醒來呀！」

聽到這樣的話，連石頭也要溶化。

但李護士的聲音，像刀子一樣砍下來：

「不會了！不會了！強心針已經打了一個多鐘頭了！」她是指湯醫生親自給她打的最後一針。

在最近九年中，她身上至少打過三千針。有一個時期，她臀部幾無一處無針眼。假如這三千針沒有能拯救她，這最後一針又有什麼用？

比李護士聲音更無情的，是舁屍人。他們像兩匹馬，直衝到床前，不問青紅皂白，揭開罩單，野狼一樣，極蠻橫的，用一條老龍頭粗布殮布把她裹起來。其中一個人揮動著粗大手臂，用殮布一端裹住她的頭，紮成一個倒置三角形，匆匆用一根麻繩緊緊縛住它的尖部——她的頸部。另一個人則急急忙忙用殮布另一端包住她的腳，也用一根麻繩緊緊繫住。接著，把她抬起來，草草的往舁架上一甩。他們的動作是那樣粗野，隨便，簡直像在處理一堆垃圾。一瞬間，我終於看見無華的亞麻色軀體——她的衣衫和長內褲都是亞麻色。這個軀體和平常並不兩樣，唯一不同的是：它的極度機械性和僵直性。它完全變成一具僵硬的機械，聽人擺佈，再不發生任何感應了。

可是，即使是這樣一個機械，在我眼裡，仍是鮮花般的美麗，溫柔。眼睜睜看著這樣一個美麗溫柔的形體被舁屍人當作破垃圾對待，我的心完全碎了。他們每一個蠻橫的動作，像石工的大鐵鎚對待岩石，在重重擊打著我的腦部，我幾乎想哀求他們了。

「朋友們！請可憐可憐吧！請動作柔和點吧！溫存點吧！——你們簡直不是禮遇一個可愛的死者，而是整個撕碎了她！也撕碎了我！」

天知道，無華生時，曾受過人們千般溫存，百般撫愛，停在世界上的這一瞬，這最後時辰，卻遭受到如此粗暴的對待。

我又想：也許她眞會醒來呢！你們把她的頸部縛得這樣緊，她怎麼能呼吸呢！我很想提出這個意見，但舁屍人已把她迅速抬出去，直奔太平間了。

我們爬上一輛巨大柩車，分坐在舁屍架兩側，除我以外，是靜芳伯母，二妹妹，小妹妹，小弟弟。我不斷注視架上，可是上面一點動靜沒有。看樣子，她一時是不會醒來了。我從後窗向車外望去，西天一片陽光，瑰緻的藍色天空裡，朵朵白雲在飄漾，一些綠色的街樹在柔和秋風中招展，一隻隻飛鳥玲瓏的掠過去，一排花店的玻璃窗內，閃亮著一簇簇鮮花，世界依舊是如此美麗。

直到此時，我還沒有流出一滴眼淚。現在，我彷彿第一次看清這個世界，它是如此風流、華美、旖旎，而我所暱愛的一個美麗靈魂竟如此年輕的死去！一陣巨大悲哀突然襲來，我僵化的心田開始嗚咽，我的眼睛第一次潮濕了。

直到上海殯儀館，一路上，大家默無一語。一片死寂凍結了大家嘴唇。

舁架抬到停屍室，這是一個極簡陋的小房間，工人把她放在一隻赤裸裸的台子上。台子又高、又小，又冷。上面沒有一點覆蓋，下面沒有一點墊襯，室內空空洞洞，什麼陳設也沒有。人們純粹把她當一個不值錢的物品，隨便存放在什物儲藏室裡似地。她難道就這樣孤獨的度過她有生以來最冷清的第一夜？我看得發痴了。我雙腳像生了釘子，再也不願離開這個可怕的小小空間了。雖然看不見她的頭，手，身子，但她裹在白色殮布裡的那片古怪形態，仍不斷激起我最豐富的感覺、沉思，喚醒我的一些最美麗的記憶。我眞想獨自站在這裡，陪伴她一整夜，兩整夜，就像在葛嶺山麓，隔一層樓板，我陪了她三個月一樣。在這種伴守中，即使是最深的午夜，我絕不會感到恐怖和寂寞。相反的，這個有著倒置三角形頭部的無聲的白色形體，將給予我最大的安慰和溫情。

可是，殘忍的幾句對話，一筆勾銷了我全部願望。

「今天她就放在這裡，沒有別的事嗎？」靜芳伯母問。

「沒有了！你們明天八點鐘再來。」殯儀館一個職員說。

「砰」然一聲，門關上了，我們退出來。

他們離開後，我仍然站在室外。我不時踮起腳尖，從一片綠紗窗望進去。室內光線暗淡，遠遠的，只見一片模糊的白色形體，什麼也看不清。然而，我像著了魔似地，不願走開，即使僅僅是這樣一片模糊的白色，它對我依舊是一個奇麗的生命。今後，我再也沒有多少機會能看見她了。我必須守在這裡。如果可能，我願守到世界末日。

啊！殘忍的上帝，可是你連這點也拒絕我！

因爲一點事，我到帳房去看靜芳伯母，迅速回來時，大廳通停屍室的那條甬道的門竟被職員鎖上了。現在，我們是眞正被隔開了。隔著這座冷酷的門，我只知道，門後面的門後面，睡著我的好朋友。我們是被兩重門隔阻了，連透過紗窗遠遠看她模糊白色形體，也不可能了。但我仍不願走開，我不斷在大廳裡徘徊。一面走著，一面端詳那冷酷的門。我眞願我有一雙箭鏃式的銳眼，能直透過雙重門，用我狂熱的眼睛，再一次擁抱那個白色形體。不管徘徊多少次，我仍暱愛這個冷清清的大廳。因爲，這究竟是離她最近的一個空間。啊！只要我還走在這個空間，我似乎就走在她身邊，而她彷彿也沒有死。她仍像在山上一樣，睡在床上，聽我吟誦即興詩，朗誦即興文。

有好些次，我走到甬道門邊。我什麼也看不見，我側耳傾聽：也許她會突然醒來呢？她是不是在喚我們？聽著聽著，雖然聽不出什麼。但有時我宛若仍聽見她的呼吸，她的夢囈。不，她並沒有死，她仍活在我的感覺裡，她並沒有一點改變，她只不過在睡長覺啊！

終於，我走累了，身子似乎要跌倒，我不得不坐在大廳附近帳房外面長椅上。我怔怔坐著，一手支頤，陷入沉思中。我聽見帳房裡的人語聲。靜芳伯母在和一個人講話，他是上海銀行總務人員，趙老先生的老部屬，一個基督徒，臨時請他幫忙料理喪事的。靜芳伯母對他談著無華臨終一幕，一面講，一面流淚。她的聲音是抖顫的。

她說，今天上午無華精神特別好，要求請李牧師來。李來了，她向牧師懺悔，說過去她本信主，經常禱告，去年夏天起，才中斷一個時期，這是她的錯誤，她將請求主的寬恕。現在，她決定正式補受洗禮，請牧師施洗。李一一照辦，並鼓勵她：信徒如羊群，耶穌是牧羊人，任一隻迷羊，只要回到羊群中，她都一樣可進天國。於是無華請牧師講聖經，她和牧師一道唱聖歌，唸誦讚美詩。最後，她對牧師致謝。她這一切，很得到李的讚許，給他一個極深刻的印象。

下午兩點多鐘，她忽然對靜芳伯母道：

「姆媽，我要去了。我看見天使出現在彩雲間，召喚我，我要進天國了。姆媽，我希望你將來也信教，這樣，我們將來仍會在天國團聚。」

靜芳伯母聽了，立刻叫二妹打電話到學校裡，要無宣、無邁來與大姐見最後一面，又打電話給別的至親。大家趕來時，她剛剛中斷呼吸。據醫生說，這是腎臟裡未能排泄出去的尿液毒素積存過多，突然大量散佈到腦神經中樞，因而昏厥。剛好湯醫生在座，立刻爲她打了兩支強心針。仍然無效，脈搏卻漸漸停止了。

「她臨終時，神志清楚，和平常一樣，一點也沒有變。」這是靜芳伯母最後的結語。

第二帖　火山反應

我拿起電話聽筒，撥四四〇九七——工商聯。蕭兄正在。

「你是蕭兄嗎？……趙小姐今天下午不幸了。……今晚我需要你全部時間。……請你陪陪我。……」

是將近二小時沉默後，這是我第一次說話。

當我才一講起「趙小姐……」幾個字時，立刻哭起來。我很難想像：當時我是經過怎樣努力，才泣不成聲的把上面幾句話向對方說清楚。

靜芳伯母轉過臉望我，見我哭，她也流了淚。她要求我今晚住在她家裡。

眼淚一開始，再也無法停止了。

這個下午，由於突然受到巨大刺激，情感震懾而僵呆。現在，它終於從一片凝結狀態溶化開來。剎那間，萬千種悲哀如喜馬拉雅山頂崩雪一樣捲沒我，我也顧不得旁邊還有別人，更顧不得他們是怎樣個想法，我用手帕遮住臉，低低哭起來，一片又一片眼淚的潮水吞沒我——很快的，一條手帕變得濕淋淋的。

在打電話之前，無華彷彿仍活著，只是當我親自第一次講出「趙小姐今天下午不幸了」，這句話以後，這才眞正算證實了她的死亡。我變成一個極度殘酷的劊子手，親自用自己的聲音宣判自己愛人的死刑！

這以後若干天內，每一次我告訴友人們這句話時，沒有一次，我的心頭不在流淚。直到幾年後，一想起這句話時，我還被一陣悲哀的苦痛的浪潮所衝擊，……。

黃昏。一踏入趙家，一片巨大的空虛感覺，極可怕的滲透每一個人，彷彿這幢房子本來充滿了精緻的家具和什物，一下子，突然被搬空了，變得空無一物。不，這個充滿人煙和燈火的世界。一下子，忽然變得空無所有了。一片新的悲哀浪潮捲沒我。在暮色蒼茫中，這個華麗大客廳從未這樣暗淡過。死已浸透一切。「和尚」（趙家男僕）把深黃色窗帘一幔幔放下來，他扭開淺黃色傘燈，全部空間的色調說不出的朦朧，淒迷、沉痛。無宣、無邁、和嘉陵全靜悄悄的，「和尚」與張媽也一點聲音沒有。室內是墓窟樣岑寂。就在這樣慘黯的燈光與死靜中，靜芳伯母獨自一個坐在沙發一角，右手支額，在低低啜泣，抽抽噎噎的哭。在她一生五十年中，這是她最孤獨最絕望的一個黃昏。她的整個心在出血。我見她哭，也泣不成聲，眼淚沒有停過。終於，二妹一面流淚，一面溫柔的勸她：

「姆媽！……姆媽……不要哭了！……」

這個少婦的臉孔，簡直是一個悲哀的面具，我從未見她表現得這樣誠懇、沉痛過，聽見她的勸解的聲音，我的心開裂了。

勸了好一會，靜芳伯母才停止哭泣，但仍不斷流淚。這個偉大的慈母，今夜是徹底被撕碎了。

突然，我對旁邊小弟弟、小妹妹的漠不關心似的冷靜，感到非常厭惡。

但我仍不能離開，我必須等待。我是命定要等待的。

電話鈴響起來。是表妹劉菁打來的，我只對她草草說了幾句話！

「趙小姐今天下午離開這個世界了。……我現在不想講話。……一切過幾天再談。……」

門鈴響起來，蕭兄出現了。

靜芳伯母對他才一講起「……她是今天下午三點鐘不好的」，立刻又流淚。她說話的聲音是歪扭的。她聲音裡那份深刻的悲痛，簡直滲透聽者心底。我又一次想起，這個偉大的慈母今夜是被徹底撕碎了。靜芳伯母留我們晚餐。我說：不，現在我必須和蕭璉兒出去一次。

其實，我哪裡想用晚餐？我哪裡還有心思吃東西？唯一陷於致命飢渴的，是我的靈魂。它現在必須傾聽一點聲音，不，必須傾聽它自己的聲音。這一整個下午的沉默，已使它淪於一種可怖狀態。不，一個月來，它所感受到的那些苦痛，那些偶然混雜著隱約希望的苦痛，早把它壓扁了。將近五個月來，所有巨大幸福記憶與深沉苦痛的輪流衝擊和激盪，到了今天下午，已達到頂點。我的靈魂再不能支持了，它必須有所排洩——這是我今夜必須挑選我的好友璉兒陪我的主要原因。

入世卅三年，沒有一個朋友不承認我是一個倔強的人。在社會上進行生存鬥爭的那十幾年，我從未向任何一個挑戰示過弱。即使當我遭遇到最大打擊，面逢最猙獰的艱難時，我也從未乞求別人安慰我。我一直在孤獨的忍受一切。在一些最黑暗的時辰，我寧願攀登一座高峯，或爬上一座古老城樓，或漫步於大江之邊，獨自平息自己靈魂的黑暗波濤。我把這種強硬的忍苦作風，看作是我個人尊嚴的一種驕傲。

但也有兩次，終於，我再也不能忍受那種可怖的孤獨了。一次是一九四八年除夕前兩夜，我與女友塔瑪拉的訣別，使我幾瀕於瘋狂，我不得不抱著璉兒睡了兩夜。今夜，是第二次，想不到我又請求他的援助。

主要是想找一個適當地方，好好談一下。最好是弄堂裡一個下等小酒館，又安靜，又寂寞，兩小時候，當客人漸漸多起來，一片人聲嘈雜時，我們正好離去。可是，我們在霞飛路跑了許久，始終找不到一個適當酒館。我感到太累，沒有法子，只好走近惠爾康飯店。它雖然也開設在一條弄堂內，卻是一個現代化的大飯店。

想不到這裡有舞池，有樂隊，有華麗的陳設與色調，一派羅可可情調。我們進來時，樂隊正在一遍遍的奏出爵士舞樂。簡單的小喇叭、銅鼓、小提琴與鋼琴，合奏出一陣陣美麗音樂。可是，沒有人起舞，客人很少。

我們到附近幾家洋酒店買白蘭地與威士忌，都沒有。這個飯店裡只有伏特加與啤酒。前者太兇，我們選擇了後者。從菜單上隨便要了幾隻菜。我一點也吃不下，全讓璉兄一個人吃了。我只喝了一點蔬菜湯，喝了一點酒，但又不敢喝醉。因爲，今夜我是住在趙家，明天有些場面還需要我巨大精力，我絕不能因醉而病倒。

我還想和璉兄好好談一會，可是，刺耳的舞樂使我感到厭惡，它雖然爲四周冷靜的座子襯托出一份慘淡色調，但我此時的聲音，卻絕不需要這樣一種奇特的伴奏。餐座子上沒有一個客人。

我付了帳，終於和璉兄到客瑞宮咖啡館。這個又美麗又死寂的金黑色空間，才是一個眞正適當的談論死亡的空間。這兒所瀦滙的夜靜眞是一種死的化身。

一片苦痛的狂熱抓住我，我開始向我的朋友傾訴一切。

主要是想談一個剛離開這個世界才四小時的女人。一個卓異的女人！不管別人怎樣想法，對我個人來說，她是卓異的、優美的。我談她的病，她的死，她平日的優美處，以及我們在葛嶺時代的幸福時辰。

不只一次，我沉痛的對璉兄道：

「一個天才女人死了！一個極優美的女人死了！大自然是忌才的！我們對大自然的反叛完全失敗了！」

這不僅是我個人的永恒悲劇，也是一個時代悲劇。像她這樣天賦，假如不遭遇殘酷命運，本可充分發揮她天賦才華的。我不僅爲我個人幸福哭，更爲她紅顏薄命哭。一想到造化對她這樣不公平，我就感到無比悲痛了。

「離開殯儀館，一走進趙家，我永忘不了這個黃昏的場景。今夜，我最深的感覺是：有子女的人太痛苦了！太痛苦了！你眞無法設想：一個做母親的千辛萬苦，把一個可愛的孩子養得高高的、大大的、胖胖的、活蹦活跳的，她卻突然死去。這對做父母的，是怎樣一個可怕的地獄遭遇！」我嘆了一口氣！「唉，從今以後，當我準備祝福一對新婚夫婦時，我至少要考慮我的措辭了。」

我又嘆了一口氣：「從她，我這才感到：這個世界上，死掉的未開花的天才，眞是太多了。畢竟，這個世界上，天才本來就很多。」

我的聲音抖顫起來。

「我眞不能想像，今後這幾個月，我將怎樣過!?我覺得，死的不僅是她，也是我。是的，至少，我自己的一部份已死去了。我精神裡面最美麗的一部份，也隨她死去了。這是我生命中最後一次戀愛，想不到竟是這樣一個下場。我們所處的，又是這樣一個時代！」

我嘆氣，淚水溢滿眼眶：「你說，叫我今後怎麼敢再回杭州？再回西湖畔？再回葛嶺？她哥哥那幢房子，一草一木，都充滿她的姿影。一回憶那裡的生活，我將如何能忍受？我怎麼忍心再住在她住過的房間？——她是走了，進天堂了，我卻被留在一片永恒地獄中！」

蕭兄一直聽我訴說，他的話不多，卻不斷用那雙又智慧又善良的眼睛，同情地望著我。他顯得很冷靜。他彷佛早預料到這一切。聽我說完後，他帶了點惋惜的，爲我作出結論：

「對你來說，這實在是一個極大不幸。一個理想的幸福竟完全破滅了。不過，從另一方面說，她的死卻是一個眞正有力的說明，就是，五個月來，你過去的一頁，到此是完全結束了。今後你得揭開新的一頁。」接著，他安慰我：「回杭州後，實在住不下去，再回上海來好了。」

我嘆了口氣：

「過去的一切，到今天下午，算是結束了。可是，事情並不這樣簡單。你和我一樣清楚：

這一悲劇所給予我的打擊，是無可測量的。要從這個打擊下爬起來，我將需要很嚴重很嚴重的掙扎。」我的聲音突然異常沉痛起來。「在一生中，我幾乎從不準備爲我做過的任何事後悔。可是，這一次，早知如此，我卻眞正後悔和她相識了。因爲，這一次愛情，對她自己、對她親人，帶來的災難實在太可怕了。我寧願不認識她而保全她。至少，她是與我相識後才遭遇這樣一場大不幸的，這使我的精神負擔太沉重了。」

「這一點，你倒不必多顧慮。又不是你害死她的。你那樣愛她，難道還願意傷害她麼？我想，她的家屬也不會存這種想法的。」

我們談了將近三小時。一出趙家門，在路上，在惠爾康飯店，在客瑞宮，不斷談著，主要是我談。我的嗓子暗啞了。越談到後來，越感到四周一片沙漠味，我終於沉默了。

和蕭分手時，已九點多鐘。我要他明天送兩隻花圈來，盡可能大一點，全部要白花。

夜快深了，我獨自回到趙家，大家都睡了。

我走進樓下琴室。一個月前，她們早就把它佈置成一個寢室，等我來住，我卻遲遲沒有搬來。想不到，在這樣一個深夜，我卻悄悄進來了。

在朦朧燈光下，我望著這間雅潔的斗室，簡直發痴了。我知道，過去有一個長時期，我的可愛女友曾在這裡練琴。在杭州時，她曾告訴我她的學琴軼事。

我靜靜走到那隻黑色披霞娜面前，對著那具潔亮的琴蓋，痴望了許久。我慢慢撫摸它，渾身抖顫起來。我知道，我的無華的纖纖手指，曾多少次揭開過這個琴蓋，有多少個清晨或黃昏，她曾坐在這裡彈琴。

我翻了翻琴架上幾本樂譜，對那些黑色樂句和音符，凝望了許久許久，希望從這裡面能找出她的一些痕迹。我知道，當年她也像我現在一樣，曾長久凝望這些樂譜，可是，任我望眼欲穿，我依然在這上面找不出什麼。除了她當年的輕盈流盼和靈巧的手指動作早已逝去了，她再未留下任何痕迹。

舉目四顧，一燈淒然，昏暗的照出我的深夜孤影。

我呆呆佇立著，只是不斷發怔。

唉，此夜，此時，此景，此心，此情，我何曾想到!?我的華！你也何嘗想到!?

我眞想就這樣佇立下去，從午夜立到黎明。但我的腿部再不能支持了。四周滿室的陰暗不斷包圍我，越圍越緊，這夢幻一樣的朦朧燈光，也越來越哀涼，我再受不住了。

但我哪裡睡得好？躺在床上，不斷醒來，似睡似醒，又睡又醒。午夜醒來，在黑暗中，我望著這片黑色世界，我不斷想著華，想想這五個月來的一切，想到西湖的藍色水波，想到那些棕紅楓葉，那些薔薇花與春藤，想到無華那個房間，以及她那成百個姿影、聲音、動作……一陣又一陣心酸，我渾身又抖顫起來。

曾有一次，我又夢見她。還是在杭州，我們一塊兒玩著。她和我開玩笑，後來，我們面對面，靜坐不語，深深互望著，彷彿要望入永恒……。

我突然醒來了。我的眼睛潮濕了。

樓上有打電話的聲音。在早晨的新鮮空氣與曙光中，這聲音特別顯得震蕩，搖曳。

「……大妹妹是昨天下午不好的。……天父召她回去了。……臨終時，她清清爽爽，和平常一樣。……」

是靜芳伯母打電話給她的朋友，報告女兒噩耗，談著臨終時的一切，以及今明兩天喪事。

奇怪，她現在的聲音是這樣安靜，清晰，我在樓下聽著，卻產生另一種感覺。我覺得：她談的並不是一個已經離開地球的人，而是一個活人。她彷彿是談有關一個女孩子的瑣事，談她已出門旅行，去尋找一片遙遠而瑰麗的風景，不久就可以回來。

更怪是，似乎只要她母親在樓上電話裡一談她，她又復活了。假如不談，她倒眞正不存在了。至少，將來用這樣口吻談她的機會，再沒有了。將來談，將用回憶的語調與聲音，一些動詞和一些字眼是用文法上的「過去格」。現在呢，仍可用現實的語調，修辭上仍可用「現在格」。因爲事實上，現在還有許多有關她的事務，人們必須料理，必須辦。人們辦這些，完全用現實的急迫態度來辦，並非出於回憶式的從容態度，也並非像隔了一片烟雲水霧，來探望過去花朵似地。一些環繞她的事務既正在進行，或就要進行，那麼，此時此刻，她便現得仍存在。實際上，她本人的確仍存在，僅僅是躺著睡覺，不再動作而已，她的具體形象並未眞正離開這個世界。她不只存在，而且還不自覺的促使人們爲她辦一些事，這些有關她的正在進行的事，彷彿便等於證實她的存在，意思是：她還有許多事在等著我們去辦。我們爲她做這做那，有點像船夫在海上爲一個女孩子搖過船來，好讓她上船，到永恒彼岸去旅行。雖然她上這船，而我們做這做那，其實已等於宣告她並沒有眞正生命存在。可是，在她眞正親人的主觀上，一種「她剛剛還存在」的感覺，幾乎和「她現在仍存在」的感覺一樣，給予我們另一種暫時塡補，沒有這種塡補，那份失去她以後的眞空狀態倒會眞正淹沒了一切。

也許，樓上的靜芳伯母，並不如此感覺，但我在樓下聽著，卻是如此感覺。其實，她母親談到她時，總用談活著的她的口吻與態度。換言之，現在她談女兒，和過去平時談她一樣，充滿了慈母的親切和溫柔。不管談她頭髮也好，衣服也好，談她讀書時怎樣用功也好，平時怎樣樸素節儉也好。甚至談她臨終前高唱聖歌，或留最後遺言也好，都不算是講死者。因爲，這些話語裡的主角，彷彿依舊還是個活人，最多不過是談一個遠遠出門旅行的人，她一時不在身邊了……

可是，在各式各樣的時候，那定命的幾個字，「趙小姐不幸了……」終於從我自己嘴裡響起來，轉告友人們了。這時候，我才眞正發覺我們所講的，並不是一個出門旅行的人，而是一個已走出地球永遠不復返的生命。

僅僅這麼一句話，便是一道鴻溝畫清了生與死的界線：我是站在世界這一邊，她是站在世界那一邊，我們永不相遇。

天！

第三帖　淚之河

上午，殯儀館像一座壯麗的碼頭，把所有親友們都吸引來了，爲了對一個「永恒旅行者」舉行一次「送行」儀式。有十幾個人聚集在殯儀館。靜芳伯母、二妹妹、二叔、大舅父、大舅母、大表妹、幾個小表妹、小表弟、老奶奶、李奶奶、李小姐、上海銀行來幫忙的幾個人，還有我不認識的一些趙家親友。

我站在禮堂大廳中央，不斷注視靈位上供著的那幅巨大黑色照片。照片的長方框子圍以黑紗，四周環繞著一個並不鮮艷的小花圈。

這是無華的一幀放大相片，約有一尺四寸長，八寸濶。

在公園一棵巨大翠樹下面，一個高䠷身材的少女婷婷玉立，從上到下是瀑布式的一片黑。黑色的長波浪形的髮鬈，黑色的貴重呢料的冬季長大衣，黑色的絲圍巾，黑色的淺高跟鞋。她那派又俊秀又高貴又嫵媚的姿態，說不出的儀態萬千，眞像一個古代貴族女人。她那一頭象牙黑的鬈髮，又濃又黑，又長，鬈得又特別美，它們眞像海水的兩朵大浪花飄捲下來，眞是美艷極了。看見這樣華麗的一片好頭髮，沒有一個人不稱讚。在她風度飄逸的臉上，充滿如此豐富的生命，誰能相信她是一個久病新癒的女人？也許，那雙秀緻的眼睛還嫌不夠明亮，但正是這副深沉的暗色的眸子，才給這張臉孔帶來一份深刻的智慧氣息。她的思想氣息透顯一種奇異的魅力，表現出一種無聲的深度，一派沉默的莊嚴，一片夢境的幻魅。

我望著，不知望了多少遍，我從未見過她這張照片。我又怕這樣長久注視，會引起別人注意，便利用每隻花圈獻上來的機會，走去貪婪的詳細看一會，彷彿我們是一對從未見過面的愛人，在這張相片上，我才第一次發現我所愛的靈魂的眞形。我完全帶了一份想窺看夢中情人的初戀心情，永不知疲倦的看著，我眞看得發迷了。

看久了，我也發覺：這幀照片雖然迷人，但它本身可並不是一個祥瑞象徵。在整個畫面上，隱隱約約好像顯示一派午夜女巫的氣氛，那許多動人陰影未免太濃了，太強了。整個照片的女巫味似要把人吞沒到一個無底黑暗深淵中。——這種最後感覺，也是她寄到杭州的那幀彩色照片給我的最後感覺。

後來我把這個感覺告訴二叔，這位古怪的大學教授，同意我的看法。他說：

「從小起，她就個性特別與衆不同，她的感覺太敏銳了。她的讀書成績，實在是出類拔萃。」接著，他嘆了一口氣。「自古才女多不永壽，想不到竟應在她身上。」

下午三點，一場喪事禮拜開始了，完全按照基督教儀式。將近五十個花圈簇擁在靈堂裡。四十幾個人參加儀式。我永遠忘不了這場悲慘的禮拜。

無華那幀黑衣照片，被重重疊疊花圈簇擁著。無數朵鮮花圈著她美麗的姿影。我不忍看這些花朵。我更不敢再看無華臉孔。每一抬頭，我的眼淚便泉湧出來——。這許多綺美的花花朵朵環拱著這幅黑色形象，表現怎樣一片震蕩人心的冷艷淒麗呀！

主持禮拜的，是臨終前為無華施洗的陳牧師，他穿一襲黑色道袍，操上海腔的普通話。第一個節目是讚美詩。陳牧師領著大家唱，由一隻破舊小風琴伴奏。我們齊聲歌頌上帝的偉大。許多人從未學過，但很快的就會唱了，因為裡面有些樂句與歌詞是重複的。

接著，為死者默哀三分鐘。在一片午夜式的死靜中，我的眼淚開始簌簌流出來。這以後，我的眼淚再沒有停過。我怕驚動鄰座，用一塊手帕遮住臉，把我的哭聲壓成一片低泣。

風琴聲又響起來，又是唱讚美詩，詩詞的每一句，對我都是太大的刺激。其中有一首，描畫一個美麗的天國，結尾則三次重複歌唱「到彼處！」這支歌使我想到：可憐的人類，在大海式的最深絕望中，是怎樣想自拔，但又別無途徑，只得幻想出這樣一幅美麗的「上帝之圖」，以求解除死亡的痛苦。人類的這種絕境與愚昧幻想，分外增加了我的悲哀。因為，這說明，在死亡面前，人類痛苦有多麼深！而人類對天堂的美麗想像，原是與痛苦血淚成正比的。

這樣想著，我越唱，眼淚越多。好些次，我想大哭，忘記一切的大哭一場。可是，殘忍的上帝啊！現在我連大哭的權利也沒有呀！——我只得把臉上手帕按得更緊點，壓低自己的哭聲。

讚美歌唱完了，陳牧師唸了幾段聖經，便開始作佈道講演。

陳牧師是美以美會的，屬於所謂狂熱派。他的聲音，沒有一分鐘不充滿熱情；他的話語，沒有一句不帶強烈的煽動性、刺激性。他本想爲人解脫痛苦，結果反增加了我們的痛苦。我眞服他，但仍不得不愛他。因爲，他到底給我們一個發洩情感的機會。

他比著手勢，大聲疾呼道：

「……一個人身上，全部所有，只值一塊七毛錢，這是一個化學家替我們估價的。形成我們身體的，大約有石灰×斤×兩，按時價共值一毛九分，我們身上的鐵共×斤×兩，值×毛錢。此外我們有磷×兩，值×毛×分錢，鈣×斤×兩，值×毛×分錢。硫×兩，值×毛×分錢。……根據上面計算。構成人體的所有化學原素××種，加起來，按時價共值一塊七毛錢，你們看，一個人多麼不值錢！」

從人體物質成分的微賤，引申開來，他說明人類現世生活的微賤，煩惱、痛苦無窮，而人類要求的眞正幸福，只有天國才能給我們。他的結語是：我們只有追隨主的意思，傳佈主的無窮的愛，這才是我們在現世的最有價值的任務。

他用很情感的語調，談到無華。

「……趙無華小姐，是多麼聰敏，天眞，美麗！……她才廿六歲啊！是這樣美麗的青春啊！可是，她竟離開了我們。……她的早逝，給予她的家屬、朋友，多麼大的悲哀！……（他用手指指左右的雪片式的鮮花）她眞是鮮花一樣的青春！鮮花一樣的少女啊！……她眞是眞正的可愛，坦白，給人的印象也眞正深刻啊！

昨天上午，她接受洗禮。她向我懺悔，說要做一個好基督徒。我對她說：你只要這樣一懺悔，過去的一切錯誤，天父完全可以原諒你。你完全可以放心，安靜下來，不必再想到自己過去的缺點了。於是我們同唱讚美詩。她唱得眞好，雖然病得這麼重，可是她唱得眞好。唱完兩首，她還要求再唱一首。她又請求我多留一會，等等再走。啊！她是眞正聰敏、天眞、坦白、可愛。我想，她進天國後，一定會得到主的寵愛，我們要爲她多多祝福，願她好好安息……阿門！」

他的聲音，一聲聲像刺刀一樣，刺穿我的心坎。他那些十九世紀初葉浪漫派詩人的句子，每一句如皮鞭子似地，抽撻著我。在他半小時的講演中，我的眼淚一秒也沒有停過。我是費了極大的努力與掙扎，才使自己沒有大聲嚎哭起來。

又是讚美詩，一首又一首，又是唸誦聖經。

歌聲、琴聲、誦經聲，家屬哭聲，響成一片，那破舊的風琴聲，分外摧人心肝。

這一切，以後我再也無法回憶，也不忍回憶。我只知道，當時我已完全泡在眼淚雨水中，變成一個淚人。

我隔壁坐著風琴手。這個中年琴師，完全是一個陌生人，他見我哭得這樣傷心，也流了淚。

附近另外幾個陌生來賓，都好奇的望著我。

接著，二妹妹無塵，一面流淚，一面報告死者平生事蹟。她每一語都深深感動我。因爲，在她報告中，無華的短短一生，眞是從一個病到一個病，充滿了疾病——疾病——疾病。正如她的同學林同今天下午對我們所說：「她活了廿六年，幾乎倒有十年躺在床上。」人間痛苦事，寧過於此！

無塵的報告詞，下面一些句子特別刺激我：

「……因爲我們一家人都到過杭州，只有大姐一個人沒有去過，所以，她總想去杭州，她天天希望去。今年五月，她終於去了，想不到回來後，就病了。……她過去本來信主，以後才有點動搖，但她本人內心還是信主的。可是，她覺得自己犯過錯誤，因此臨終的那個上午，她要求正式受洗，她向牧師懺悔。我想，主一定會饒恕她的。」

由於中共的宣傳，她才有點動搖。但基督教的力量終於戰勝中共。

「家屬致謝」這一節目，本擬請二叔擔任，因爲，截至現在止，趙老伯還在北京，沒有趕回上海。可是，二叔那副怪模樣，怪裝束（註一），實在很駭人，便改由靜芳伯母說話。

但此時此刻，這個可憐母親哪裡還能說得出話？她一上台，立刻就大哭，她的眼睛早哭腫了。她一哭，旁邊的陳牧師也流了淚，我在台下見她哭，也分外傷心的哭起來。這樣，這一節目只好豁免。

最後一次唱讚美詩，主題是「再留念」。意思是，將來我們大家將在天國「再相會」。

這是叫人們哭得最厲害的一個節目。這時我再顧不得一切了，索性用手帕掩面大哭起來，把自己哭聲混在別人的歌聲中。

當人們重複唱著「再相會！……再相會！……再相會！」時，一片片死的陰影，眞是無比沉重的壓在我們身上。這一次，她是眞正走了！眞正和我們永別了！「再相會！」是不可能的。巨大的眞理和眞實是：「她去了！她永遠去了！」

一個節目比一個節目沉痛。一個時辰比一個時辰傷心。

在無數朵鮮花中，在黑壓壓人叢包圍中，無華靜靜躺在白色殮床上。一條巨大白紗覆罩她的頭部和全身。她穿一件藍緞子旗袍，腳著一雙黑色緞鞋。她深深睡著，睡得那樣熟，剛才四周的歌聲琴聲絲毫未驚動她。當衆人環床週行一匝時。她的頭部白紗被輕輕揭開了。

我終於看見一副女臉，我最愛最愛的愛人的面龐——她剛剛化過裝，整過容。

哦！偉大的上帝，你是多麼殘忍啊！就在她最後這一幕，你可並沒有眞正饒恕她呀！

是這樣高貴的飄灑的少女，生前她是那樣風度翩翩，現在，你們卻把她化裝得這樣俗麗，簡直像一個鄉下大姑娘。廉價的胭脂把她的雙頰染成一片血紅，粗俗的白粉像刷粉牆一樣，嘴唇也塗成一片雞冠花的顏色。最叫我痛心的，是她那樣豐滿的美麗的長髮，人們卻用清水洗過，平梳得光光的，有點濕淋淋的披下來，變成兩束絡麻似的，哪裡還有它過去那片象牙黑的海水波浪式的美極了的痕迹？

這個少女，生前是那樣樸素，淡雅，高潔，優美，現在卻被人裝扮得這樣俗艷，粗糙，天知道，這就是她的終點——她的生命極限。

我望著，望著，我的心眞是被撕碎了。這一切只說明一件事實：精靈已去的一個軀殼，正如一座沒有主人的房子，人們儘可狂妄的隨便的擺佈著！啊！我的華！你何嘗夢想到有這一幕！我又何嘗夢想到會有這一幕！

然而，不管人們是怎樣殘酷的擺佈她，這依舊是我的華！一點不假，這是我的溫柔的可愛的華！現在，你雙眼深深緊閉，說明你現在的全部形象，是完全未得你本人同意的。你一聲不響，保持永恒沉默，說明你對這個化裝後的形體在拒絕簽字。

女人們走過時，仍不斷在讚嘆：

說她身上毫無死的氣息，眞正跟熟睡一樣。

靜芳伯母出現了。她又一次捏捏女兒的膀子和身體，說她的肌肉還是軟軟的，一點沒有發硬，她突然問：

「她會不會還醒過來呀！」

說著說著，她又大哭起來。

這眞是石破天驚的話語，道盡了天下慈母與愛女的整體不可分割的生命。

親友們拉著她，勸著她，她仍哭著向床上撲過去，再捨不得離開。

看見一個哭泣著的母親，如此張臂前撲的姿態，誰能忍得住流淚？

我看見，又哭了。

當我走過無華旁邊時，眼淚立刻又泉湧出來。我又怕別人奇怪，於是躲到一邊拭眼淚，但一時哪裡拭得乾？我只好含淚又跑到殮床邊。這時人們已大多離開了。我想再多看幾眼，哪怕是多看一眼，也是好的。天知道，今後我將再沒有機會這樣仔細看她了。我必須在短短幾分鐘內，讓她最後的形象滲透我的血液，我的細胞。可是，不一刻，連最後一個人也從殮床邊走過去了。我雖然仍在痴望著，無情的執事卻又把白紗覆在無華身上，接著，立刻又抬到遺體陳列室。我眞想跟進去，一個人獨自撫屍大哭一場，可是──天！

喪禮結束了，人們陸續離去了，我的眼淚卻沒有結束，也沒有離去。至於靜芳伯母，更不用說了。從喪事禮拜開始，她就哭起來，一直哭到現在，一雙眼淚哭得又紅又腫。這一次，她們全家都哭了，二妹妹，小妹妹，小弟弟，連作客的陳小姐也哭了，一些女戚也陪了不少眼淚。

這是我一生悲哀的頂點。沒有人能估計，我這一下午的情感！

從小起，我就是一個最不愛哭的孩子。過去一生中，我很少流過淚。可以說，我一生所流的眼淚總和，還抵不上這個下午所流的淚。我徹底變成一個女人。現在，我再沒有別的可奉獻給無華了，我只有向她奉獻出我從未向這個世界奉獻過的眼淚。

眞正，自從認識無華以後，我這才眞正懂得了眼淚，我這才與眼淚開始結不解緣。

離開殯儀館後，我是眞正的幾乎癱瘓了，像害了一場重病。我的兩條大手帕濕淋淋的，像剛從水裡撈起來。當禮拜進行時，璉兄出現了，他見我手帕都濕了，又借給我一條，不久，這一條也像才從水底撈起來一樣。

幾天後。璉兄才對我說了眞話——這個眞實情況，連我自己當時也不知道。

「十月六日下午，在殯儀館禮堂裡，你當時的臉孔是很突出的。誰都會好奇，一個男人怎麼竟會變成這個樣子？這幾乎是不近人情了。可是，稍後，人們便會聯想到你與死者的關係。當時，你那副樣子眞是駭人！眞正是驚心動魄！」

一千九百四十七年，甘地死後，一個西方記者描寫甘地最大信徒之一——印度內政部長曼台爾的形象，說他變成一尊悲哀的雕像。

一千九百五十年十月六日下午四點鐘，僅僅用「悲哀的雕像」這個詞句來形容我，其實是遠遠不夠了。

第四帖　煙

今晨六點，趙漢生老伯從北京趕回上海，正好參加女兒下葬。

朝陽光是淡金色，而且染上深秋的涼意，趙老伯卻戴了一副深黑色墨鏡，我敏感它並不是爲了防禦日光。拿我說，昨夜宿蕭家，璉兄陪了我一整晚，但今早雙眼仍隱隱發痛，它們把我的內心狀況全暴露了，無怪趙老伯要戴一副深墨鏡了。

使我感動的，是趙伯母的偉大母愛。他問我們大家：

「昨天下午，她的身子還是軟的。今天她會不會醒來啊？」

我望了她，說不出話，我的眼睛又在痛了。

上午九點左右，我們步行到上海殯儀館。十幾個親友聚在這裡。趙氏老夫婦、無塵、無邁、無宣、二叔、大舅母、小舅母、大表妹、某奶奶、李奶奶、李小姐、還有另外幾個人。一輛載著靈柩的大汽車等著我們，大家準備坐上去，陪侍靈柩，到靜安公墓。

趙老伯突然反對。

「這樣做，毫無意思。我們先去。不必和靈車一道去。」

靜芳伯母和幾位女太太卻猶豫不決，仍盼望坐上靈車，陪伴棺柩。我也深願如此。因爲，這是最後一次陪伴死者了。可是，既然有兩種意見存在，大家便議論紛紛，一時不決，我便提出一個折衷辦法，準備坐靈車的，可坐靈車；不打算坐的，另外可乘三輪車去。

有幾個人似乎同意這種辦法。

但趙老伯突然有點發脾氣道：「我是家長，我主張怎樣，就怎樣。你們應該聽我的意見。走！走！走！我們另外坐車子走！」

這位老人的嚴厲態度，不禁使我想起無華在山上對我說過的話，她說：

「有時候，爸爸是很『獨夫』的。（意即有點獨裁）。」

在這樣時候，沒有一個人願意爲這點小事引起不愉快，於是全體乘三輪車到墓地。

靜安公墓對我並不陌生。這是我過去常散步的地方。

當我們到達時，靈車已先我們開到火葬場。

這個上午，幾乎並沒有任何事等我們做。我們來到這裡，僅僅是目睹一個停止呼吸的生命從棺柩裡移到火葬爐而已。

這一切自然顯得很簡單。簡單的人衆，簡單的手續，簡單的動作，匆匆來又匆匆去。再映襯著四周嘉樹芳草，美麗的石碑，鮮花和十字架，整個墓園風景，正是好萊塢大導演們用慣了的手法——一片極簡捷而有力的鏡頭。

然而，這一切又並不太簡單。因爲，這究竟是一千九百五十年十月七日，這是一個眞正的最後的「再會日」。從這一日起，我們與死者留在地面的一切整體形象將永遠訣別。

走進這座紅色禮拜堂，在它後面，有一個巨大火葬爐，由灰色混凝耐火磚砌成。爐內即熊熊燃燒著火光。現在，鋼條爐架正在等待它的新的餵飼品。

小弟弟小妹妹想進來看，被他（她）們父親阻止了。

家族代表一場簡短的致詞開始了。趙老伯只說了短短幾句話。他微笑著對大家道：「這是她的福氣。有這麼多人來送她。這眞正是她的福氣。……」

他這算是爲死者祝福，也算是向大家致謝。

大表妹在一邊道：「眞不容易！所有至親，差不多都到齊了。」

一個輕便的活動的黑色靈柩，從大汽車上抬下來。無華的軀體出現在舁架上，她的面部覆罩著一大塊白色殮布。

殮布才一揭開，一看見女兒屍身，趙老伯立刻大哭起來，涕泗橫流，泣不成聲。他這樣一副驚心動魄的臉色，神情，我從未見過。這位不平凡的慈父，他一整個早晨所以保持安閑，他所以戴深墨鏡，出殯儀館時，他所以發脾氣，現在，算是把他內心秘密全部暴露了。

慘不忍睹的是靜芳伯母。一看見靈柩從汽車上抬下來，她就嚎啕痛哭。白色殮布一揭開，她就大哭著衝過去，在無華身上異常貪婪的摸著，捏著，幾乎摸遍捏遍全身，正像平日在醫院裡摸摸她，捏捏她，慰撫她一樣。——眞慘啊！做母親的這些顫抖著蠕動著的手指！

「啊！她全身還是軟軟的。等等會不會醒來呀！會不會醒來呀！」她哭著問大家？

趙老伯一面淚水滂沱，一面把痛哭的老妻拉開。

我們都哭了。可以說所有在場的人，沒有一雙眼睛不潮濕。

在人們哭聲環繞中，無華依舊靜靜躺在舁架上，她的臉孔和昨天下午一樣，一點沒有變。但她身上的藍緞子旗袍沒有了，腳上黑緞鞋也脫去了。她穿一套白色內衫內褲，就像剛從醫院臨終病床上抬上舁架時似的。她這副打扮，有點像京劇裡的花旦，使我說不出的痛心。我想，當她就要徹底離開這個世界，給人最後一瞥時，爲什麼不給予她一套鮮麗服裝呢？這樣一身粗率的裝束，對死者在天的靈魂將是怎樣一個傷害啊！

我一面流淚，一面緊張的望著她。現在，我再不感到她雙頰深深的血紅色胭脂的刺目，更不感到她的苧麻式的黑髮的不雅，相反的，它們像是一片血紅的火燄，一片青黑色的火燄，照亮我心頭對她的全部記憶。在我眼裡，她現在再不是死者，而是一個燃燒著熊熊生命火燄的活人。啊！她的雙頰是怎樣火紅啊！她眞如一輪將沉落的太陽一樣，強烈的照射著我們。

可是，天！就在幾尺以外，磚爐裡已在閃著紅色火光，一股巨大的熱氣撲上我的臉孔，在薰炙我們的皮膚。我面前這個生命火燄。馬上就要送到另一片火燄中去。而她也必須回到火燄中去。一切再也無法挽回了。

工人們把這個熟睡的少女抬進去。才一搬抬，這個少女立刻暴露出一切可怖內幕。啊！她並不是在熟睡，她已經眞正離開了這個世界，離開了她所有親愛的人。因爲，搬動時，她的軀體已變成一具肌肉機械，顯得有點僵直，不再有伸縮性，像一塊木頭，完全聽人擺佈了。

「砰」然一聲，禮拜堂那扇黑色側門關上了。

就這樣，這個生前如此美麗的廿六歲少女，被放在一塊鋼板上，投入攝氏二千度的烈火中，被GAS的瘋狂火燄所吞噬。

我們回到充滿陽光的草地上。

靜芳伯母在嚎哭。趙老伯在流淚，擤鼻涕。其他幾個女眷也淚汪汪的。我卻走開去，獨自隱在樹叢中，站在一塊墓石邊痛哭。

當我回來時，有好一會，我還聽見靜芳伯母的聲音。她一面流淚，一面仍在重複說著三天來重複了好些遍的話：

「她全身還是軟軟的，她會不會再醒過來啊？」

管屍人，一個臉色蒼白的漢子，像老師教小學生公民常識似地，安安靜靜的告訴這位慈母：

「她是長久生病死的。已經死了三天，不會再醒來了。」

「也奇怪！這兩天，氣候很熱，我們一點沒有給她打防腐針，但直到現在，她身上竟一點氣味也沒有，樣子一點也沒有改變。這樣的事，多年來我們從沒有見過，眞是奇事。」

這幾句話，是不是他對死者家屬的口頭禪，有意想安慰她們呢，還是他的老老實實眞心話？

不管怎樣，在這個時候，這仍是我們最愛聽的話，在無可安慰之中，給予我們不少安慰。

正是經他這一提，我這才想起，確確實實，無論是昨天下午，或是今天上午，無華身上，的確沒有發散一丁一點死的氣味，或表現一種死的可怖形象。

任何死的形象，只是別人強加給她的。她只不過在作一場熟睡罷了。

站在金色陽光中，趙老伯仍不時流淚，接著，他向大家一一握手，道謝。

大家離開火葬場側門附近，走到它的後門，趙老夫婦和無塵走進去，看放著骨灰瓶的架子。他們出來不久，從這座紅色建築的高高烟囱內，一縷縷黑烟突然飄升起來。大學教授的二叔，似乎還弄不清這片黑烟的來歷，感到詫異。

趙老伯告訴這位二弟：

「這是火葬開始了。」說著，他又老淚橫流了。

一縷縷黑烟不斷從烟囪裡飄出來，越飄越多，越稠密，漸漸的，又開始轉爲淺灰色。我知道，無華的軀體已正式開始上昇，她從創造主創造出來的人間形態，又返回大自然的原始形態——那些化學元素。我的眼淚泉湧出來。我抬著頭，淚水模糊的，望著這一片片黑烟，簡直望得發痴了。情人們常說：「讓我化成一片烟，一堆灰！」這一次是眞正應驗了。

一些女眷們仍站在後門口，談著無華的病和死，她們似乎沒有注意到空中裊散的黑烟。是應該走的時候了。我對趙老伯說：

「你們先走一步，讓我獨自留在這裡。我等一會走。」

大家都走了，我獨自立著。抬起頭，痴痴凝望教堂屋頂上飄散的黑烟，讓淚水不斷沖洗我。接著，我向墓地長長草叢中走去，一面走，一面哭。最後，我實在忍不住了，竟坐在一方墓石上，嚎哭起來。三天來，我不能撫屍痛哭，現在，讓我守著這片黑烟——無華的空中屍身，獨自痛哭一場吧！

我本想守住這片烟霧，直到它最後烟消火滅時，這也算是我對無華遺體的最後陪伴。然而，還有五個鐘頭，要到下午四時，火葬爐才能把骨灰全部燒透，燒酥，變成最後一小塊骨灰。漸漸的，我感到身體再也支持不住了，隨時會倒下來。現在，我就是坐在墓石上，也還是搖搖欲墜。三天來的悲痛早已把我壓扁了，而四周現在並無人照顧我。

臨去前，我忍不住又走進教堂，想看看骨灰缽儲藏室，也就是無華的臨時墓地。

經過火葬爐附近時，只聽得一片巨大的「嘶！嘶！嘶！……」聲，彷彿撕裂一片片綢子似地。一陣陣濃烈的焦味不斷衝出來，頭著一片片火舌的紅光，兩個火伕正靠近爐子，在安閑吸烟。我流著眼淚，迅速衝過去，偷偷隨一個工友走進儲灰室。這是禮拜堂右邊的一個側室，一個長長的狹窄的小房間。

在骨灰架子上，是一排排的骨灰缽，有玻璃缽，桐木缽，白色缽，棕色缽。缽邊供著死者的遺照。無華的骨灰缽，是在室右靠左的第二格架子上，在她棕色的骨灰缽上，供著她幾年前的一幀小影。這張照片，我在杭州見過，那是她國民身分證上的相片：長長的眉毛，秀慧的眼睛，豐腴的美麗的臉，……。

我噙著眼淚，對她呆呆望了一會。

「別了！我的華！別了！我的華！……別了！我的華！……」

又一次我站在草地上，抬起頭，流著眼淚，仰望天宇。烟囪裡冒出來的黑烟，越來越多了，一縷縷的，一陣陣的，一片片的，升上藍色天穹。在橘金色陽光中，這一裊裊的黑烟，像一捲捲黑霧一樣，衝向天空。一個聲音在我心中不斷響著：「我的華昇天了！」我一次又一次的，在內心爲她祝福，祝她靜靜在天上永恒安息。

我怔怔望著，望著。這一串串黑色烟霧不斷飄著，飄著，飄著，飄著，飄著，……。

哦！煙，煙……煙……

沒有人能估計以後三個星期我在上海的眞實感受。

更沒有人能估計以後一年我在這個世界所遭受的一切，以及無華之死對我一生所造成的鉅大影響。

第五帖 秋

是金風蕭瑟的深秋，落葉滿庭，百草漸凋。一個下午，我又出現在我的杭州書樓上。我踟躕的望著塵封的書架，結了稀疏蛛絲的紗窗，微微飄動著的白紗窗帘。終於，我的眼睛，緩緩的落在那幅蒙娜·麗莎畫像上，她也正在靜靜的，深入的凝視我，似帶了一份淡淡的惆悵。慢慢的，我走到窗前，我聽見我的腳步聲，低低響在樓板上，響在四周透明的空虛中，激起一串不透明的空虛迴聲。我輕輕撩開窗帷，抬起沉重的頭，遠遠的，在湖面上，遊艇寥落，白堤上很少行人。沿湖的法國梧桐，滿樹已掛起枯乾黃葉，不時發出窸窣嘆息。我的心凝縮了。我垂下頭，隱隱的，我聽見朵麗（註二）在廊廡上，寂寞的走動著。我側耳傾聽：樓下客廳隔壁那只神秘房間裡（註三），卻一點聲息沒有。那些黑紫色的長長窗帘，那些靜靜的綠紗窗，那些黑色活葉板書架，那些花瓶，菩薩頭像，花香，維他命B1的香味，那些「馬佐加」與小夜曲，以及透明玻璃窗的銀灰色雲光，似乎都沉睡了，深深的，沉睡在一片永恒靜穆中，我諦聽著。突然，我跌落在我的椅子上。我閉上眼，兩肘支撐書桌，雙手捧著頭，陷入一片巨大沉思中。於是，一個又美麗又沉痛又巨大的夢境，像一陣陣潮水，不斷湧上我記憶的海堤，它們又像燈光，像水中倒影，不斷在我四周晃著，閃爍著，浮動著，……

一片淚水，又一次出現在我臉上。

【附註】

註一 二叔是趙漢生之弟趙松青，復旦大學教授，從不理髮，洗澡，換衣。頭髮長如道士，一件長衫，充滿油漬，模樣極怪。

註二 朵麗是趙無極留下來的一條狼狗。

註三 這個房間，無華曾睡過近三個月。

第六帖 一封寄給天堂的信

華：

每當我寫這個字時，就像彈一個黑色琴鍵，一片又幸福又寧靜的樂聲，泉水樣的湧顯在四周。一遍又一遍的，我輕輕唸著你的名字，彷彿三十年前那個月夜，我在花園裡，庭院中，到處找你、喚你，而你卻悄悄把自己全身隱藏在廊廡長沙發深處。後來，我貼著你的耳螺，低低告訴你，電影「茶花女」的一個最美鏡頭：扮阿芒的羅勃泰勒，從巴黎趕回布爾吉窪別墅，在月光閃爍的花園裡，在半明半暗的室內，遍覓茶花女（葛麗特・嘉寶飾），也是不斷找著，一聲聲喚著：「瑪格麗特！——瑪格麗特！……」但答覆他的，卻是一大片空間靜寂。

現在，我輕輕喚你，所得到的迴聲，也和當年阿芒一樣。

二十七年了！你在天上，我在地上。

將近十年，我沒有聽到西方古典音樂了。最近，它們才又偶然開始響在我的耳畔。這是一個清晨，我拉開全部藍色塑料窗帷，讓我的寢室籠罩一片青島海水的色調。當我聽見電台報告將播送蕭邦C大調「瑪佐加」時，一片靈感突然捉住我，我決定寫一封永無收件人地址的信給你。因爲，我記得，二十年前我給你寫最後一函時，也是在這樣的清晨，一面聽「瑪佐加」，一面寫的。而這一組鋼琴曲，那時候是我倆最愛享受的樂曲之一。眞是巧合，當年蕭邦與喬治・桑在瑪佐加小島度蜜月時，傳說他是坐在她膝下地氈上，寫成這些可愛舞曲的。那時的葛嶺山麓，也正扮演著我倆的東方瑪佐加島的空間角色——雖然我們是過著絕對純潔的精粹的靈的蜜月。

我傾聽著，在這片比聖水還純潔的鋼琴聲中，飄動著你長長的黑色鬈髮，你的高高的胴體，你低低的溫柔的聲音，以及你寢室內長長的紫色格子窗帷，黑色書架上那些景德鎮磁瓶的藍色，瓶中新鮮的康乃馨的紅色，我彷彿依舊坐在那間大客廳的紗窗畔，輕輕在紙上揮筆，……

華！沒有一滴有關你的記憶，我不像供養鮮緻的蒼蘭一樣（這是你最愛的花）用淨水與陽光滋潤它，用清新的空氣營養它。當我最寂寞時，它是我豐富的音樂。當我靈魂最空虛時，它是山谷底滿滿的澗水。當我最疲倦時，它是恢復我生命活力的天上太陽燈。當我最失望時，它是我樹枝上充滿希望的小鳥歌聲。

在我情感生活中，再沒有什麼比你的形像更具恆久性了。你每一眼色、每一炷笑、每一瓣音籟，是我白晝的日光、黑夜的月光、春天的雨水、夏季的涼風、秋天的藍天、冬季的霜雪，隨著地球旋轉而變化，但萬變不離其宗的是：我們永生的愛情！

「親愛的！」讓我再這樣低低喚你一次吧！二十年來，你在天上是怎樣度過的？我相信，仁慈的主會把你收在那些天使中間，過著最神秘也最瑰麗的生活。我這支人間的筆，任何一行有關它們的描畫，都是褻瀆。我不想摹繪了。至於我在大地上的生活，這二十七年，遠比當年你所想像的離奇、複雜、豐富、艱苦。虧得你沒有和我長相伴，否則，你那顆鮮花似的嬌嫩心靈，怎禁得起這些年的暴風驟雨？驚濤駭浪？那個澄靜的秋天上午，你悄悄走了，正是時候。

此刻，我的年齡大得有點可怕了。可是，這個早晨，我還能向你寫這樣一封永不投遞的信，這就說明：你對我的情感奉獻，給予我怎樣一種巨大的生命活力，使我在接近垂暮之年，或多或少依舊能保持一點二十七年前與你在一起時的情愫。這種情愫，我將永遠保留著，培養著，用來永恆回憶你、膜拜你。可能，不久我將通過你親戚的幫助，複製你的一二幀照片（我手頭有關你的相片都失去了），放大了，懸掛在壁上，讓它陪伴我，直到我生命的最後一口呼吸。

暫別了！親愛的！祝福你永遠與主同在（註）

希望有一天，我們能在天上「再相會」，就像你的追悼會中，我們大家最後合唱的那首聖歌一樣：「再相會！再相會！……」

寧　一九七七年八月下旬於杭州

【附　註】

註　華臨終前受洗禮，正式皈依基督教。

跋——黑玫瑰之憶

若干年前，美國植物學家包斑克培植成功黑玫瑰，一時轟動，不僅植物學界，連整個社會亦作爲時髦話題。上流階層的豪華宴會或舞會，紳士的雪白襯衫，或淑女們的銀色夜禮服前襟，如簪插一朵黑玫瑰，那不只是人類歷史創世紀的裝飾，黑白分明，也實在美極了，足以一新審美感官的耳目。難怪金童玉女們全趨之若鶩。

不過，玫瑰一向多以鮮紅霸佔生命視覺，西方且喜作愛情象徵，可算「象徵花」，是「愛情」代名詞或符號，也彰顯了大吉大利的抒情。黑玫瑰雖屬「創世紀」，卻變成上述抒情的負面。紅玫瑰若是「玫瑰的白晝」，則它將扮演「玫瑰的黑夜」或「黑夜型的玫瑰」，或「黑暗的玫瑰」。

我用「黑玫瑰之憶」作「抒情煙雲」跋，不言可喻，讀者自會瞭然其內蘊意涵。眞正，在西湖畔葛嶺山麓，（葛嶺本是葛仙號翁丹處，旁有初陽台，）我和無華雖享受過一段活神仙時辰，到頭來，這整個一闋抒情音詩，仍是一朵黑玫瑰。

無華升天後數年，我寫過好幾首詩詞悼念她。兩首「西江月」附於「跋」後，一首七絕卻是：

「憶曾長夏共廝磨。星斗滿庭廊下坐。夜靜微聞耳畔語。流螢輕掠鬢邊過。」

但這些詩詞，並不能寫出我對她的懷念之萬一。

每年（陽曆）五月，正是她和她娘來葛嶺我家時分，「槐蔭又綠茜紗」（指窗紗），那一波又一波夏季新綠，就衝激起我的無限記憶。我心頭忍不住酸酸的，幾乎再不忍看這一叢叢綠。因爲，綠色氣氛中有她的聲音、眉眼。

甚至四十四年後的今天，我寫到這裡，心頭仍有點酸酸的。

我不禁想起英國最偉大的情聖大詩人白朗寧（是我「封」他「情聖」），八十歲時，所撰最後一首名詩（可算他絕筆），就直抒胸臆，斷定世界上一切又一切，全比不上少女一吻更可珍貴。（註一）

在人類歷史上，愛情爲我們譜出幾近恆河沙數的悲喜劇，和各式各樣光怪陸離的戲劇。爲了愛情，有些歷史大人物，甚至在國運與愛運之間選擇後者，寧招致亡國，而不願失所愛，如羅馬大將安東尼與清代吳三桂。英國溫莎公爵更爲了愛情放棄皇位。我們縱揮億萬支彩筆，恐也不能道盡愛情的魔力，神秘，變幻萬端。

而我自己，也爲了這朵黑玫瑰，幾乎付出三十三年沉入深淵的代價。因爲，一九五○是關鍵性的一年，當時我還有可能設法逃離紅色大陸。但無華出現了，逼我暫時放棄出走計劃，這就造成此後長期沒頂苦海。

不過，我並不後悔。畢竟我算相當深刻的和維納斯女神擁抱過了。

回憶當年那一幕，那不像人間生活，而是天天在化日下製夢、造夢。我們幾乎日日是夢中人。

世間儘有多少美麗的愛情故事，但像我們那樣，幾乎以分秒爲單位，計算愛情，到底還不太多。

到了後來，她一見我讀書、閱報、寫字，竟噘嘴，不太高興。她寧願我百事不作，守在她身旁，陪她閒談，或爲她讀書，甚至雙方沉默，你看我，看你，乾瞪眼個十幾分鐘，也無妨。

她迫切的需要我整個生命。受她傳染，我也學她樣。

我們的微妙抒情幕景，我只舉一例。

半夜，我常想她。有一夜，忽起大風，驚醒了我。我躡手躡腳下樓，輕輕喚醒保母李媽的媳婦，囑她輕輕到隔室看所有窗牖是否關緊？若有未關的，她應悄悄關嚴，以防大風吹入，叫無華著涼。我又囑她，手腳要輕，千萬別驚動無華。她果悄悄照我話做了。翌晨，早餐桌上，無華竟不斷瞅著我微笑。我故裝不懂。她終於憋不住了，微笑著輕輕道：「謝謝你昨夜下樓。」我卻有意岔開話題，只低低道了一句：「哦，這沒有什麼。」

正是這類「盡在不言中」的種種體貼，這個從小心高氣傲才華超群的少女，才和我溶爲一片。

一個人愛一個人太深，會出現奇蹟。無華升天後，我補寫當時日記近六十日。眞怪，事隔最長達五月，最短也有三月，但那時每天她的髮式，所著旗袍、衣衫，我全記得清清楚楚，更不用說是事蹟言談了。同樣，十月一整月，我去醫院看護她，後來補記，每日種種，毫釐不爽。

我所寫全部草稿，原有三十餘萬字。文革期損失約十萬左右，尚餘廿幾萬字。因種種原因，一直未正式成書。此處「抒情煙雲」，僅截取部分草稿，幾未修飾，就發表付印了。我原來想，無華是個古典東方型的少女，我絕不能用寫「塔裡的女人」或「海艷」那一路筆調描繪她。大約我只能採川端康成「雪國」風格，淡淡的、極含蓄的，畫她。而且，最好分成許多小節，每節不超千字，言簡意賅，筆觸越精緻越好。這樣，或許文藝氣息較濃。但這並不容易寫，而且也需要特殊心態、情緒、意識。於是便一直拖下來。

不過，古典名作「影梅庵憶語」也好，沈三白的「浮生六記」也好，其可貴處乃在事實坦率，並不全在文采，雖說二書文采足以彰顯其迷人史實。「抒情煙雲」絕不敢高攀古人，但多少也坦敘一些足可回味的史實，也算聊以解嘲了。

現代文人所寫這類書不算多。最著名的自推徐志摩的「愛眉小札」。這位名詩人的戀愛事蹟喧騰衆口，「小札」也很可愛。但一代美人陸小曼婚後表現並不理想，令詩人很痛苦（胡適之甚至勸徐離婚），這就相當傷害了「小札」給讀者的美感。可知名詩人的愛情往往一波三礫，內幕常不單純。

白朗寧與巴勒特夫婦的幸福婚姻，我一直奉爲古今中外一切愛情典範。那不只是奇蹟，也是靈的聖愛最高峰。他眞如廿世紀大情人鄧肯所說：愛情是靈魂看透生命不朽的美時所表現的詩（註二）。我爲無華唸書唸詩時，最愛讀「閨怨」。此劇取材白氏夫婦相戀事蹟，編爲五幕舞台劇，曾在重慶公演。後來我借到許幸之中譯本，便把白、巴愛情對話全部用毛筆抄在本子上，不時誦讀，愛不忍釋，有一個時候，差點全能背誦。

長長廊廡上，不斷襲來牆沿紫藤花與薔薇花的鮮氣。天朗雲清，滿院花樹綠葉扶疏，濃濃綠意直透我們眉梢。無華斜斜的半躺在一隻肉桂色沙發裡，我坐在她膝下小小竹椅上，爲她朗誦「閨怨」。女詩人巴勒特那些火燄語言，那些纏綿極致的獨白，她聽得入迷，我也唸得入迷。她完全明白，我此刻正扮白，她在演巴。一上午過去了，兩人眞是又痴又醉。……

這是一些純詩的時辰，眞如柏拉圖所說，我們在用生活寫詩。

不再說這些了，說也說不清，說不完。

何況越說越心酸。

我寧願借清朝大詞人納蘭性德一首名詞，來刻畫我此時心境。

「濕雲全壓數峰低，影凄迷，望中疑。非霧非煙神女欲來時。若問生涯原是夢，除夢裏，沒人知。」

到臺灣後，十二年來，我出版了不少書。當年杜甫「每飯不忘君」，我這個尋常作家，卻每文幾不忘「時代」、民族正義、對國家社會的關懷等等。這本書其餘數卷確實洋溢時代色彩，然而，請讀者原諒，此跋我卻不想再對它們有所置喙了。

英國名作家福斯特，說過幾句石破天驚的話。他說：「在某些時刻，我覺得友誼比國家更重要。」

就我來說，爲了一段不太尋常的友誼，這朵爲了我這朵黑玫瑰，至少，寫此文時，我覺得對無華的記憶——對這朵黑玫瑰的回憶，要比「時代」、「民族」之類更重要。

再一次請原諒：一生中，這是我對「時代」唯一的一次失禮。

【附　註】

註一　大意如此，手頭無原詩。

註二　大意如此，手頭無「鄧肯自傳」。

附錄(一)憶華

西江月二闋

——憶亡友無華

燈暗梅來弄影，月明人去樓空，閒階小立醉朦朧，欲語夜深誰共？　簾捲東風春瘦，桐生涼露秋濃，多情自古悔情鍾，流水去帆一夢。

又

小別十年一瞬，槐蔭又綠茜紗，山明水媚燕痕斜，忍憶憑舷共話？　天上人間遙隔，春花秋月朦朧，更從何處覓芳蹤？惆悵南柯一夢。

蕚紅二闋

——憶華

夢迢迢，記湖心共楫，濃柳漾千條。清浪描圓，游鱗弄影，山意青透眉梢。舞羅袖，佯遮粉靨；槳起處，波影蕩虹綃；淺笑微嚬，似嗔還喜，無限春嬌。　今日綠波依舊。只榆錢落盡，寂寞瓊簫。飛絮黏堤，墜英滿徑，鞏音愁過長橋。甚惆悵，娥鬟秀色，竟長臥黃坏聽荒梟，蔓草殘烟漸沒，秋夜寥寥。

又

動春韶，正櫻花時節，紅意透蟬綃。粉蝶穿叢，黃蜂弄蕊，歌扇輕掩蠻腰。泛湖艇，微波皺碧；風過處，絲柳拂眉梢；細數紅鱗，佯敲銀槳，緩度虹橋。　今日花開依舊。只平蕪寂寞，雨溼芳梢。隱霧遙山，籠烟弱水，低迴何處吹簫？驀回首，重樓密誓，竟閒隨春夢逐秋潮。日暮凭欄欲倦，幾處舟搖。

附錄㈡「風雨故人情」片段

引子

我所以加這篇「附錄」，摘舊作「風雨故人情」片斷，主要是讓讀者明白當年我和趙無極確曾有過一段深厚的友誼，這以後，趙家才和我交好，也引起無華對我的好感。

「好一個現代阿波羅！」

一九四七年九月，一個下午，西湖所特有的秋天寧靜而美的氣氛，花一樣的開遍水上、山間、林中。正是這種誘惑性的氣氛，在離西湖不很遠的一座大畫室裏，我發現一個穿綠襯衫的青年，兀坐靠窗黑色桌子上。眞怪，他竟和四周氣氛一樣具有誘惑性。我便仔細端詳他。他有一尊魁梧的身軀，一頭烏黑而茂密的髮，一副豐闊的臉，微褐透紅，血色鮮麗，一雙閃亮的大眼睛，眞似兩顆晶光寶石。最動人的，是唇上兩撇八字小鬍，神氣極了。而超於一切的，是他臉上那派逼人的鮮活氣象，與無邪神情，那彷彿是一片大自然的原始精氣，毫未受紅塵污染，也可說是一種最純粹的宇宙生命的太初氣氛，與四周美麗氣氛正好溶成一片。

「啊！好一個現代阿波羅！」

我不禁暗暗喝采。

他眞正活似那尊希臘日神雕像的再生。一點不假，有生以來第一次，我發現一個眞正美男子。一個天使風格的青年。

「這位是趙無極先生。」

我聽見主人林風眠的愉快聲音。

「我早就聽林先生談起你了。我們本想來看你，聽說你住在尼姑庵裏。」

我們全笑起來。他們大約覺得，我既不像尼姑，也不像和尙吧！那天我穿一套米白色毛料中式長袍，每一個中式鈕扣幾乎有蠶豆大，整個形象是很突出的。

這位阿波羅，登時邀請我下星期六到他家晚餐。我們可謂一見如故。

兩年多以後，他的大妹趙無華告訴我，她特意保存了無極第一封談起我的家書。信上開頭大約是這樣：

「爸爸，媽媽：我向你們介紹無名氏。他的書全是暢銷書。他的版稅每月收入很多，他比我們闊（註一），他能在樓外樓請我們吃一桌酒席，我們請不起。在目前中國作家中，他恐怕是唯一能在樓外樓請酒席的人了。他很佩服林先生和我的畫，說我們都是天才。我們說，畫畫我們沒有天才，我們倒有大吃大喝的天才。那天在樓外樓我們吃得很多很多。……」

從這封信上，可以看出當時我們交往的輕鬆調子。

一九四六年四月十三日，我由上海遷居杭州慧心庵。爲了貪圖佛門清靜，可以息交絕游，斷除酬酢，好潛心寫作，我不惜茹素，過著苦行僧的生活，幾乎不與任何人來往。但那天初識無極，回到庵中後，我腦海裏，卻不斷湧現這位阿波羅的光輝形象、風神。正如這年夏天，第一次觀賞林風眠大批新畫後，記憶裏充滿了他那些新鮮線條，顏色與構圖一樣。大凡創造性的深刻人物，正與創造性的深刻藝術相似，總給人一種催眠性的魔力。儘管我對這位年輕人一無所知。但他給我的印象如此異樣，使我難忘。我想分析這種魔力，很快的，我就發現，它寧是一種異乎尋常的美感。更快的，我又作出結論：這種美並不僅是一種形體美，更重要的是，在他性靈內層，有一種非常豐富的透明元素，使他整個人如一片瑰美的發光體，令我不由而然的聯想起阿波羅。唯一稍稍不調和的、是那兩撇八字小鬍。後來他向我解釋，他太年輕，不留鬍子，在課堂裏壓不住學生。

我的結論終究並不太離譜。以後，這種亮晶晶的透明元素，很快就表現在他的友誼中，他的生活風格上，有時也表現在他的某些畫幅上。

伊甸園式的無邪鏡頭

要證實這種水晶味的透明風格並不難。

舉一個例。

某星期日。我如約赴林風眠家。我去時，林氏父女，他後來的女婿奧國籍馬國維（註二），無極夫婦，全聚集在門口亭子形樓台上。這一天，無極妻子穿一件大紅上衣，臉龐紅撲撲的，神采煥發。我一走上樓，忍不住讚美道：

「蘭蘭，妳今天神采眞是美極了，活像一朵鮮艷的玫瑰花。」

「ＢＯＯＫＩ（註三），你既然讚美蘭蘭像花一樣的美，那就吻她一下吧！」無極呵呵笑著道。

我幾乎嚇了一跳，臉孔紅起來。「你眞會開玩笑。」

蘭蘭圓臉更紅撲撲了，倒並不羞澀，態度是大大方方。

「這有什麼關係，你是吻一朵玫瑰嘛！」無極仍然笑著慫恿我。

林先生與馬國維也大笑。林蒂娜卻臉色緋紅了。

馬國維大笑著鼓勵我：「ＢＯＯＫＩ，拿出勇氣來！走過去！這有什麼關係。」

我只得笑著逃到畫室裏。

這不過是一個鏡頭。這種伊甸園式的無邪鏡頭，多得很。這一切，活畫出無極的透明性格——他那比羔羊更純厚的心靈。

以後交往中，這一段日子，是我畢生極可珍貴的歲月。林風眠後來常對我說，他平生最愉快的時辰，是他與無極在杭州來往的這段時期。眞的，凡是能成爲兩人密友的人，誰都會享受到他們出奇的誠懇、多情，與純粹、無邪。無極說，在認識我以前，「我與林先生兩個和誰也不來往。僅僅我們兩家彼此來往。」不折不扣，我們的性靈沉沒在伊甸園境界中。

對我這位尼庵青僧說來，每一個星期六下午，都是一個誘惑。因爲，我知道，我的朋友們在等我，而他們的熱情、慇懃，客廳、畫室與花園，對照著我四周佛像與鐘鼓木魚，當然是一種豐富的紅塵享受。不過，說是紅塵，嚴格講來，也大有出入。因爲，我們的歡樂，其實是相當超凡脫俗的。這個時期，我們三人全有所謂「抱負」。他們兩個都有志於綜合、溶化、溝通東西美術，另創一番局面，我則想在文學上探索新境。這樣，在一起時，我們就不禁大做白日夢。有一次，林自嘲我們三個全是「白日夢想家」。蘭蘭更笑著道：「你們三個，只要在一起，談著談著，漸漸的，就做夢了，自以爲了不起了！」但當時我卻一直堅持，他們兩個將來終必輝耀於美術史上，而我的夢倒難說。於是他們兩個就戲稱我是他們的啦啦隊長。

「讀好人」可能比「讀好書」更重要

就這樣，我們談繪畫、談雕塑、談音樂、談文學、哲學及其他。不過，我卻克制自己，少談文學，多聽他們談美術。如果我對繪畫還有一點極起碼的欣賞力，多半得之於他們這時的啓發。也許，給我更多啓示的，是他們的人品與性靈，無形中滲入我的靈魂。正如其他幾個摯友，他們也是影響我的精神結構的重要生命元素之一。我一直認爲，我們不僅應該讀書、讀畫，也要「讀人」。「讀好人」可能比「讀好書」更重要。

這個時候，我們放浪形骸，擺脫人世一切習俗鎖鏈，可舉一件細事爲例。這年冬天，林公過四十七歲小生日，我們從周六晚間吃起，直吃到周一。先是我作東，替他「暖壽」，繼而趙請客，又替他「暖壽」，終於林排小小壽宴，亦莊亦諧，足足鬧了兩天半。唱歌、彈琴、聽音樂，講故事、說笑話，偶爾也跳舞，更多是討論各種藝術問題，間夾著大開玩笑，眞不知開了多少玩笑。

最大玩笑，是林公下列壯語。他笑呵呵說：

「你相信嗎？年輕時在國外，我玩過各種膚色的女人。白種人、黃種人、黑種人、紅種人，甚至越南女人！年輕人嘛！就是這個樣子。」

我當時倒嚇了一跳，但其他室內男女，滿不在乎，只是吃吃大笑，僅林蒂娜紅了臉，用手指著林。

「這個，爸爸！不要說了。眞是！」

坦率即眞。即純粹。

我們眞正是恣意沉醉在天地間最純粹的「人性風景」中。

這年冬天，十年來第一次，林風眠在上海舉行大型個展，我特地赴滬主持宣傳，並與新聞界連絡，組織並發表了一些新聞與文章。我那篇長文「東方文藝復興的先驅者——林風眠」，就是此時摘要刊登申報，後輯入「沉思試驗」。這次展覽很成功，賣了不少畫。開幕時，法國藝術家戴士樂女士光臨法國學校展覽大廳，就林畫作講演。不久，無極也在大新公司開畫展，作爲出國前臨別紀念。我一時抽不出時間去上海，僅爲他組織並發表了幾篇文章，並託新聞界親戚替他聯繫各報。我寫了「趙無極——中國油畫界一顆慧星」，載於某報，後亦收入「沉思試驗」。他的展覽是個勝利。中央大學繪畫系老教授李鐵夫，特地帶一批學生從南京來看他的畫，盛讚他所臨摹的文藝復興大師拉斐爾、凡拉斯奎等人名作。由於銀行界老父的名望，他的畫賣得比林公更好。我記得，當時大約是廿一億元左右。

次年一月，有一天，他來尼庵看我，說已作出決定：出國時，把他在葛嶺山麓廿四號的別墅讓我住。這件事，他已與林先生商定了。我幾乎吃了一驚。

「這怎麼行？」接著道。「我也住不起。」

他向我解釋，既非要我買，也不收我租金，只希望我留下他兩個保母及一條狼狗就行，她們也會侍候我。他又說，大小十間房子，連所有室內設備、家具及一切用具，甚至被褥、畫冊、唱片、書籍全歸我用。

這時，我與他相交，實際不過五個月，他這種慷慨，眞是罕見。

我們去看林，他也竭力慫恿我接受無極的好意。

我只能說，我被他的阿波羅式的透明品格征服了。

他勸我提早搬去，大家好在葛嶺歡度幾天。

一月上旬，他全家赴滬，定於二月廿六日與蘭蘭乘船赴巴黎。他希望我能在他行前二周到上海，好與他及另一友好汪濆歡聚十天。可是，爲了趕寫完「海艷」下冊，直至廿四日下午，我才匆匆上火車。當晚去看他，才知他後天即登輪，這時忙得不可開交。我不禁後悔，錯過這可貴的十天。他當時並無責備神色，我只敏感到他的惆悵而已。

在他的代表畫冊扉頁，有一幀他全家在公和祥碼頭的合影，這是啓輪前，他二妹夫攝的。其中三個送行朋友，是汪濆、馮亦代、和我。

他從巴黎不時給我們信，我與林閱後，轉寄南潯徐遲。截至四九年五月，我手頭保存了他十封信左右。我們分享著他在巴黎之戰初捷的愉快。四九年春天，在卅歲以下的四百名青年畫家素描比賽中，他榮膺冠軍。當時蘭蘭哭了。

這以後，他再未和我們魚雁相通。只從他家書中，有時得悉他的捷報。五〇年五月，他大妹來葛嶺，我們相愛著，這段時期，他母親帶來不少他的消息。此年十月，大妹一死，接著「鎮反運動」開始，我連保存他那十封信，也要有些勇氣了，哪敢跟他通訊？

【附　註】

註一　當時幣值不斷貶，物價高漲，一般作家賣文謀生很困難。我因爲作品銷路好，加上是自己出版，所以收入較豐。

註二　馬國維，原名馬科維茨・卡門。平日我們稱他卡門。他是牙醫生，據說是林夫人遠親。他在上海本無國籍，爲解決戶口問題，後來和我商量，把他過繼給我母親做義子，在戶口簿上稱卜國維，平日對外仍叫馬國維。

註三　BOO—KI，這是林、趙給我起的英文名字。因爲無極英文名是WOUKI（那時他拼成VOU—KI）有一次，蘭蘭戲稱我爲BOO—KI，這以後，他們就喊開了。某次，林公對我們笑道：「你們叫我LIN—KI吧！好不好？」但因爲他是前輩，爲了尊敬他，我們極少這樣喊他。

卷三 塔外的女人

第一帖 塔外的喜劇

——吉日花絮補誌

小引

結婚是大事，也是小事。現代西方人，一生可以結二十、三十次婚，甚至近百次婚，對他（她）們來說，婚姻是小事，是芝蔴。但中國人的結婚「功夫」沒有他們深，結婚靈感也不及他們豐富，結婚勇氣更不如他們「膽大包天」，多半一生只「婚」一次。因此，結婚是大事，是西瓜，不是芝蔴。我過去只「婚過一遭」。民國四十三年七月，與前妻劉菁在杭州結婚，按紅朝規定，只到「區人民委員會」登記算數，不須放鞭炮，或鳴奏「結婚進行曲」，或舉行任何儀式。吉日那天，只開一桌，還是幾位女客人親自下廚房，替我燒菜，給我捧場。記得蜜月期間，我和妻子遊靈隱，從家裡自帶一大搪瓷杯小菜，就著幾個乾饅頭充飢，窮得連小館子也上不起，眞是「貧賤夫妻百事哀」。按紅朝毛大王說法，結婚只是革命大浪潮中一撮小泡泡，自然微不足道。有的共產黨員結婚，不僅沒有任何儀式，而且不辦酒席，僅互贈一支鉛筆了事。但入「洞房」時，某新郎忽告失蹤，眞是「踏破鐵鞋無尋處」，倒是某「勞動模範」機伶，說：「讓我去找他。」果然，他悄悄蹓入某工廠某車間，只一「摘」，就把新郎官從牛頭鉋床邊「摘」出來了。原來他立志要創新紀錄，正爭取當下屆「勞動模範」哩！某「勞模」大約也是過來人，這才順手牽羊，手到擒來。閒話休提，且說這回結婚，對我卻是大事，是西瓜，而且是淨重三十斤的河南大瓜。因爲，這是平生第一次「眞正」辦「花好月圓」，而且肯定是我最後一次「百年好合」。五月十九吉日那天情形，電視和各報全已記載。但還有些趣事、趣情、趣思、趣感，尙可補誌一二。所以名「塔外的喜劇」，因「同業公議」（註一），既定名內子爲「塔外的女人」，則大喜這天的種種喜劇，自應稱「塔外的喜劇」也。文字可能諧謔逾分，但大喜之日，百謔不忌，尙乞八方君子海涵。

這次結婚，我的參謀總長是孫起明先生。早在一個月前，他就一再請我服鎮靜劑：

「卜先生，大喜那天，您千萬別緊張，就當沒事。………」

天曉得，「沒事」!?他說得倒輕鬆，單那七個炮仗就夠嗆！

像神父傳授法事儀式，孫總長面不改色，告訴我：

「吉日那天，您得放七次炮竹。第一炮，當您離家、前往新娘家時，在門口放。第二炮，到達她家，也在門口放。第三炮，將新娘接走時放。第四炮，你們雙雙抵達結婚禮堂門口時放。第五炮，是開始進行結婚儀式時。第六炮，是婚宴結束時。第七炮，是新郎新娘回新房時。」

我的上帝，這麼多炮竹，自出娘胎，我也沒放過這麼多。三大問題馬上像炮竹一樣爆開了。第一，買什麼鞭炮？是「衝天響」，還是滿清辮子一串？第二，放多少？是不是要湊雙數，忌單？第三，誰司炮？是不是要我新郎當「炮手」？對不起，那天，「新郎」這齣戲本身已夠我演得人仰馬翻了，再叫我放炮竹，一慌亂，可能「嘭」的一聲「衝天響」，從我褲腳管進去，再由我肚臍邊衝出來，整得我渾身開花，甚至掛紅，那眞叫大辦「紅色喜事」哪！

而且，我哪記得清什麼第一炮、第二炮、……？萬一到了新娘家，「衝天響」竟鴉雀無聲呢？

急了一陣子，結婚前一天，孫總長對我道：

「您別急，您不必放炮，我們大家輪流『擔當』。那天下午，我一直陪您，過半數炮竹我放，最後一炮，要請您弟媳婦『擔當』，在福華飯店門口放，那當口，我忙著要料理雜事，走不開。」孫總長又趕忙塞鎮靜劑藥給我，就差拍我在顫抖的脊背了。

難怪不少善男信女怕結婚，愛做單身貴族，視「家」如「枷」，單單放七次炮竹，也有這麼多招數。

鞭炮一關才過，第二關來了：如何入新娘家門？

讀者須知，敝人新娘家，並非「阿里巴巴四十大盜」中那座石洞，不得其門而入，而是「幾乎」不得其巷而入。

原來她那中華路××巷像改良小腳，雖作現代打扮，小腳依然小腳。那巷子儘管裝飾了大量柏油，仍保持古典的窄小。此巷機密的洩漏，出乎偶然。吉日前兩天，老岳定要會親，請二哥、凡侄吃午飯。與新娘雖交往二年，區區一直遵大陸上海人走後門習俗，罕叩前門。會親這天，小轎車在巷中兜了十幾分鐘，仍不得前門而入，害得二哥叫苦連天。

「你交什麼女朋友！後天都結婚，連她家大門全不認識。」

我倒想回駁：當年愛因斯坦在普靈斯登大學教了許多年書，可是，回家時，常問路人：「愛因斯坦博士家門牌是哪一號？」話到嘴邊，又嚥下去。長兄如父嘛！

終於還是走後門。

侄兒卜凡像麥哲倫發現好望角，悄悄對我道：

「四叔，這條窄巷子，你那輛禮車怕開不進呢！最多只能開兩千西西的。」

我一想，不妙，聶科長爲了體面，特意租賃一輛兩千四百西西的大轎車哪！

「兩千四百西西不行？」

「絕對不行。」侄兒繃了臉。

眞糟！大喜那天，衆賓客在等新郎新娘，新娘也等新郎，我這個新郎費盡孔夫子周遊列國心血，禮車卻不得其巷而入。

越想越緊張，吉日天才亮，就打電話給老岳，上了一通「陳情表」，懇求道：

「禮車走後門，行不行？」

「天下結婚哪有走後門的！」我差點聽見格格笑聲。

趕快給聶科長掛電話，又是一通「陳情表」。

「老兄，今天下午我迎新娘，你總不能叫我禮車老在大街上兜風，不得其巷而入？換二千西西以下的，行不行？」

「二千西西以下的是計程車，天下哪有開計程車迎親、結婚的!?」我差點又聞格格笑聲。

事到如此，我只有扮演地質學家，實地勘探一番。照我侄兒建議，先用米達尺量巷子長度，再量轎車寬度，必要時，先行彩排迎親節目，以免臨時出醜。可是，今天是平生最緊張的一日，還要去忙勘探地形、去彩排，哪有勞什子時間？

又打電話和老岳、聶科長商榷，回答仍是「天下哪有……？」

好不容易求計於孫總長，他神機妙算，居然又通過熱線，送來鎭靜藥。

「您別緊張，兩千四百西西和兩千西西的，車子一樣闊，僅長度不同。您放心，禮車包管「得其巷而入」。」

我差點高喊「孫總長萬歲」！至少，他必須長命百歲！

才樂了十秒鐘，腹部忽掛熱線電話。趕快上一號。又糟了！竟有點瀉肚子。原來大清早不斷忙打電話、接電話，只穿一條短褲叉，肚皮受涼了。

這眞出洋相！在禮堂舉行大典，衆目睽睽下，新郎竟一個勁兒不斷上一號，甚至賴在裡面不出來，明天各報社會版可熱鬧了。

眉頭一皺，計上心來。咱乾脆學甘地，來個絕食。只喝水！果然，午飯時在福華飯店只啃了幾片烤吐司，惹得服務員大詫，迎親時只吃了三塊甜點心，墊肚子。直到衆賓客散去，眞正洞房花燭夜時，我才如狼似虎，狂呑蛋糕。蓋已學二千年前首陽山伯夷叔齊，幾乎餓了一天也。

爲了進一步保證肚子不「造反有理」，每二小時，呑止瀉藥一片。

一向認爲：平生最輕鬆的時刻，莫過於坐在理髮椅上搖頭擺尾時，任滿天愁雲，都隨寸寸青絲飄散於地。更何況大喜這一天乎？十時入周××結婚公司，不料女美容師忽肅然對我道：

「今天只給你做頭髮。」

「怎麼，不理髮，不刮臉，也不洗頭？」

她點點頭。

我不禁有點怒火中燒，卻笑著道：「今天我做新郎，你竟要我像個囚犯，滿臉鬍鬚，頭髮長長短短，洗也不洗？」

好不容易，「據理力爭」，「曉以大義」，才算闖過理髮關。轉首只見正在美容的新娘，嫣然微笑，因爲不需闖關而得意也。

猶憶這家公司曾接洽，想拿我們結婚照片做廣告，張貼各路公車，和那些泳裝廣告照片魚龍相混。我笑著婉拒：

「我在大陸，千方百計，才算逃避了遊鬥。難道投奔自由了，你們還要我日夜二十四小時遊街示衆？」

午後，福華飯店臨時香巢內，到處是人頭。電視台製作人、記者、攝影人員、新聞記者、幫忙的朋友、飯店服務員………。幾片烤土司大約未能供應我充分熱量，腦細胞週轉不靈，一緊張，打扮時，竟找不到那條價值兩千元的紅領帶，只剩下一條白的。吉日豈能繫白領帶？只得臨時又買一條新的。

「卜先生，你新皮鞋上還掛著商標呢！」中央日報記者牛慶福趕快探身摘下，免得人們誤會，我是爲給皮鞋店做廣告才結婚的。

禮車出發迎親前，快三點了，我又飛馳空軍活動中心，簽名簿及禮簿竟還未送來，難不成叫送禮人在禮堂門口罰站一小時？急電小舅子十萬火速送來。一掛上電話，我又衝向福華飯店。

「文革」頭兩年，毛大王只有一個「最親密的戰友」林彪，我這次結婚迎親，卻有三位「最親密的戰友」：孫起明總長、張天鋆少將武官，和牛慶福侍從。前兩位坐後一輛轎車護駕，我和小牛搭第一輛禮車。「起步」時，孫總長那一聲「衝天響」眞是精采，威風！算是「打響了第一炮」（註三）！這可謂「鳴炮喝道」。

在車上，小牛這位「最親密的戰友」，有一搭沒一搭的，向我窮追不已，巴不得我和盤托出全部戀愛經過。他完全不知道，直到此時止，我僅僅啃了三片乾麵包。我只得一面揉著像一隻空大鼓的肚皮，一面在白紙上寫了下面幾行字給他：「今天是我一生中極愉快的日子。……」

啊，上帝！我的空如大鼓的肚皮！

「通！」「通！」又是兩聲「衝天響」！霎時間，火花四濺，紅星飛舞，孫總長眞有兩手！我差點有點不知所云，唱起英國國歌「天佑我王」。因爲，我那兩千四百西西的巨大禮車，居然得其巷而入，而且，堂堂正正，居然停在「敝未來內子」的前門口了。說時遲，那時快，只見我利用老岳款待客人時，如老鷹捉小雞，迅速塞了三塊甜蛋糕到我那隻空大鼓裡，總算讓我體內產生了幾十卡路里的新熱力。

這時，新娘出了個小碴。原來我的戒指大，她手小，套在無名指上，竟滑落、丟失了。正急得要跳腳，伴娘宋姊手明眼快，竟找到了。爲了驗證「禍不單行」古諺，抵禮堂休息室時，她又一次失落，宋姊找到大門口附近才尋到。虧得未遇小偷，否則，大典「交換戒指」這一關通不過了。「敝未來內子」的闖禍本領，眞叫我佩服。

但最叫我佩服得五體投地的是：無論祭祖，或拜別雙親時，她全像一尊彌勒佛，笑嘻嘻的，眼角不掛一滴淚水。她的父母也像兩尊彌勒佛，笑嘻嘻的，不掉一滴眼淚。較之舊時代上花轎時，父母與新娘子呼天搶地，哭個不休，彷彿大出喪；相形之下，「現代化」婚姻眞可算是一瓶「百事可樂」。

「通！」「通！」又是兩聲「衝天響」，新娘踏著紅氈，跨進禮車。路旁觀者如堵。

「通！」「通！」再兩聲「衝天響」，我扶著新娘下車，進入禮堂休息室了。

從這時起，開始緊鑼密鼓。新郎新娘，賽似兩件活動家具，忽而搬出，忽而搬進，幾乎其急如風，其速似電。我倒訓練有素，因爲每日必作一千米跑步，鍛鍊心臟及腿力，絕不怕此時扮演活動家具。但新娘白紗禮服下襬是古代曳地長裙，沒有兩位伴娘伺候裙角，是「行不得也麼哥」。這樣，她扮演活動家具，就如爬高山，遠比我艱苦卓絕了。

很多高齡長者及貴賓駕臨，一小時左右，我們被「搬」進「搬」出數十次。自然，我們被「搬」得愉快！「搬」得幸福！「搬」得光榮！人生難得幾回「搬」？可是，主要招待員之一駱敬伯上校，卻斷然下軍令：

「卜先生，你們不能再出來了！眞要出來，聽我們傳話。休息室門關緊點，不讓人進去。」

他是深謀遠慮，擔心我一大把年紀，被「搬」多了，進行婚禮時，必然中氣不足，突然跌下來，靑蛙一樣匍匐在地上，豈不笑話滿臺灣？

看官須知，到現在止，我們拍照已不下四、五十次。還有些三姑六婆、生熟朋友、故交新知，衝進門來合影。鎂光燈不斷閃，眞是拍得我頭暈眼花。我只得抽空做氣功，閉目養神一、二分鐘也好。我沒忘記，三片乾麵包和三塊甜蛋糕，是不大容易擋得住這場大陣仗的。

六點半，終於舉行大典。在新娘特意選擇的孟特爾遜「結婚進行曲」樂聲中（她嫌華格納那一闋太俗濫了），老岳挽著新娘，走向紅地氈那一端。音樂氣勢磅礴，一座座鮮花門燦爛輝煌，像獻寶似的，他終於把新娘交給我。上帝保佑，從此以後，「她是我的了。」

喜日畢竟要演喜劇，高信譚在台上高嚷：

「新郎新娘相互行禮。一鞠躬！——」

到底未經彩排，又是平生第一遭，兩人挨得太近，忽而對鞠躬，「砰」的一聲，兩顆腦袋對撞，像在練頭功，又像在頭鬥！全場登時轟然大笑。好，大喜日，本該開懷大笑嘛！幸虧兩人頭髮厚，並無痛感，也沒起泡。我們駭得趕緊退後一步。

「二鞠躬！」

好，這次沒練頭功。可是賓客們仍在開心的笑。

臺灣有些報紙，以及美聯社的新聞，全把我們練頭功這一段報導了。

交換戒指時，我渾身施盡吃奶力氣，而又極小心翼翼的，才算迅速從無名指上取下她的小戒指。我知道，絕不能急，越急，越拔不下，賓客們正在等我的第二齣笑劇哩！

輪我致答詞時，我說：

「聲音是銅，文字是銀，沈默是金。春宵一刻值千金。請大家原諒，今夜是我應該扮金子的時刻了。謝謝各位光臨。」

全場又是轟然，掌聲和笑聲。

暫時離開禮堂時，我挽著新娘手臂，又一次穿過紅地氈。她緊緊挾我臂膀，提醒我走慢點，因我平日舉步如飛，她怕我當衆表演三十米短跑。

一號陰影的威脅仍在。進餐時，我只敢吃兩箸素菜，喝了幾口酒，馬上就到各桌敬酒，由文曲星聶科長和武曲星駱上校陪伴。不用說，我們喝的酒是代用品——茶。我樂得顯示海量，一杯杯灌下去。聶、駱二位擋酒員是喝眞酒。孫總長詭計多端，他說：

「假如眞有鬧酒的，纏住你們不放，半路會殺出我這個程咬金，我會替你們解圍。」

上蒼保佑，這一夜，衆位貴賓對無名氏寵愛備至，劇憐敝人花甲之年，娶得小嬌娘不易，全紛紛放我一馬。我得以一帆風順，完成三十餘席敬酒任務。阿門！

八時三刻，咱夫妻倆恭立大門口，如上海城隍廟門口兩尊石翁仲，準備送客。可是，一等也不來，再等也不來。原來大家對這場喜筵氣氛，異常欣賞，戀戀不捨，暫不忍去。而二哥這匹黑馬，又纏著緯國將軍這匹白馬，闖到各桌敬酒、鬧酒，連台好戲，大有可觀，衆人更不想走了。

直至九時半，才突然一陣潮水衝出來，衆賓客排成一條歡樂的長龍，忙得敝夫婦遞香煙糖果不迭。每人笑口大開，像中了彩票頭獎。我在肚裡暗唸阿彌陀佛。

「卜少夫這個人」（註三）又領著大家，左一次右一次合影，彷彿我們幸福得就要集體升天堂，必須辭行人間，告別全人類，不得不多留幾幀玉照。

喜劇寫到這裡，似乎可以吹閉幕哨子了。

可還有尾聲。而且尾聲有三條尾巴。

第一條尾巴。

按孫總長指示，婚禮最後一炮——第七炮，應由我弟媳婦尙雲台司炮。但這時已過夜十時，按福華飯店規定，門口絕對禁止放鞭炮，以免驚擾客人安眠。

「禮車就要來了。我的任務就是放炮。你們不許我放，我怎麼交代？……不行，我非放不可！」

尙雲台拍著雙手大喊，和服務員大吵。她甚至大吼：「警察來抓人，我去坐牢！……我非放炮不可。」

弟媳婦的王熙鳳式的大吼聲，不僅氣衝斗牛，連我們的禮車空間，似乎也飛舞著她的口沫。「衝天炮」不響，我們不能開車門。敝夫婦只得被擱在馬路邊。

大吵約十分鐘，服務員——甚至經理也得了結論——類似阿基米德定理的那種結論，這一炮人命攸關，不許她放，說不定她會跳基隆河。而且讓新郎新娘在馬路邊度洞房花燭第一夜，似乎也太不人道，更不是該飯店待客之道。

「通！」「通！」「衝天炮」終於響了！星光飛濺，紅花亂舞，……硫磺硝煙氣味瀰漫我們轎車內。

第二條尾巴。

花燭洞房內，坐著站著數十人，黑壓壓一大片，卻沒有一個鬧新房。蓋大家全明白；今兒一天，我這個新郎官不是結婚，是在打仗，而且是打核子戰爭，這一會，該讓我這個「老兵」儘早「擺平」了。

第三條尾巴。

但我並沒有馬上「擺平」。客人才散，我立刻從寢室衝入客廳，拿起桌上一盒巧克力雞蛋糕，就狼吞虎嚥，直似風捲落葉。天可憐見，我腹部那一面空大鼓，早就變成原始空谷，等待一聲聲的蛋糕的跫音了！

【附註】

註一　此處所謂「同業」，是某夜我請客，同席皆文人、作家，「公議」定名內子爲「塔外的女人」。

註二　此爲中共報紙文章常用句，係指每次政治運動開鑼戲。

註三　劉紹唐兄編了一本書，名「卜少夫這個人」。

第二帖　塔外的女人

——我的婚姻心路歷程

我的生命牆壁上，一九八二年冬是一幅燃燒的畫；解釋是：時間是一個燃燒季。而十一月——特別十二月，可算燃燒月；那馱著無數沙漠似在運轉的月亮，眞像一場太空火災。

要瞭解這些，請先翻看我的「記憶」帳簿。

此年十一月五日下午二時，浙江省「對臺辦公室主任」初復太請我去。他的談話風格（註一），極富政治藝術性。足足遛了將近三刻鐘的野馬後，他才勒住韁繩，開始向我「暗示」：（請記住，是「暗示」！）我已經被批准赴港探親了。我永忘不了當時他的陰沈臉色，他的聲調變化。他的音籟忽從高亢轉爲輕悠，低低只吐了一句：「你可以走了。」我知道他，他知道我，霎時兩人突然化爲水晶透明體。他完全明白這五個字的重量，我更是。這五個字或許有千鈞重吧！可每個字全是一大團火球。從這時起，大約是兩點五十分左右吧，我似乎自覺變成一名燃燒的人，那些燒汽油自焚者的一員。跟著，天上那一輪大月亮後來彷彿也陪我失火了。

「文革」期間，一位「解放軍」復員失業，憤而渾身澆汽油自焚，像一頭火獸，在杭州最熱鬧的「解放路」狂奔——可謂「火奔」。最後，他痛得受不住，停步巷口，緊抱住一根水泥電線杆，直至昏倒，終止呼吸。

和他相比，這時我正相反。我倒越燒越幸福，越富於生命力。

印度總理甘地夫人遇刺逝世。火葬場搭了一座巨台，高十呎，上置三層檀木堆。夫人遺體抬到柴堆上，兒子拉吉夫繞堆走七圈，再以火把點燃檀木。不過，未舉火前，必須先用尖頭木棒把她的頭顱鑿穿，以便放出她的靈魂，免受火焚。

將近三十年，絕大部分大陸人——包括區區在內，並非天竺人，卻千百倍的遭遇一個印度遺體的命運，幾乎經常有布爾希維克及其戰友們舉起尖頭木棒，意圖鑿穿我們頭顱，好把我們隱藏的靈魂展覽在日光下，以利於紅色政權的穩定。這滋味，真像唐僧對孫行者唸緊箍咒。

在這種壯麗幕景下，明智的人不難理解，這種鑿穿頭顱的工程一日宣告結束，而我就要踏入一個沒有此類尖頭木棒和緊箍咒的世界，從這時起，我如不暫時變成一名燃燒的火獸，才怪！

直到十二月十九日，乘英國三叉戟離開杭州止，那四十四天，我確實在過一種燔熾性的生活。每一個白晝差似著火點。要結束六十四年的大陸生活，處理多如牛毛的大小事務，單那份緊張，就夠燒壞我了。還不說在望的「自由」張開比鯨魚更大的嘴，滿盈誘惑性，巴不得馬上一口把我吞下。而這尾鯨魚其實是火焰魚，時時刻刻在燻炙我。

筧橋飛機場上，二十幾位送行的朋友（其中兩位從上海趕來，另幾位上海朋友則先回去了），好幾個流了淚，但我不敢哭，怕暴露自己內心秘密。

上帝也會寬恕我，不得不對紅色人物最後一次封鎖自己靈魂秘密。

其實我眞想痛哭一場，甚至哭個一天一夜。

五十年代，偶有機會獨坐綠色西湖濱，冥思。那是我唯一的時刻，可以徹底忘卻四周紅色恐怖。面對那一片綠水如煙似霧，我曾幻想，有朝一日，若眞能踏入自由世界——香港，一下火車，寒暄數語，我必對來迎的二哥二嫂和友人聲明：

「請容許我絕對孤獨兩週，不見任何人、不接任何電話。第十五天上午，我來叩你們的門。」

利用這兩星期，我將殫精竭慮，寫一本小冊子，約三、四萬字，淋淋漓漓，渲洩近十年的痛苦情感，濃縮描畫大陸的猙獰景觀。

六十年代文革大混亂，加上自己的年齡壓力，心底怒火稍稍淡化。後來我把上述兩週減爲十天，一本小冊子改成幾篇文章。

這次離開大陸前，考慮到種種新現實會出乎意料，我又自我約束，將十天減爲五日。無論如何，我決心堅持：在一家小旅舍的樓上小房內，自我「關禁閉」五天，寫一篇較長的文章，和一首詩。

不這樣做，我似乎無以對三十三年來的巨大黑暗記憶，更無以謝七千萬殉國難的父老兄弟姊妹們。

可是，十二月二十三日中午，人還在深圳，我的可怕行李群卻招徠了三位救星——香港的年輕朋友。踏入羅湖，前後又出現兩位好友，還不說一位記者，孤軍死守我的首先「投奔自由」的行李，以唐代張巡守睢陽的精神，足足等了一個下午，而未能攝取我的第一個「自由」鏡頭。

一踏上九龍紅磡車站，自由世界城開不夜，奇亮的燈光束，像葡萄炸彈，我的一雙「大陸眼」，差點連眸珠也炸得粉碎，其時眞是一片天旋地轉，乾坤變色，我整個人幾乎靈魂出竅。而二哥二嫂足足緊張了七小時，在車站就鵠候四小時，從上午十一點就爲我忙碌。——這是他們出娘胎以來第一次長等，眞是等得天昏地黑、日月無光。另外還有朋友們和中外記者，全懷著「鴻鵠將至」的心情，靜待我這名從閻浮提東方地獄裡放出來的「鬼魂」（註二）。

斯時斯地，我如正顏厲色，對眼淚汪汪的二哥二嫂和朋友們說：

「請容許我絕對孤獨五天，讓我關在一家旅館的房間內，不見任何人，第六天上午，我來敲你們的門。」

他們準以爲我興奮過度，一時神經失常，會立刻叫急救車，送我進醫院——甚至神經病院。再不，懷疑我和中共早掛了鈎，利用這五天，與香港「共」派人員研商統戰大計哪！……

……

人，首先，到底是感覺的動物、現實的動物。存在——你雙腳必須站立地球上，這就是最生死攸關的現實。其次，才是思惟的，或想像的，或夢幻的動物。當時現實場景既是一陣天倫情感山洪爆發，以及許多社會需要的衝擊，我怎能不聽其席捲而下，把西湖濱的決定拋到九霄雲外？

可以說，這天下午和夜，每一秒全是燔燒的秒。

我直把羅湖通紅磡的列車，稱作駛往天堂「最高的玫瑰」（註三）的列車。

不管怎麼說，這一夜，平生第一次，我把我那在煉獄裡煎熬了多年的肉體，安置於天堂的一張床上了。至少，我的睡眞正有一種天堂感了。爲了這一「感」，我付出三十三年的代價。

很抱歉，所以請你們翻這一頁頁「記憶」帳簿，是想如實招供我當時的精神背景。只有明瞭它，才能洞透我這次婚姻的某些玄機。因爲，正是在這種幕景下，我對晚年的一次友誼奇遇，先後才採取一種似乎奇怪的態度。

六弟幼夫第二次由臺北通電話，說即將飛港和我們共度元旦。三十三年中斷了的聲音，又響起了。一陣興奮的聲浪後，他的語調微微低下來。

「四哥，告訴你好消息，一位小姐很——你（這個「——」代表兩個駭人的字，我當不起，只得以「——」象徵其意）。她有一封信，託我帶給你。」

眞怪，他爲什麼談這個？這是什麼時刻？

是不是這就算自由世界的自由風格呢？

我這個大陸人搞不通。

按我們大陸人習慣——特別是我個人習慣，在這類精神火光熊熊的時辰，生命正在進行兩極劇變，有一陣子，我視覺裡，恐怕連雌雄兩性全分不清呢！

三十三年生離死別，元旦重聚，一陣眼淚之後，幼夫悄悄交給我一封信。掂掂分量，不輕，我塞入口袋。

一場又笑又哭又鬧的華筵歸來，深夜，我拆開信，赫然一張照片。

讀完密密麻麻兩頁信紙，我幾乎嚇了一跳。還是那三字，「當不起！」我又不是耶和華。也不是阿拉。也不是奧古斯都大帝或趙匡胤，有什麼特權、條件、天賦、魔法，受用這個？

我想從手上彩色照片找點詮釋。

水中有魚群，一尾尾，白裡透紅，是金魚的變種。水顯白色，不是水，是水面亮光。她靜坐白石上，少許綠葉身後掩映，著深棕色長褲，是側影面向左，正對攝影機。她有一枝高䠷身材，一副長而微圓的臉，薄施脂粉……。

我沒有找到註解。也許我不想多花精神去找。因爲，照片上的燦然青春，也嚇了我一跳。這就夠了。

更要命的是，這是一個「燃燒的」時辰，我的心靈背景絕不許可我考慮這些。而且，西湖畔有個約，有人等我拉她一把，把她拉到羅湖橋這一邊。我不能爽約。我的回信僅短短四行，謝謝她，並說明，兩週後再正式覆函。這時我實在定不下心。而趙無極和我的風波正在掀起，我得應付。

後來正式覆函，也簡單，我只表現一種禮貌，願作一般友誼通信。

一月十日飛來第二函，她說正辦理香港入境手續，希望「很快地見到」我。

接著是第三、四、五函。而第六函，我的形相已被善意的變形了。

我不能不認眞考慮。

這一個月，有三件大事定奪。其一，到臺灣的路暢通了。其二，因爲持雙程證，我在香港的居留期限很有限，期滿絕不可能賡續（受到壓力，香港總督府高階層官員表示：其他人還可通融，唯獨「無名氏」不行），甚至六個月的雙程證，滿三月按章續延，最多也只准延二、三週。（後來中共方面卻又向我討好，託人表示可以幫忙，讓我長居香港，我決定不接受）。其三，花了一個多月，我多方探聽、設法，才知道，西湖畔那顆靈魂，毫無可能跨過羅湖橋。而且，我不久將飛臺北，香港政府又絕不會准我回來探親或訪友，單這兩件事，就註定她過不了橋。

道義責任沒有了。那等於一次眞正的徹底永訣。

我似乎有權利接受一點新友誼，哪怕是純純粹粹的、簡簡單單的普通友誼，毫不沾帶其他內涵。而且，我也不想考慮其他內涵。

暗影仍不少。

這類暗影，多半從對方的古典想像派生，而由我單方負擔。我的頭腦此時很清醒：一張凳子就是一張凳子，絕不會把它看成神話上的彩雲，一坐上去，就載我上碧霄的彩雲。

可是，我以外的生命，也許會把一張平常凳子當彩雲。

而友誼的單純邊陲線不是國境線，也不是足球場上的界線，它是海水的波浪線。

在我這方面，將來如果這條波浪線有了極大變化（事實上也必然有變動）。……

（我說這些，僅指我這一方面的反應。對方卻沒有我這樣複雜。）

往遙遠前瞻，第一條眞正暗影倒是時間。

我已走過生命的絕大部分旅程。夕陽畢竟是夕陽，怎麼能用朝霞來僞裝自己？——至少別人會這樣想。

在現實時空，終點就是終點。只有在想像的時空，或哲理時空，終點才能扮演起點。而我這一生最大的敵人，有時卻是我的想像力。

畢加索以古稀高齡，和他「老伴」年齡差距半個世紀。卓別林與他的嬌妻歲數懸殊三分之一世紀還多一點。但那是西方現代文化的生活結晶之一（古代也有類似情形，卻由於另一些社會因素），對我這個大陸人來說，這些仍有點不可思議。

而我現在竟有可能進入這類不可思議境了。

我在杭州，看過影片「卓別林傳」。這位一代喜劇大師，和美國戲劇大師奧尼爾的小姐，享受了三十四年幸福婚姻。不過，在瑞士，卓擁有巨大花園，幾乎和臺北植物園一樣大，更有大草地，可以改成賽馬場，豪華邸第足比古代王侯，極盡人間的物質享受……

自然，也還有各式各樣其他暗影。

可是，這種時候，和以後的許多時候，我前面介紹過的那幅精神背景，那種「燃燒」的性質，發生了淡化種種暗影的作用。起先，它們促使我對這類事顯示奇異冷淡，而且，無論從哪一個角度，我對它們幾不可觸。現在，生命的兩極劇變出現雛形定型，而個體靈魂異常的燃燒潛力，卻刺激了我的勇氣與好奇。這些日子，我充滿了新鮮情緒，類似哥倫布才踏上新大陸。整個世界宛若剛由上帝塑造成形，盈溢著無比的鮮氣、新氣。而我的新鮮願望與探險決心也隨之興起。

誠然已屆晚景，暮色蒼茫，但在個人生命史上，在某幾個方面，仍想嘗試扮演一個新角。事實上，我確已開始新穎生命。凡屬於生命的各個層面，爲什麼不接受探險性的挑戰？

說到究竟，奇蹟到底具有魅力，而且是一份享受。

總之，當時那種特殊的燃熾狀態，使我暫把種種常識和保守性的誡條當作老嫗的碎煩了。不過，心情雖駁雜錯綜如漁網，歸結仍不忘裝飾六字古訓，「諸葛一生謹愼」。我只能小心翼翼舉足，再慢慢放下，探著路。面對我的，是一個絕對陌生的世界，各方面全是，不僅男女友誼。

超於人力以外的，交付蒼天。一切事物的最後謎底，奉呈「時間」大人。

唯一差堪告慰的——也算是一種紮實的鼓勵，是：我那本比火成岩石更難下嚥的已問世的六卷「無名書稿」，她竟像吞巧克力蛋糕，輕鬆的吞下去，而且津津有味，甚至通宵達旦，和女友們喋喋不休，替我「傳道」。

她決定三月底來港，我找了個理由勸阻她。

這年三月二十二日夜九點，三十三年的噩夢像一艘黑船，終於駛達終點；而三十三年午夜幻夢，也有了眞實起點——臺灣，這由陽光與自由構成的空間。一架華航班機帶我到桃園機場，我的足步頻吻著眞正的祖國大地。

又開始一串新的「燃燒的」日子，緊張得靈魂如受車裂刑。

六天後，在六弟家中，看見這位尋夢者，兼製夢者。她在那些信上的投影，還原爲眞形。我是以一個普通朋友的身分——作者與讀者的關係，和她會面的。在情感的浪木上，兩端標誌著友誼和超友誼，而我似乎正在中櫥稍偏「超」的部位擺蕩著。

所以如此，因爲我不算是一個很寬厚的尋夢夥伴，或製夢陪客。三十三年的大陸經驗，早把這種「寬厚」鎗斃了。

顧長康從會稽還，人問山川之美，顧云：「千巖競秀，萬壑爭流，草木蒙蘢其上，若雲興霞蔚。」（引「世說新語」）。我常覺得，這「巖」不只「秀」，隨時還會叫你粉身碎骨。這「流」不僅美，更能吞噬你。而像「雲」「霞」般綺麗的草木，會出現毒蛇與噛人的蟲豸。

滿溢人間風情的山陰道，美景後面總藏著巨大的懲罰。

年齡是無數的視覺、聽覺、嗅覺、觸覺。這類事，過去看得太多，聽得太多，嗅得太多，間接的觸及太多。而一個作家也讀得很多。

幸福的時刻——會晤，可能是悲劇的時刻。

一見也許永訣。

我記得清清楚楚，有一對男女未覿面，通訊五年，信上海誓山盟，並訂婚，相會後準備結褵。火車到站了，女的去接他。不料——

我也不想說明，是誰的心思變了，反正其中總有一個覺得：眞人和信紙上那一位是兩碼事。

我沒有權利挑剔別人，可我也不願爲自己的多如雨點的弱點日夜揹十字架。

比之照片，她的形相似乎升了級。原始生命要比複製圖片飽和生命感。她淡淡化了妝。她的服飾好像很別緻，也顯露豐麗色彩。

我眞沒有權利形容她的五官。這種時刻，我能擺測字攤，算命看相嗎？

總而言之，我內心深處，似有那麼一顆神秘頭顱，不時在神秘的點著。

大約談一小時。肯定無關宏旨，卻也無傷大雅。六弟夫婦不願做旁聽生，不知躲到哪個角落去了。

哪怕像聖女貞德那樣勇敢的壯偉女子，也不會在第一面，就把她信上的話再琅琅背誦一遍吧？

此際我的角色，時而倒像大陸戶籍警，在調查對方戶口。

握別時，我發現，她的手掌心頗熱。我的心裡那些石頭，總算落了幾塊。

（該詛咒的石頭，其實眞不該有。天知道從哪兒來的！）

隔幾天，最後底牌揭曉了——一封來信升了溫。

心裡最後一塊石頭落下來。

當然，將來還得繼續拜謁「時間」。

男女關係，即算風格最平穩的，有時仍像一條大隧道，可能會有一些一時看不透的謎，隱於黑暗。只有「時間」幫我們繳卷。這些謎，不只肇因於我們自己，更多創自客觀。這類捉摸不定的客觀，一旦定了型，我們往往生無力感。

漸漸知道，她學過十年鋼琴，曾獲全臺灣電子琴大賽冠軍，代表國家赴新加坡及日本參加國際比賽。

她在教鋼琴。

幾年前，她差點（古城）單刀赴會，想去大陸找我。

正如萬川歸海，男女事萬雅歸俗。兩年來，她替我抄稿數十萬字，右手食指中指起老繭。她還包攬我個人一切總務。很抱歉，才彈完蕭邦小夜曲，她就得爲我新居設計抽水馬桶款式。

八百多個日子過去了，我只能套用老美兩個流行字：OK！

眞希望這一闋「最高的玫瑰」永遠OK下去，讓這個偉大的地球容得下一朵小如蚊睫的奇蹟。

【附記】

這次結婚，曾答應「聯副」寫點文章。動筆後，才知是啞子吃黃蓮，有苦說不出。難上加難也。男女事本如葫蘆，葫蘆內裝些什麼藥？只有彼此心知肚明，天機絕不可洩漏。即使我想擰開自來水龍頭，滔滔外瀉，女友也絕不會批准。值此女權高漲時代，「大男人主義」早如「黃鶴一去不復返」，我只得用「子入太廟，每事問」的作風，戰戰兢兢，如履薄冰，勉綴此文。題雖曰「心路歷程」，實屬「天路歷程」。我是在爬上天梯，艱苦卓絕，可以想見。本擬取巧，借用壓縮器，大事壓縮，長話短說，只寫千字，多加浮套語，再拌上幽默調味品，敷衍了事。但捫心有愧，似對不起聯副、友好，和讀者。好在男女平權，對方玄機，我無權傾洩，鄙人自己「私產」，尚可自由挪用。乃決定扮演西瓜，砉然開刀，自剖一番，紅瓤白瓤，在所不計。雖貽躲躲閃閃之譏，但「坦白交代」（套中共術語）心態到如此程度，總算上無負於列祖列宗，下未虧於聯副、諸友好及讀者了。至於結婚大典，理宜句句吉利，而此文不少犯忌，頗似和尚請客，竟豬牛羊肉雜陳。鄙意世事有正反，正即反。昨天之友，今日之敵，希特勒、史達林即是。語言有吉凶，凶即是吉。世俗惡稱烏龜，而「尚書」有「神龜負書」之說，壽者謂龜鶴遐齡。準此，則斯文一些七葷八素的話，在大喜日一概百無禁忌，甚至全徵兆吉祥也。

今年一月十八日，小年夜餐敘。同席知我將草此文，一致公議，命題「塔外的女人」。

我寡不敵衆，只得掛白旗。至於俗套與否？是否文不對題？敝人絕不負責，概由諸公擔當。公議者名單公佈如下：薛光祖先生夫婦、何景賢先生夫婦、段昌國先生夫婦、詹素貞女士、黃永武、瘂弦、洛夫、張夢機、沈謙諸先生。

【附　註】

註一　關於這次談話詳細內容，將來再另文細述。

註二　相傳閻浮提東方鐵圍山下有大地獄十八所，小地獄千百所。

註三　「最高的玫瑰」是但丁「神曲」天堂最高一層。

第三帖　我的婚姻

四十八年前讀某文，引日本兼好法師句，說：「人生四十未娶，即不可娶。」某文已忘，獨這兩句話，至今仍像兩枚鋼釘，死釘著我的記憶壁，因爲那時釘得極深。

周作人曾譯兼好法師「徒然草抄」片斷。第三段題「中年」，有如下語：

「年過四十而猶未能忘情於女色的人，若只蘊胸中，亦非得已，但或形諸言詞，戲談男女隱密以及人家閨閫，則與年歲不相應，至不雅觀。」

這七句話，算是上述兩枚鋼釘的註解。兼好「彷彿」是我的同宗，他本姓「卜部」，生於一二八二年，卒於一三五〇，約當中國元朝。他的幽靈若在天上或地下有知，六百年後，得悉西班牙籍大畫家畢卡索以古稀高齡迎娶廿歲少女，此後還生了幾個孩子，怕會顯靈，通知現代出版家，把上述那七句話刪掉。

若他再詳諗近年肯尼亞女孩蘇妲娜，年十四，嫁給一百歲的默罕莫德·阿魯，並且炫耀說：「我很幸運，擁有這樣的丈夫，他對我很好。」……

或者，這位和尚如知道多明尼加的荷西積斯，前好萊塢演員，現年一百零三歲，娶了一位美麗少女蓮絲洛，年方十七，夫婦婚後甚是幸福。……

那麼，在日本，「徒然草」作爲古典文入門的讀本，兼好可能會積極顯靈，勸告日本文部省大臣，把書中所有類似前述七句的思想的文字，一律用黑色原子筆塗刪盡淨。

這六百年，不，二次大戰後這四十年，西方男女關係的巨大變化，幾乎是一次和平革命，其影響社會，遠過於十月革命當時對蘇俄男女青年的影響，或延安流行過的「一杯水」主義。

不過，這是就事論事，是談歷史，議時代，評社會新現實。不管怎樣，那陀螺似的不斷旋轉變動的現實，總是人們必須適應的燈塔，假如我們不希望生命之船在海上迷失。

但四十年前，我倒眞正深服兼好宏論。不必說元朝事了，就以中國三十年代爲例，那時候，按七十「古稀」「不留宿」，年登五十，便算老了。魯迅才過「天命」之年，人們便尊他「迅翁」。周作人字豈明，一入五秩，大家也敬他豈明翁。而一躋四十，日漸與「老」爲鄰，可算半老。實際上，當時生活品質所限，特別是缺乏醫藥衛生條件，一些知識分子，壽才「不惑」，就半露老態了。再往上溯，古代人條件更糟，也老得更快。拿唐代韓愈說，他三十幾歲，就視力模糊，頭髮花白，牙齒搖動，老得不像樣子了。

社會趨勢如此，加上十幾歲時，曾瘻肺疾，其時我自分最大壽限是五十，不爲無據。而「人生四十未娶，即不可娶。」居常唸唸有詞，視如「新約」登山寶訓，實非空穴來風。我對這「兩句經」（媲美「三字經」）迷到這種程度，偶聞有人五十歲結婚，我懷疑新郎不是剛逃出瘋人院，便是一個才結束「相公」生涯的天津兔崽子（註二）。

一九四七年秋，名畫家林風眠告訴我，藝專教務主任林文英，本是蔡元培乘龍快婿。蔡威廉逝世後，已五十餘歲，他續弦了。我聽了，驚訝之至，彷彿耳聞一條怪新聞，如某婦一胎生五男之類。

後來得悉，梁漱溟先生壽登花甲，還要在桂林「授室」，更覺得震撼極了。我懷疑那不是結婚，是「發昏章第三十一」！

所以如此大驚小怪，肇因很多。自分壽限五十，是其一。毛魔王登基後，在那種腥風血雨，有時一夜數驚下，我甚至懷疑自己能否活到天命之年。其二，即使僥倖齡逾半百，怕也老得不成體統，縱不致在地上爬著走，恐也是「老醜醜醜醜醜醜」。難道拄著一根老龍頭拐杖，與新娘合巹拜天地乎？其三，那時我視愛情如花，目結婚爲菓，只有青春才開花結果。

老醜能結「無花菓」乎？其四，少時大約中唯美毒、浪漫毒、理想毒太深，忘記柴米油鹽醬醋茶也是「愛經」必修課之一。哪怕你七老八十，也還要穿衣吃飯鋪床，古人謂娶婦主持中饋，實有至理。林文英和梁漱溟，全因中饋乏人，才舉辦老婚——而不是「老昏」。

自然，現在大陸男人，另當別論。他們不僅多半精於燒飯洗衣買菜柴米油鹽，更嫻於洗孩子尿片、刷馬桶，甚至洗老婆內褲。無論中饋，或「上饋」「下饋」，男女老幼咸宜，（上海某友幼女，八歲即能主持中饋，而家母八十猶協助操家務。）

至於臺灣，「柴米油鹽醬醋茶」，柴早「作古」，其子瓦斯「克紹箕裘」。所謂「中饋」，似已嗚呼哀哉尙饗。便當滿天飛，麥當勞破門而入，菜車肉車水果車，前呼後擁找上門；搞衛生不勞尊手，有清潔公司；如廁，則家家戶戶抽水馬桶。此外，大同洗衣機、日本切菜機、洗碗機、切肉機，機機機機機的「機」個不了。按我這個大陸人管窺，此鄉「中饋」，即使不煙消雲散，也只剩香魂一縷了。

儘管如此，我們仍不會忘記屠格涅夫從莫斯科傳來的話。他說，人生最可怕的，是老來無家室，像一條孤獨的老狗，到處搖尾乞憐。（手頭無原書，大意如此。）

他所謂家，不是指光棍之家，而是鑼與鑼錘之家。（註二）

再說得俗套點，我們杭州民諺云：「光棍一條是神仙，生起病來叫皇天。」無論是屠格涅夫的聲音，或杭州民諺，只不過是討伐光棍的「檄文」之一，其餘尙多如雨後菌蕈，書不勝書。

寫到這裡，我要向讀者脫帽鞠躬道歉，害你們聽了我這許多廢話，其實我內心眞話只有兩句：

結婚萬歲！無名氏結婚萬歲！

【附註】

註一　「相公」「兔崽子」，皆男妓稱。從前天津特多。

註二　杭州人以鑼與鑼錘形容夫婦。妻子如賭氣回娘家，稱「擯鑼錘」。

第四帖　跡近白卷

——我的另一半

華副「我的另一半」鮮貨鋪擇吉開張後，煞是生意興隆，待到連連催我供貨時，只得奉命硬著頭皮爬格子若干行如下。

何以標題「跡近白卷」，且俟區區註釋。

反正大家多少肯定，我的「晚婚」差似奇婚。而在下當年一度被目爲「傳奇人物」，這就得出下面簡單公式：

奇男加奇女＝奇婚。

區區究竟「奇」否？尚待未來考古家考證，但我個人歷年考證結果，內子確似奇女。若不顧慮「內舉避親」古諱，我願坦率先敍她三奇。

世人多愛名，如蠅逐臭，不少女性尤然，但內人卻偏喜逃名。她一直不同意我寫她，更不願素手握管畫我。台視一再懇邀她上電視，談婚姻，她也婉拒。其他逃名之例，不勝枚舉，頗有古代務光許由風，就差入深山了。較之一般時髦女性，恨不得天天上電視，此是一奇。

她學音樂，曾苦練鋼琴十年，且獲全臺灣電子琴比賽冠軍、東南亞電子琴大賽第三名，代表國家參加東京的世界電子琴大賽。然而，她深嗜哲學文學，架子上盡是哲理書，對釋迦牟尼、叔本華、尼采等大師尤心儀不已。一個醉心於抒情音樂者，卻又如此沈溺冷靜哲理，在我看來，是二奇。

記得一九四六年，「無名書」第一卷「野獸、野獸、野獸」在上海問世。我送二家兄少夫一冊，那時他是三十八歲，任復旦大學副教授、申報副總編輯，及「新聞天地」負責人。某日，他在理髮店遇此書出版人周新兒（來台後周曾任新生報副總編輯），二人曾有如下對話。

卜：「你認爲此書出版後，會有人買麼？」

周：「爲什麼沒人買？」

卜：「我是一個快四十歲的大學教授，高級知識分子，連我也看不懂此書，一般人還能懂麼？我簡直覺得這本書是不知所云。」

周：「我倒很欣賞這本書。耐心慢慢看，你總會懂的。」

就是這本「不知所云」的書，三年內倒銷了四版一萬二千冊（那時每版三千冊），若按臺灣每版有時只印一千冊，等於十二版了。而且外省還有一些盜印版。（註一）

直到一九四九年秋冬，大陸淪陷，神州天翻地覆，少夫二哥收到我偷印的「無名書」第三卷「金色的蛇夜」上冊，讀後，再重閱「野獸」及第二卷「海艷」，他立刻來信，對這幾本書說了不少恭維話。他不只完全看懂了，而且身經家國萬劫不復的創痛，他才深切感受且映證「無名書」所揭示的大時代內核真諦。

是這樣一種晦澀難讀之書，萬想不到，內子二十二、三歲時，不只深喜「無名書」各卷不已，竟像吃巧克力似地細嚐緻品，甚至通宵達旦，與女友暢談此書哲理，而且，進一步竟替我傳道，向友人們大事宣揚書中核心哲思。最後，此書終於扮演月下老人，把她領到我家。

想想少夫二哥當年往事，內子此舉可算一奇。

由此三奇，聯想到她極重視隱私權，大不願我多談她，也就無足深怪了。

所以，若論婚後「我的另一半」實況，我只能暫交白卷，且聽來日分曉。

雖屬白卷，上面既已談三奇，下面還要聒絮幾句說了等於不說的老生常談，那就不全「

白」了，似應冠以「跡近」。

敝人的婚姻老生常談約略如下。

男女事本如葫蘆，葫蘆內賣何藥，只有彼此心知肚明，天機絕不可外洩。此乃隱私權之由來，亦貨眞價實愛情之爲愛情處，因而我不得不跡近交白卷。

雖則如此，結婚帶給我的幸福，其質量卻無從評估，它豐富得很。特別當我原來已陷入暮色蒼茫，或者按辛稼軒說法：「正在燈火闌珊處」，對這種豐富，分外覺得是一份極致的消受。

首先，孤獨者生涯和婚姻生活截然不同，直像寒帶西伯利亞與熱帶剛果。當然，年輕時，甚至中年時，孤獨也許是愉快，所以自由世界才有那麼多年輕的單身貴族；據統計，早些年，美國就有男女光棍五千萬名，享受了不少類似「換鑰匙」（註二）的快感（我把這稱做「快感」，而不一定是眞快樂或幸福）。另外一些典型，如斯賓諾莎或康德，爲探索眞理而甘心做一輩子孤家寡人，那是另一回事。不過，在我這種年齡，婚姻確能幫助我享受更濃醇的人性生活。年輕時，自己的影子似納維思，有時臨流自鑑，或許是一種美事。人一老，一條赤裸裸的自家影子就有點可怕，至少是淒涼的，除非是修道，而我目前卻不想剃光頭出家。

分外可貴的是，本來我已走過生命的絕大部分旅程，只剩下灰溜溜蒼茫暮色，想不到她新鮮的青春血液多少竟流注在下脈管，因而不少朋友倒說我形相和情調上的暮色反而少些了，這不能不感謝她。所謂近朱者赤，近墨者黑，近青春也有點青色吧！這類染赤、染黑、染青，關鍵還是個「化」。「封神榜」上老子一氣化三清，修道者能化天地宇宙，婚姻自然也可使兩性化爲「一氣」。

婚姻生活最大絆腳石之一，可能是一些瑣碎，只要專志「化」工，力鑽「化」境，石頭也可能「化」成溶液。

我一直認爲，穩定的婚姻生活，是正常人生的重要基石之一（你自然也有力求人生不正常的自由）。你不能想像，一個家庭若變成羅馬鬥獸場或美國兩黨競選辯論場，那將怎樣熱鬧！卻未免傷害了生命的靈性、元氣，和抒情的樂趣。若家家戶戶全如此充滿鬥獸氣息，那個社會可能很可怕了。所以我想，除非特殊原因或例外，白頭偕老者看來平凡，其實涵有最深刻的愛情美學和生命境界。

記得四十年代，美國喜劇明星卓別林業已五十七歲，卻與諾貝爾獎得主戲劇大師奧尼爾的千金結婚，她才十八，不免轟動一時。她童稚時，他常去她家玩，曾抱過她，想不到後來竟成爲三十四年白頭偕老的幸福夫婦。離大陸前，我曾看過卓別林傳記的記錄片。他八十多歲時，兩口子在瑞士家庭園囿散步，他向記者噙淚發表談話，給她妻子以最高讚美，說他三十多年來的幸福，全是她賜予的。

看完片子，我非常感動。

想不到在年齡差距上，自己比卓氏創造了更高紀錄。

從相識到婚姻生活，雖只五年左右，我倒眞要感謝上蒼，帶給我黃昏空間如此美麗的景色。如果我現在還能在文學花園裡濫竽充數，那不只要謝謝她賜我以生命的持續力量，更得感謝她賜我以繆斯靈感的源頭活水。

【附註】

註一 「野獸」出版後，左派不久即在上海大公報加以批判，而後來李嘉兄在所編的新民報副刊「夜光杯」上則整版刊評介文，加以讚許。

註二 西方某些俱樂部玩「換鑰匙遊戲」，實即臨時換妻。

「附錄一」

緣——我初次客串了「紅娘」

卜幼夫

四哥五月十九日大喜，朋友們無不爲之祝福。前幾天聯合報刊出新聞及照片，緊接著一對新人出現在三台電視晚間新聞的螢光幕上。識與不識，對未來的新娘子稱讚不已，雖然並非沈魚落雁之貌，大家卻都公認她年輕、漂亮，由衷地爲無名氏慶幸，能與如此秀外慧中的紅粉知己結秦晉之好，怎不令人羨慕。

無名氏於一九八二年十二月廿三日自大陸抵港，三個月後到了臺北，屈指算來，投入自由天地僅僅兩年。他每天忙於寫作、看書、練字、演講、拜訪及被訪等各項日程的活動，幾乎沒有時間交女朋友，然而竟能以跑百米的運動員精神，贏得一位正值青春年華的少女芳心，很多人懷著好奇的眼光打聽，他們是怎麼認識的，究竟是誰牽的線？現在，我以「紅娘」的身分公開謎底，那完全是「緣分」。俗語說：「有緣千里來相逢」，他們從認識到結合，都靠「緣」字。

無名氏被逼做了三十三年猩猩以後，逃出鐵籠，脫難安抵香港的第二天下午，我接到一位陌生女孩子的電話，對方自我介紹：「我是馬福美，無名氏的崇拜者，希望能和你見面。」當時，我覺得很突然，遲疑了一分鐘，才欣然同意，大約半小時後，她來到舍下造訪。在書房裡，我們面對面談。我仔細的打量她，未曾刻意的修飾，卻有一份清秀之感，儀態穩健，談吐大方，其深沈的內涵超過了實際年齡，估計只有廿七、八歲的年紀，應對相當成熟，蘊藏著一股奔放的活力，令人不敢等閒視之。

她說明來意，並表示三年前第一次讀完無名氏出版的全部著作後，心中感到極大的震撼與共鳴，對他的作品佩服得五體投地，有一種瘋狂的偏愛；接著問起無名氏的通訊地址。當時對這位不速之客的背景一無所知，尤其是四哥好不容易千辛萬苦離開竹幕，三十多年折磨才得到自由，使我不得不提高警覺，她究竟是單純的無名氏的小說「迷」，還是另有其他目的，在沒有弄清楚她的眞正意圖以前，還是暫時採取保留態度。我婉轉的說：「的確不知道他住在什麼地方。」她似乎有點失望，立刻問及何時赴港與哥哥見面，我坦然相告，大約月底成行，她立刻打開手提皮包，取出一封預先寫好沒有封口的信及一張照片，請我轉交給無名氏，鄭重拜託，並連連稱謝道別。

馬小姐之單刀直入來訪，主動寫信給剛剛獲得自由的無名氏，在過分敏感與一連串問號之下，我細讀了她的信，字裡行間，充滿了無限的深情，排山倒海似的讚頌，與一份虔誠的摯愛。她直率的表示，對無名氏的愛毫無保留，愛他是生平僅有的希望，將使她昏暗的心重見光明，是餘生唯一的意義，她更赤裸裸的渴望與無名氏共度一生。這封信的大意，已超出讀者喜愛作家作品的範圍，她所呈現給無名氏的，是一顆赤誠的心與原始的熱愛。

LOVE AT FIRST SIGHT 每在小說中出現，那是作者刻意的描寫，現實社會裡則少之又少。如今，迄未見過一面，卻已「一見鍾情」了。特別是一位陌生的少女，看過無名氏全集後，就愛上了他，大膽的追求，第一封信即像噴泉似地迸出炙熱的情火，傾吐著積壓已久埋藏在心靈深處的眞摯情懷，希望能與無名氏有這份「緣」。

我的直覺簡直不可思議，再三猶豫是否要把這封陌生少女的信轉給四哥？想起大陸淪陷之初，逃難至廣州，無名氏來信，要我與他的女友「『綠色的迴聲』女主角妲尼婭」聯絡，並儘量爲她解決問題，在兵荒馬亂之中，未能盡到他託付我的全權責任，以致間接地斷送了他的幸福，深感歉疚而耿耿自責。現在，這封信雖然匪夷所思，畢竟是一位善良的女孩，對無名氏崇高的渴慕，我不能作武斷的「缺席裁判」而使她失望。不管是眞是假，必須由四哥自己衡量，我無權做任何決定；當時，還有一種天眞的想法，如果他們有「緣」的話，說不定將來會出現奇蹟。

八二年年底赴港，與闊別三十三載的四哥初次重聚，我激動地失聲嚎啕大哭。剎那間，彷彿要找回久別後手足之情的補償，兩天來，一直浸蝕在家人們團聚的歡欣氣氛中。元月二日開始，四哥的時間交給了我，我們相聚了兩天，這時，才把那封信當面交給他，無名氏以爲是一位普通的讀者來書，並未立即看信。由於甫行抵港，千頭萬緒，未來一片茫茫，此時此地，當然不允許他談情說愛，也不可能馬上當機立斷，考慮兒女私情。當我離港返臺前夕，無名氏面交一函，請我轉交馬小姐，信很短，只有寥寥數行，大意說：謝謝她的來信。已寫好一封信，因爲某些原因，要等兩個星期才寄出，請她等待。四哥同時告訴我，關於馬小姐，今後暫以讀者的身分維持聯繫。

回到臺北後，翌日就打電話通知馬小姐來拿信，期待已久的夢想成眞，如今果眞接到無名氏親筆所寫的信，她相當興奮，飛快趕來，當著我的面，迫不及待地拆閱，她的表情有一種出奇的滿足。這是我們第二次會晤，上次見面陌生感的距離已縮短，所談範圍甚廣，包括四哥生活起居近況、今後的動向等等，以迄二月十六日我會再度赴港，又要見幾次面。臺灣及香港的報紙，有關無名氏的新聞，她都一覽無遺，她關心無名氏的安全與動向，到底會不會來臺灣，還是去美國。從報上得知香港新移民法的規定，持雙程旅遊證件者，有效期屆滿必須回大陸去；因此，馬小姐甚爲焦急，如果無名氏不能來臺灣，則準備去香港，或追蹤到其他國家，目的是想與無名氏見面。

在短短一個月中，我權充「綠衣使者」，爲他們轉信，傳遞消息，馬小姐勤於寫信，幾乎每隔兩天一封信，從往返信件之多可以看出，他們之間由通信建立的感情迅速昇華。二月中旬我偕妻兒專程飛港，探望四哥，爲的是他們還未見過面。這時，我再也無法忍受繼續保密下去，在二哥家裡透露了一點風聲，但並未和盤托出，兄姊只知道四哥交了「桃花運」，卻壓根兒不知眞相。無名氏也提出警告，希望我不要隨便走漏消息，因爲，一切言之過早。

這次去港，有一天我與四哥單獨聊了一個下午，他以極嚴肅的態度，向我請求，希望能進一步明瞭馬小姐的過去，設法多多瞭解她，最好能作一次懇談，並盼我信守諾言，在任何場合，隻字不提馬小姐的事；同時，他拜託香港的一位友人代爲轉信，她可以直接寄信由敏夫兄轉四哥，不必再經過我，省時省事。我所擔任的「郵差」工作告一結束，但四哥交給的任務必須完成；因此，在八三年三月廿二日無名氏投奔臺灣以前，又曾兩次晤談，主要是作更深入瞭解。

小說與實際生活是兩回事。小說中的情節、對白，多少有些誇張，儘管結構情節絲絲入扣，文字如流水行雲，男女主角的話、詞藻之美，令人深深感動。然而，「麵包」與「愛情」離不開現實社會。我曾旁敲側擊暗示：戀愛中的男女，是不是很在乎年齡？她斬釘截鐵的否定了。馬小姐坦白的表示：無名氏三十年代即已成名，年紀大小與懸殊並不重要，兩人是否眞心情投意合相愛，才是將來幸福的關鍵所在。

這兩次長談，對馬小姐的印象極爲深刻。她毫不諱言，暢談過去學生時代的幻想，出了校門以後，在音樂生涯中的掙扎，雖然走出象牙之塔，卻遠離海市蜃樓，她所追求的人生已到了超凡入聖的境界。談到愛情，她是唯美派的信徒，重視靈性的感受，兩人感情的維繫是多方面的，包括哲學的、文學的、藝術的、生活與思想的溝通，透過聖潔靈魂的撞擊而融爲一體——才是最充實、最完美的。

與馬小姐談話的內容，除了先行寫信，也在香港當面告訴了四哥，他的反應是肯定的——對未來很樂觀。

無名氏回國後，我這個「紅娘」的角色已無必要，就此功成身退，以後的發展是他們兩人的事，不再過問。

四哥由財神大酒店遷居英雄館，才正式與馬小姐交往，逐漸的頻頻約會、見面。馬小姐家住中華路，與英雄館及自由之家，相距咫尺，往來更爲密切。無名氏的演講稿及陸續在各報發表的文章，都由馬小姐抄寫及影印，儼然成了機要秘書，情感與日俱增。到了去年十月，傳出佳音，準備於今年春天結婚。聽到這個喜訊，自然爲他們高興。馬小姐一開始就有無比的信心，她的喜馬拉雅山式的巨大情書攻勢，的確產生了決定性的影響。

二月十九日，農曆除夕夜，照例家人們團聚在一起，吃年夜飯，今年多了一個人，那就是我未來的四嫂馬福美小姐。事先四哥再三關照，不要向她開玩笑，以免尷尬，我一口答應。不過，自從扮演「紅娘」鞠躬下台——將近兩年以來，迄未再與馬小姐見過面，這晚，她即將以另一種身分成爲我們家族的一員時，與大家共聚一堂，其意義非比尋常。我是「紅娘」、弟弟、晚宴的主人，集三種身分於一身，我站起來，向滿面春風的未來的四嫂恭恭敬敬地敬了一杯酒，這杯酒象徵著天文數字的祝福，祝福他們愛的永恆。

今天，他們結爲連理，似乎冥冥中是上帝早已安排好的，正如馬小姐寫給無名氏的第一封信所強調的「緣分」，她相信與無名氏會有這份「緣」。

「附錄二」

星星點點

引子

清朝才子袁枚有兩句詩：「若使風情老無份，夕陽不合照桃花」。民國周作人曾作文諷評，訕其老不識相。周氏雖自鳴開明，極不喜古人韓愈之衛道派，但他屬文譏彈袁子才，還是執著於衛道觀點。其實他應該曉事，即使不提秦漢，只從唐朝白樂天算起，直至清李笠翁止，文人隊里，夕陽大照桃花的風流韻事，史不絕書，而且傳爲美談。這些全是耳熟能詳。我倒不解，周爲何獨睨雙目，抓著子才不放？周若長壽，能活到二十世紀七十年代，則夕陽桃花的畫面，西方到處高懸，他說不定會痛摑自己三記耳光亦未可知。

在「我的婚姻」文中，我自畫招供，一度也屬周黨。但時移世易，特別是出大陸後，目睹西風東漸，男女關係已經過一次「和平大革命」，什麼勞什子「年齡」觀念，早被革掉了，因而多多少少，我也就棄舊迎新了。

聒絮了這些廢話，主要還是爲我的夕陽桃花風格的婚姻當辯護律師。「余豈好辯者，余實不得已也。」

閒話休說，言歸正傳。話說我這番婚姻，可算晚年最大幸福，亦平生一大事。天從人願，冥冥蒼天暗助，倒確實幫我把這件大喜辦得有聲有色，按別人形容，是「轟轟烈烈」。

凡事有虛有實。關於此次大婚，本書所輯四篇拙文，多屬旁敲側擊，影影綽綽，「王顧左右而言他」，因而友人謂我說話「呑呑吐吐」，不若舍弟那篇「緣」坦率。其實我有我的苦衷，執筆不得不考慮此次愛情——婚姻的畫面，儘可能避實。然而，爲了鋪敘虛實相彰，滿足某些讀者好奇心，讓這段緋色人生，整體凸出，我決定不顧此冊散文集的藝術純度，從涉及婚前、婚事、婚後的數十篇報導文字中，遴選八篇（其中三篇是節錄）作爲附錄。這樣，有關這位「塔外的女人」入「塔」前後的狀況、聲勢，好略略記實如後。

早在前一年十二月，不知從哪兒聽到風聲，爲了拔頭籌，聯合報記者習賢德就向我糾纏不清，電話一通通打來，定要我談愛情與婚事。我只得大打太極拳，並殫精竭智，設法用土耳其女人的面紗罩住一切。「你怎麼搞採訪的？連無名氏的未來新娘的名字全沒打聽到，你怎麼寫報導？……我們老總發脾氣了。卜先生，你就幫幫忙，把『她』解密吧！……」習第二次來訪，大吐苦水。劇憐他像個「苦瓜兒」冒著西北風，寒夜登門，我只得「幫忙」，但「猶抱琵琶半遮面」。一月七日，習在聯合報五版刊出二千字專文「『塔外』的女人，馬福靈五月于歸。」我是怕他去直搗黃龍，纏福美，不僅不告訴她住址、電話，連名字也改了一個字，這樣，任他去打聽，還是「踏破鐵鞋無尋處」。新聞記者有時只求古人「三不朽」的其次立功，卻老忘記「太上立德」也。不過，此文一出，我的麻煩來了，友人紛紛責我保密，效蘇俄克格伯不說（因我從不提已有女友），一些媒體也陸續跟蹤而至，我只得一律婉拒，聲明五月自見分曉。不得已，有的報紙就根據習文，改頭換面，再炒冷飯一過。

才入五月，記者電話鈴就不時響，我說，大喜前一週接客。但習賢德纏著又要拔頭籌，我只得依他，因為他的報館和我有些交情。接著，由幼夫通知三家電視台五月十一日先後來採訪。黃金段新聞時間，中視、台視、華視本以秒計算此夜竟以分為單位，播出訪問達數分鐘。翌日一些媒體立刻紛紛跟進，眞像有人描繪：「婚未結先轟動」。十九日那天，最使我感動的，是搭計程車。司機說：「卜先生，我是你的老讀者，今天你大喜，這趟車子，就讓我請個客，向你祝賀吧！」可我哪裡肯？直到第三趟，因事由美容院出去，是短程，我卻不過情，才同意司機請客。十七日，中華日報副刊登拙作「我的婚姻」，十八日聯副發表我的「塔外的女人」，配以插圖羅丹雕刻「永恆的春天」：男女裸體擁抱，眞是觸目驚心。我差點駭得魂不附體。實在太刺激了！天知道，瘂弦怎樣和我淘氣！吉日，聯副又刊幼夫的「緣」。不用說婚禮經過，三家電視當夜詳播。次日，幾乎所有媒體或文或新聞或圖片，來個滿堂紅，連美聯社也捧場，發了全球性新聞，說我們行禮時互撞頭。臺港、新加坡與美國報紙，全有記載。連舊金山朋友全見到我們結婚電視。蜜月期間，五月二十二日，我們在溪頭觀賞華視「新聞雜誌」：播出「無名氏的喜劇」約十六分鐘。接著，華副與星島日報副刊、美國世界日報副刊載我的「塔外的喜劇」，引得友人們一陣噴飯。記得榮民工程處卅周年紀念酒會，我去祝賀，有幾位女招待員特別慇懃，足足陪我參觀了廿分鐘，詢其故，爲何撇下那些貴賓，獨陪我？其中一個說：「你那篇『塔外的喜劇』足足把我全家笑了一整天，經我推荐，這幾位同事也笑壞了。難得你今天來，我們要特別表表心意。」

「引」言就此打住，否則未免喧賓奪主了。

寶島風情畫·無名氏黃昏之戀

——塔外的女人·馬福美五月于歸

記者 習賢德

「如果世界上眞有一個『無名教』，那麼您就是理當接受謳歌禮敬的教主，而我就是最虔誠專一的教徒！」

民國七十一年底，作家無名氏甫抵香港不及一週，便輾轉收到一封寄自臺北的賀函，祝賀他重獲自由；但是，對婚姻幾乎不抱任何幻想，而被弟弟卜幼夫形容爲「早已嫁給中國文學」的無名氏卜乃夫，萬萬沒想到，這位尊稱他爲「教主」的馬福美小姐，竟會由敬仰、傾慕而與他相戀，竟會成爲他的「五月新娘」。

爲解答各方的好奇，無名氏決定在五月十九日「大喜之日」的前兩天，親撰「我的婚姻」一文，向關心他的朋友們作一告白。

一度服膺「男人年過四十即不應再娶」的無名氏，喜不自勝的帶著訪客參觀猶待裝潢的新居，儘管屋外寒流逼人，但是談笑風生的男主人，一再要來客假想屋角擺上鋼琴，那兒要舖上一塊地毯，近一百坪大的新房，毫無疑問的已被早春的溫馨所佔領。

「我從來不相信人世間有『緣分』這樣東西，但是，除了『緣分』，還有什麼字眼能形容這樣的際遇和機緣？」

卜乃夫回憶滯留港九的日子，馬福美小姐的信件起初並未引起他太大的注意，後來，這位把無名氏小說統統記下來的馬小姐隨信寄了一張照片，終於把卜乃夫「電」醒了。

「眞沒想到她是那樣年輕！」無名氏推推金邊眼鏡，補充說道：「更沒想到，她還相當漂亮！」

民國七十二年三月下旬，卜乃夫毅然抉擇了臺北作爲歸途，也註定這位從未謀面的馬小姐，要與他攜手步上地毯的那一端。

基於各種必要的考慮，卜乃夫堅持雙方應該再愼重的交往，而且這段滋長中的戀情不宜過早曝光，但卜家好友早已發現；被稱之爲「弟媳婦表妹」的馬小姐，對無名氏的關注和協助，應該不是普普通通的表妹了。

新娘究竟長得什麼模樣呢？卜乃夫深怕別人不能諒解的表示：「五月請您喝喜酒，但是，現在還是保個密好不好？」

原籍山東滕縣的卜乃夫透露：馬小姐是山東萊蕪人，父親是位勦共英雄，曾於大陸陷共前夕奉命固守濟南三小時，但馬副團長卻苦撑了十二小時才撤守，來臺後尙奉派潛回敵後工作；退役後轉入商界，育有一女二子，馬福美爲其長女。

卜乃夫已經迷上蕭邦的作品，因爲畢業於師專的馬小姐鋼琴彈得極佳，電子琴也相當拿手。新娘戴眼鏡嗎？卜乃夫俏皮的答道：「在我面前的時候不戴。特別是廿幾個月來，我們在植物園散步談心的時候。」新娘家就在植物園附近。

無名氏並不諱言自己痛苦的過去。在大陸上，他曾有過婚姻，先後到來的牢獄之災，加上妻子不能生育，夫妻即使奉准見面也不曾超過兩個月。在這種狀況下，這段婚姻如同一片空白。卜乃夫說，一九六八年三月十二日，他在上海西站，和這位妻子揮別後，夫妻有三年不曾再見面，以後就離婚了。他早已過慣了獨居生活。

浸浴在喜悅中的卜乃夫自承：以他六十八歲的年紀譜下黃昏之戀，是無法不教別人胡亂猜測的。他嚴肅的表示：「未來的婚姻生活，將完全以精神層面的交流和充實爲主。」

儘管新郎新娘的歲數加起整整一百，誰能說，這不是一樁值得欽羨的百年好合？

琴書相伴·塔外春天

記者　張國立

細膩的感情描繪，是無名氏小說中的特色，不拘小節的個性，則是卜乃夫現實生活中的寫實。

中午時分，坐在客廳裡的朋友說，開個燈吧，卜乃夫馬上回答好，然後把一排開關全都打開，所以白天卜家大門上的門燈卻亮著，倒也可告訴訪客：主人在家。

面臨出門前，卜乃夫才想起西褲下應紮條皮帶，便拿起皮帶紮上，卻未注意褲腰上的五個帶孔，皮帶只穿過其中三個。

還記得過去爲了避免打斷靈感，寧可赤腳，也不進百貨公司分心買襪子，如今他高興的說：「柴米油鹽也不能不計較了。」

他說，作家有時像演員，角色並非與現實生活中完全相同，可是也因角色的感染，而使現實生活也充滿年輕人的情緒，提昇了自己生命的活力。

以往對於畢加索以古稀高齡，和他的妻子年齡相差半個世紀，卓別林也和嬌妻歲數相差三分之一個世紀還多一點，身爲大陸人的卜乃夫總覺不可思議，但成爲自由人之後，才發現人的心境是隨環境而改變的，北極的冰凍融解而爲赤道的熱情，所以卜乃夫是以興奮的心情迎接這個腳步略慢了點的春天。

年齡小了卅九歲的新娘子，在卜乃夫眼裡，是一個一部分生活在想像中，充滿情感，而且較「純粹」的成熟女人，正好和自己的理想主義配合得上。

當然，會彈鋼琴，菜不一定燒得好，生活上儘可能馬虎一點，原本就是卜乃夫的觀念，但畢竟家庭是不能不顧及柴米油鹽的，這將是婚後唯一的變化。

另一半是位尋夢者，也是製夢者，無名氏這回則不再是作者，而是夢裡的主角，也終於將角色與現實生活結合在一起，這不是「北極風情畫」，而是「亞熱帶」的風情畫。

卜乃夫笑著說，雖然不敢說自己情緒像個三十歲的年輕人，但卻絕對有四十幾歲的心情與面貌，前年年底便考慮要結婚，經過一年多的準備，才算就緒，踏上紅毯的另一端。這一段日子，在單純的寫作之外，已加入了音樂與感情，卜乃夫對自己的未來更充滿了信心。

婚後的主要目標，是一部以大陸爲題材的長篇小說，吳漢曾說「殺戮戰場」並未將苦難完全呈現出來，而卜乃夫也有同感，所以他要用筆，把一切眞實的故事寫出來。

一杯甜酒・一齣喜劇

記者　牛慶福

以前，無名氏的二哥卜少夫曾說：「眞奇怪，無名氏的戀愛對象，不是異邦人，就是混血兒。」但無名氏現在的情人，卻是道道地地黑頭髮黃皮膚的中國女子，而且他即將娶她爲妻，佳期訂在本月十九日。

無名氏的愛情生活曾被他自己稱爲「一杯苦酒、一個悲劇」，但現在他卻對著情人說：「這一刹，宇宙像一朵玫瑰，靜靜在我心園裡開放。」

無名氏在大陸曾有過痛苦又短暫的婚姻，像一片煙雲，很快就過去了。他現在擁著貌美而嫻淑的未婚妻，含情脈脈地對關心的友人說：「我們將白首偕老！」

這兩天；他們正興致勃勃地整理位於石牌的新房，首先搬進來的是馬小姐心愛的鋼琴與電子琴，其次是無名氏汗牛充棟的叢書。可以預見，書香與琴聲，將把愛的小屋，點綴的更美滿、更充實。

就是現在，這棟軍艦岩下的新房，也已傳出溫柔、浪漫的琴聲了。馬小姐拿手的蕭邦小夜曲，餘音繚樑之際，令無名氏心醉。曲罷，無名氏會即興寫下情詩回報：「幸福像一條閃電，現在悄悄的亮在我的身邊」「她是一條船，悠悠駛入我的港灣。」好美！好陶醉！

第一次見面對無名氏的印象如何？馬福美說，「多年來遍讀他的著作，已對他非常了解，但第一次見面，發現他並沒有想像中的浪漫。他是一位非常理性、拘謹的人。」無名氏答道：「共產黨是可怕的怪獸，生長在中共統治下的人，要非常嚴肅、非常小心不可。」他又笑著說，「我只是在想像力上浪漫，在文學上放縱自己。這也是我愛文學的主要原因。」

馬福美接著又說，「我愛無名氏的文學才華，更愛他是理想主義者，非常重視精神生活的追求。這種執著的認知，就是很浪漫的。」他倆眞是有緣分。

無名氏說，「絕對不會妨礙寫作！在臺兩年多，我戀愛與創作同時並進，有兩百次講演，出版了四百七十多萬言，十多本書，發表了四百多篇文章，也有四十萬字左右。」

因此他認爲婚後不但不會有礙寫作，反而可有更多的感觸與題材，他相信愛妻馬福美將是他「回憶錄」裡最幸福的一章。

愛的對話

——訪無名氏談他的愛情

記者　李瑞騰

午後的餐廳，疏落坐著幾桌各自高談闊論的客人，我靜靜地坐在可以看到入口處的一角，聆聽音樂，並觀察這家據說還算有名的餐廳擺設。

大概是三時吧，無名氏上樓來了。這一回，我們約好要談關於他這一次的戀愛。兩年來，彼此談話的次數頻繁，而話題總在文學上，有時也談些他在大陸上的苦難以及來臺以後的所聞所見。

坐定以後，他便表示，由於已經答應某報社，要我不要窮追猛問，否則會陷他於不義。這我當然能理解，於是也不問，讓他自個兒說了。首先他談到所謂的老少配。

「夫妻年齡差距大些，在自由世界應不成爲問題。在大陸就有麻煩了。我有一個朋友，在大學教書，已經五十七歲，一位廿二歲的姑娘愛上他，一直努力，都無法被批准結婚。這是一般現象，特權例外。」

這當然只是開場白，無名氏瞭解，我想知道的是關於馬福美小姐的一些事。他說：

「當我還身陷大陸的時候，她就已熟讀了我的作品，那時，『無名書』已出版前四卷，在我抵達香港以後，她和我的通信中，她表示非常喜歡這些書。我認爲，一個姑娘家，能喜歡我那些探討生命、哲理意味很強的作品，實在難得，顯然，她對人生有深入探索的興趣。」

每一次和他談話，他都是那麼正經八百的正襟危坐，非常專注，彷彿整個人都入話語世界裡，這一次尤其特別，突然覺得他的聲音溫和起來了。

「一切都是緣分。我剛到香港，她以一個讀者的身分和我通信，我們談一些人類的基本問題、生命的信仰以及一些嚴肅的信念，我發覺她很特別，歡喜和她交往。」

「我來到臺灣以後，經過一年多的交往，起先我一直在考慮，我是位作家，寫作是我的任務，我怕自己的精神狀態難以被瞭解，那會是一個遺憾。後來我愈發覺得她實在能眞正了解我，我想，那是我在作品中暴露太多自己的原因。」

「她學的是音樂，平常教鋼琴、電子琴，現在我們已經準備結婚，一切的過程非常順利，婚後我們就住在石牌。」

是的，無名氏將在自由世界建立一個新的家庭，家的溫暖與安定必能給他一個更好的寫作環境。據說，他正在以小說形式寫一本大陸的歷史，這可能是無名氏繼「無名書」之後一本非常重要的作品，我們期待於無名氏者，乃正是希望他以其經驗、智慧、文學、史筆爲近代中國歷史作證。

由於談的是愛情，那天我們也談到了龍應台在新書月刊所寫的「濃得化不開——評無名氏的三本愛情小說」，他認爲龍文有些問題，但他不便表示意見，不過他請讀者閱讀區展才在四月份的「展望」中所發表的「評龍應台專欄」，比較一下雙方的說法。

無名氏找到文學以外的歸宿

（香港·明報）記者 林翠芬

少女的愛情可以給人起死回生、返老還童的力量，這裡面代表了最美麗的青春。

——無名氏（一九四三年）

飄泊了大半輩子後，無名氏熾烈的感情，終於再找到文學以外的歸宿，情之所至，年齡相距近四十載也絕非愛情的隔閡。

下個星期天——五月十九日就是卜乃夫先生和馬福美小姐的佳期。還記得八二年聖誕節前兩天，這位名作家以探親名義從杭州翩然抵港，那日剛巧是港府實施雙程證新例首天。然後，在八三年二十二日，居港期滿當晚，悄然飛臺，如今在臺獲得美眷，正是千里姻緣一線牽！

無名氏的新居位於臺北市市郊石牌路，是一座兩層高的洋房，總面積七十多平方米，價值約三、四百萬元臺幣，是無名氏向銀行貸款購買的。他們將在雅緻的房子靜享二人世界。

事實上，無名氏自抵臺兩年來，在各場合演講有一、兩百次之多，正好趁新婚期間過些寧靜的日子吧！相信在愛情原動力和賢內助的照顧下，他的新作品當更添文采靈泉。

但對於香港這個他曾匆匆惜別的美麗的城市，他暫時是不會（也不太可能）舊地重遊了。兩年前，他在本港掀起一陣「無名氏熱潮」，相信他的衆多讀者都會遙祝這段好姻緣吧！

說起來，卜、馬之戀，也是在無名氏居港期間開始的，當時，這位秀外慧中，彈得一手好鋼琴的馬小姐，在臺北以讀者身分與無名氏通信，在談無名氏作品的字裡行間，已表露了深切情意。

她在信中有言：「我唯一能肯定的眞理就是愛……極純粹的愛本是世間珍寶，難得稀有，而現在的世界更是日益稀少了。」「……如果眞有輪迴，我甚至幻想前生曾深愛您，那是何等的幸福呀！」

自由天地・作家無名氏幸福逍遙

——寧靜港灣・佳麗馬福美情有所歸

記者　李　鋒

「她是一條船，悠悠駛入我的港灣；這一刹，宇宙像一朵玫瑰，靜靜在我心園裡開放……這一刹，幸福像一條閃電，悄悄的亮在我的身邊……。」外表看來冷靜堅毅的卜乃夫，在面臨這人生最美妙時刻即實現之前，不禁脫口就吟出了洋溢著沸騰熱情與喜悅的詩句。

在兩人無數個眼眸與淺笑交織的默契裡，無名氏塵封已久的浪漫情懷，終於又像火山爆發一般，逆射出熾人的光芒與熱力。

雖然仍擁有像當年寫「塔裡的女人」、「北極風情畫」及「海豔」等作品的奔放眞情，但畢竟又經過了二十多年苦難歲月的人生經驗，如今的「無名氏」在處理如萬馬奔騰般起伏的情感問題，已能和理智充分揉和，而顯現出高度圓融成熟的穩重，這正是成年男人所特有的另一種魅力。

「他是一個浪漫與理智配合得恰到好處的奇妙人物，事實上他生活十分嚴肅，經常理性的一面要勝過浪漫一面多多。不過，由於我們都已不再是夢想不食人間煙火情愛的年齡，所以輕柔穩重，像一泓清泉般緩緩流過心田的戀曲，也就格外來得令彼此震動心折了……。」曾是無名氏所有作品最癡迷的崇拜者，畢業於省立臺北師專音樂科的馬福美小姐，對這位仰慕多年的心上人眞正是一往情深，她並未對較想像中來得更爲理智冷靜的「他」，在熱情尺度方面感到失望；相反的，她更欣賞他爲人坦率眞誠的個性，與超越常人太多的思想、精神之韌性。

凡事第一次都是奇妙而又甜美的，正如馬福美五年前首度被無名氏富含感情的作品所感動，而深埋在內心萬種柔情一般。

但對於卜乃夫而言，他第一次在香港接獲其胞弟幼夫所轉馬小姐的信函時，卻沒有太特殊的感受。「也許是當時剛逃離魔區僅一週的關係，內心仍爲驚惶焦慮所盤據，根本未曾考慮過男女私情的問題。」卜乃夫道出他初閱馬福美充滿熱情信函的心情，雖然缺少了那麼一點情調，但卻十分令人同情和諒解。

如今回想起來，卜乃夫對那段時期彼此約四十餘封信的往還，倒是充滿了甜蜜的情愫。雖然，當時有一些仰慕他的異性讀者透過寄相片、成績單或媒人等方式與他聯繫，但唯獨蘭心蕙質的馬福美，能輕柔地將「無名氏」心靈的鉅創逐漸撫平，並在他死寂的心湖裡激起一圈圈的漣漪……這能說不是份「緣」嗎？

由於彼此心靈的投契，卜乃夫於七十二年三月二十二日抵達祖國後，二十九日就迫不及待和馬福美見面了。

二人初見時，並無小說中所形容「觸電」般的震撼，但彼此均爲對方的眞誠特質所深深吸引，所談論的話題亦皆能在雙方心中引起共鳴。於是，不久後，植物園幽靜的綠蔭深處，又多了一對手牽手、心連心的有情人。

對於這位嫻靜純潔的心上人，卜乃夫眞正是沒得話說，不但與他思想理念極爲相近，同時更彈得一手好鋼琴。民國六十七年還曾以悠美的電子琴彈奏，獲得全省第一榮譽，並進而在新加坡舉辦的複選中晉級，獲得代表東南亞地區與世界一流好手在東京相互切磋的寶貴經驗。有時寫作疲乏之餘，他會靜靜擱下筆來，享受幾首心愛的人灌注濃濃情感，流瀉著夢幻般美妙音符的曲子，眞有著俗慮盡滌的舒暢感受。

不過，卜乃夫更感到愉悅的，倒還是在於馬福美對他無微不至的照拂。他寫得凌亂不堪的草稿，她會細心地替他謄抄一遍，並找出一些筆誤之處。「來臺後，截至目前爲止，我已經參加過二百次左右的演講及座談會，出版了十二、三部書近二百七十萬字，同時陸續在報章雜誌上也發表了四百多篇的文章……」卜乃夫像數家珍，道出了短短二年間，令人驚訝的寫作成果。當然，沒有馬福美在一旁默默的照拂支援，他絕不可能如此徹底的發揮那驚人的潛力。

爲了建立一個屬於他們二人的小天地，馬福美更是充分發揮了她善於理家的一面。他們位於士林郊外的新房子，幾乎完全是由她一手設計整理完成。寬敞的客廳、簡單雅致的擺設，與一清爽柔和的色調配合，在在都令終日埋首於字裡行間的卜乃夫大爲滿意。

望著一樓四十坪左右，連地下室三十坪，共約七十坪左右的「新家」，卜乃夫興奮之餘，感觸良多地表示：「記得在大陸上，我的居所僅九坪左右，尚不到十坪，但已是相當令人羨慕的了，一般百姓住的房子簡直窄小得令人無法想像。」他仍深深記得二年多前離開杭州時，該地青年們怨歎：「難道要我們在馬路上談上十年的戀愛嗎？」事實上，至今大陸上的女性大概至少要卅五、六歲左右結婚，才可獲配一小塊的房間供容身。

對於婚後，乃至於未來寫作方向，「無名氏」鄭重表示，他爲反共而作的特質永不變，但可能將要以一些三千多字以內的短篇文章，來取代目前長篇的作品，而這些短篇仍要將大陸上形形色色各層面的實際狀況重組出來。

「不過，目前我倒是要好好結個婚，度個蜜月，與福美暢遊一下溪頭、花蓮等寶島各地風景名勝，徹底休息一番。」這是卜乃夫結婚前的心語。

寶島風情畫・無名氏娶嬌妻

聯合報新聞報導

——塔外的女人・馬福美嫁乃夫

作家無名氏，昨天娶鋼琴教師馬福美爲妻，他形容自己「得到今生最大的幸福」。婚禮在臺北市仁愛路空軍官兵活動中心舉行。原名卜乃夫的無名氏，身穿米黃色西裝，頭髮梳得油光光，襟上一束粉紅玫瑰，顯得喜氣洋洋。

在三十多桌親友來賓祝福聲中，六十八歲的無名氏，挽著身材高眺的新娘穿過禮堂的花門；二十九歲的馬福美，長得甜美可人，兩年來，由「無名氏忠實讀者」，而成爲他的情人、秘書，先後替無名氏謄寫數十萬字的文稿；昨天，白手套掩蓋了她右手食指和中指因書寫而長的厚繭。

無名氏的婚禮，由他的立法委員哥哥卜少夫擔任主婚人，孔老夫子的奉祀官——考試院長孔德成證婚。高信譚做司儀。

孔德成用「珠聯璧合」、「佳偶天成」、「百年好合」、「五世其昌」等吉祥成語，祝賀「大大有名之士——無名氏」。

最高法院檢察長王建今、執政黨大陸工作會主任白萬祥，擔任男女雙方介紹人。主婚人卜少夫致詞說，有王建今在場，一切「守法」而「合法」；而卜乃夫是反共作家，將來要請白萬祥多指導。

司法院院長黃少谷以來賓身分說話。他說，他看到同一大廈的王建今的賀聯「才子佳人雙美，書香琴韻聯輝」，才發現「大廈裡面有人才。」

黃少谷說，他也要做一個對子，把卜少夫的「旅行」和「新聞天地」兩雜誌，卜少夫在「新聞天地」的專欄「我心皎如明月」；卜幼夫的「展望」雜誌，以及卜乃夫的「無名書稿」，統統嵌進去。

他的對子是：「旅行海峽東西，寶島結鴛盟，論文章赫赫無名書稿；展望新聞天地，丹心如皎月，數人物堂堂卜氏英豪。」

黃少谷站在台上，讀完耗費一個上午苦思而成的對聯，覺得「掌聲不夠」，再朗誦一遍，贏得了滿堂彩。

蔣緯國將軍半途到場。原來他在空軍官兵活動中心的另一側會場，擔任另一對新人的證婚人。他說他走捷徑，想從後台到「卜馬聯婚」的會場，沒想到困在後台，不知道台上站幾個人，台下又有多少人，最後只好從側門出，再由正門入。

「玩琴的玩琴；作對子的作對子。」蔣緯國的賀詞是用唱的，取「你儂我儂」的其中兩句：「從今以後我可以說，我泥中有你，你泥中有我。」充滿磁性的歌聲，喝采聲熱烈。

昨天前往道賀的人士有嚴前總統、倪文亞、秦孝儀、谷正剛、李煥、馬樹禮、宋楚瑜等。

無名之福

記者　朱婉清

無名氏初抵臺灣時我稱他「卜叔叔」，這是由於卜少夫伯伯是父親老朋友的緣故。但是自從他有了神秘的「馬小姐」，我開始跟著老公叫他「四哥」，他既然要娶年歲比我還小五、六歲的妙齡小姐，叫他「叔叔」，豈不叫老了他？

馬小姐始終沒有露過面，哪怕大家硬軟兼施，逼迫四哥招供，他眞能堅此百忍，一字不吐，只含笑答應：

「總有謎底揭曉的一天！」

四哥這人號稱「無名氏」，眞是名實不符，一個無名人氏，結果不但文名人盡皆知，而且結一次婚如此轟轟烈烈，羨煞多少形單影隻單身漢，簡直洪福齊天，足證老天爺公平的時候相當公道，過去在大陸所吃千辛萬苦，這一回，一個如花四嫂，全贖了回來。

猶憶五月十九日晚間，吃罷四哥喜酒，打道福華飯店洞房，計算著如何大鬧一場，仔細端詳千呼萬喚始出來的新娘子，倒一下子看呆了，忘記自己原先任務。這位年輕、成熟度不輕的高個子美人，究竟是否人間凡俗？爲啥願做此超俗驚世的不凡之嫁？夫妻相差四十歲的例子只怕並非很多，試問愛情是否沒有任何界限，在此答案一定是確鑿的。

四哥的特色是下筆如刀，出口如潮，寫起大書，一冊冊的妙語如珠；海蓋聊天，排山倒海，可說上三晝夜。才氣縱橫，表露在文字、話句中足令人噱倒，也難怪四嫂未見其人先有情，立志要做卜家婦，不做第二人想。

而四嫂的溫婉、美慧、內涵，都也夠我們這群刁嘴老弟老妹服氣，儘管有多口舌者議論紛紛，認爲「少女幻夢」不足採信，但我深信時間早已考慮過這對忘年佳偶，他們並非一見即婚，而是經歷了重重試探、磨練，最後才做理智的抉擇，他們一點也不盲目或昏迷，四哥不曾因美色而娶，四嫂更非爲盛名而嫁，他們是一對踏實的賢伉儷，和世間所有戀人一樣，將共偕白首。

我肯定他們得偕白首的理由，是四哥那顆青春火躍的心，這顆炙熱心靈令他一身是勁，也造就他所有器官正常健康，讓我們期待著牛年耕耘孕育出卜家後代，把四哥的人生推送到巔峯極致。

歡送新人往溪頭蜜月去也，吾等在此細數無名之福，這筆帳上絕非單純的男歡女愛，而是濃濃情誼混合著尊崇敬重。無名氏今後在安享天倫快樂之餘，定有勝似以往的鉅作問世，爲歷史充見證，爲他個人立里程碑，這是福之份內，四哥受之無愧。

卷四 天眞夢卷：西湖夢卷

第一葉 天 眞

——擬戀歌斷片之一

一

今天，我太樂。怎麼說才好呢？唉！嫣！我永久的愛！都得謝你！一切凡是甜的，美的，全是你安排下給我的。正像希臘神話中大神安排豐盛的華筵給凡人一樣，你給我安排下天上的輝煌享受。和你在一起，無論是沈默、是談，是笑，是看山、看水、看月亮，都好！只要你在，一切都好！在你身邊，我才感到是在活著，我才感到自己有靈魂、有智慧、有愛與憎。你不在，如受了魔法，一切全變了，變得那樣慘、那樣陰沈，我只有低首無言，偷偷咀嚼悲酸的滋味。

上午，你與娉來了，要參加明天考試，盼我陪你們到彈子石走一趟，看那一帶左近有沒有憩處。我雖然身體有點不適，但還是歡歡喜喜的答應了。因爲，這樣又可以和你在一起，又可以看你，聽你笑。你不知道你笑得怎樣美哪！

我換新鞋，嫣穿天藍布新罩袍，娉也穿新袍子，我取笑你們：「這是在嫁人哪！」你們都笑了。

買了一堆糖果，邊說，邊笑，邊嚼糖，我給嫣提書包。我讓她知道：我已見到她給O的信。她臉紅了，羞得什麼似的，不斷咕咕笑，且彎下腰嬌喚：「噢唷！」這溫柔勁兒，夠我銷魂的。我禁不住吻她兩次：「這樣可以補償你的損失吧！」她不開口，只是咕咕笑。

隨著一個吻，我餵她一顆糖，糖與吻都甜。

買到金紅橘子後，我一片片餵她。她的小嘴與淡紅橘瓤一樣美麗。

走熱了，我脫下大衣，又給娉提書袋，這樣，兩隻手都不空了，愛的嫣便剝橘子給我們吃。

「不和你們在一起，各式各樣的陰暗與憂鬱都來了。和你們在一起，我忘記了一切。」

我告訴你們一個友人的悲劇。你們都關切，但我不忍多說。

嫣，還記得嗎？那個過路的，著黃呢中山服的中年人，他的喉嚨像青蛙一樣奇怪，我學他，你笑了！走在那小路上，塘裡都是紫紅色浮萍，你不認識，我笑你是都市小姐，如你自己所說，「四體不勤，五穀不分。」爲什麼不學學我這個鄉下人呢？

「人們相聚，眞是浮萍一樣偶然哪！我們是偶然相聚了，會不會偶然分開呢？」

嫣不開口，若有所思。

我哼小調子，唱『喀秋沙』：

「喀秋沙走在峭峻的岸上，

歌聲好像明媚的春光。

……喀秋沙的愛情佑護著他。」

我喜歡這首歌，不單是音節簡單，動人，還因爲上面那第三句。我設想，自己如勇敢的與社會惡勢力搏鬥，我所愛的嫣也會「佑護」我的。我把這想頭告訴過你，嫣！還記得嗎？就在我第一次嚐你甜吻的那個朦朧月夜！

今天，我又唱這首歌。

我還唱"Rainbow on the River"，這首歌也是爲愛人寫的，我最喜歡下面一段：

Let you and I sailing along the rippling stream, holding hands together……

我把這意思告訴嫣，她也神往這境界。但這並不難達到，只要我們努力。

眞的，嫣呵！你是勇敢的！只要你能像我一樣自信，這簡單的理想太容易實現了。

到達彈子石，分訪E小學與P學校（考場），累得像駱駝。我們在一家比較乾淨的館子裡午餐。之後，找旅館沒有，只有「未晚先投宿，雞鳴早看天」的客棧，全告「客滿」，與隆得眞可以。

沒有法，只好渡江到朝天門。晚間嫣與娉擬宿友人處，明晨過江參加考試。

我們同乘洋車到雪園喝咖啡。座子四周幽靜極了，雖然有音樂聲、人聲，但都不太刺耳。

我講了幾個故事給她們聽：

1. O．亨利：「忙經紀人。」

2. 契訶夫：「快樂的人。」

3. 契訶夫：「究竟是誰說的？」

4. S．刺威格：「一封陌生女子的信。」

第四個最叫嫣感動，我看得出來。

喝過咖啡，我提議到Daisy吃經濟俄國大菜，她們不肯。便到一個眞正武漢風味的食店，吃湖北豆皮與豆絲，便宜，味美，愉快得很。

晚間，陪她們回去。抵達後，娉進去找女友，我與嫣站在外面，江邊，我又餵她一片橘子，一顆糖，跟著是一朵吻。先前那一夜與今兒上午，我只吻她的面頰，今晚，我才算眞吻了她。我的嘴唇壓在她的唇上，如熔鐵，一股奇熱流在我血液裡，我說不出的甜！甜！

遠遠有人走過，我不管，我還是密吻她。

我們比驗著手，你的手和我的一樣大，但我們的都是小手。

我們緊緊握著手，心變成一個。最能熔合兩顆心的，莫過於熱烈握手了。嫣，要不是生活在這討厭的社會裡，我眞願永遠緊緊握著你的小手，站著看幽幽江水與朦朧雲天。人生比起少女的愛來，又算什麼呢？白朗寧垂老時曾說過：

「少女一吻比一切都可貴。」

今夜，嫣！我眞算嚐到你的甜！我永忘不了你！

「你過去是不是有很多羅曼史呢？我是不是你這些Romance裡的一個呢？」

「大概是的。」

嫣呵！你這答語使我渾身不禁抖顫起來。如果是眞的，該多可怕！我不敢同意一般髒男人，想用虛僞的感情來換少女的眞情，想用商品樣隨時可以出賣的心，來換少女的只屬於一個人的心。但是，嫣，如果你是我第一個動用眞感情的人，你該不該從我開始起，才把你的眞感情獻出呢？

我能不能成爲你感情史上劃時代的紀念碑呢？

嫣，我多想成爲你的first love的對象呵！

作一個少女的第一個愛人是幸福的。第一個如果就是最後一個，更是幸福之幸福。

娉出來，你們送我到新街口，我又送你們回來。在江堤上，我談到一個友人的戀愛悲喜劇，又談到Browning夫婦的甜美生活，嫣用小手緊緊捏我。我的心輕輕飄飄漾起來。嫣的小手似乎就在捏我的心呵！

媽呀！我的手有永久被你緊緊搓揉的幸福麼？

回到順城街，我和媽談到此後計劃。我想：我的誠懇應該感動媽。

她們請我後天上山，請我喝牛肉湯。娉說：她的媽早認識我了。我很奇怪。原來O病時，老人來探問，見我在教英文。

我沒有妹妹，我願她們都是我的妹妹，她們笑了。

臨別，她們又要送我，推辭不得，我只許送到城頭，看見街燈爲止。巷子太黑了，我一個人走，怪冷清的，她們體貼我，我只有感謝。

在坡上，我對媽說：不要遠送，只要給我一個sweet的就行。說罷，轉過頭，她的溫柔小嘴湊上來。這是她第一次自動的吻我，（以前全是被動的）我幸福得想哭，想流淚。

分手後，她們站在城邊，看我回去，我立在街上，要看她們先回去，大家都笑著堅持己意，多天眞！

「好，我走了，別人見了，會笑我們是瘋子哪！」見別人來了，我只得走開，還頻頻望她們。唉！這樣的人生太美了，不知我能有多少福氣消受幾天呵！

走在街上，我對每一個人都表示驕傲，因爲，從今天起，我是一個眞正被人愛的孩子了！

謝謝你，嫣！

娉是好孩子，我也謝她！

二

昨晚，月亮那樣大、那樣圓、那樣亮，沒有嫣，我也沒有心緒欣賞，一早就睡了，連夢都不愉快。我夢見我很憂傷。

這樣美麗的月亮，你在哪裡，嫣？你不知道，月亮的美麗是怎樣不完整，怎樣需要你來彌補呵！

只有和嫣嫣在一起，我現在才有心看月亮。

只有和嫣在一起，我才感到生活甜美，世界溫存。

嫣來到我生活後，如一條分水嶺，把我的全部生活劃分成兩部，一部是過去的，一部是未來的。

過去的顯得陳舊、單調、陰沈。但一切過去的已過去了，我毫不留戀，抓住我整個心的，只是我將與嫣嫣共同創造的未來。這未來現在還是一片榛莽，一片磽确，需要我倆開闢、墾殖。

我相信，我們都是有良心的好孩子，誰也不會辜負誰，我們的心都潔白如紙。

我們都有理想，理想是我們共同的電炬，照耀我們前面的幽暗旅途。只要我們相信這電炬，遵照它的啓示，我們的生活便是幸福的、甜美的。

我們當中有一個會中途改道嗎？不會的！

媽媽不是一個沒有遠大眼光的孩子，她和我一樣看得清楚：只有那黃金樣輝煌的將來，才是我們所寶貴的，目前短時期包圍我們的暗霧、終要消去。

這些或許只是抽象理論。

我還可以提出具體事實。

我的意思是：四年之內，我的成就稍高，經濟基礎奠定，媽的學識也有長足進步，能夠把工作與興趣打成一片，則我們即可在這齷世界開始築我們的乾淨天堂了。

四年，看來很長，其實很短。那時候，我們都還是二十幾歲，我們對人生還有太多太多的享受機會。用困苦的四年換得幸福的四十年或三十年，還不值得嗎？還不幸福嗎？

我是有決心的，只不知道媽媽打什麼主意？是不是能信賴我？

只要努力，這困苦的四年計劃，三年或許就可完成。

上面所寫的都是酸話，我還是說點甜的吧！

※　※　※

媽媽與娉本答應，今天下午在山上等十八日那一晚，我借天上星光，送你上汪山，一路小妹妹才說，她們已上背風舖峰窪。

也怪，疲倦得如小豬的我，這時忽然精神煥發，便騎一匹白馬上山。想到唐詩「白馬麒麟郎」，不禁啞然失笑。

風極大，馬夫帶我走小路，更不痛快，方知人生究竟不如腦海中想的那麼美、那麼善。到懿訓女中門口，下了馬，一些在樹林裡看書的女學生都望我，怪不好意思的。比較起她們孜孜矻矻來，我眞有點像紈袴子弟了，慚愧之至。

我不知道娉父親的名字，我說找周女先生（即周小姐），她母親聽錯了，說周睡了，出牙子。我很奇怪，娉前天不是很好嗎？怎麼出牙子呢？這樣大的人還出牙子嗎？

我又說找嫣（嫣是周伯母的外甥女），周伯母才恍然大悟。後來聽她解釋：出牙子即拔牙齒，非長牙齒也，我笑了。

嫣在睡，我吵了她，眞抱歉。也難怪，這兩天她上山下山跑，夠累的！該死的我，爲什麼不改一天來呢？她是太需要休息了。

看看天色，暮靄四合，我更怨自己莽撞，揀這樣一個不湊巧的時候來。

嫣嫣睡眼惺忪，分外現得嬌媚、多情，這是她的唯一誘人處：從第一眼即感到她的熱與柔。現在，她雖因小睡而有慵困之態，但顯然是一座熔岩暫隱伏的火山，那低暗的火苗，可以從她的眼神裡看出來。

納蘭容若說過：「人到情多情轉薄。」我的嫣嫣不是如此的。她的情只有越來越厚，從未幻想過沖淡它、抑制它。

背風鋪多林木，嫣所居草屋，坐落山坳，林蔭滿屋脊。屋前是山丘，屋後是學校草坪，地勢幽靜而親切，使我想起自己最好的友人。說眞的，抗戰三年多來，我還沒有經歷過這樣親切的環境。

周伯母健談、大方、體貼，我恨自己沒福消受這樣一個開明的好母親，我眞羨慕娉。

唯其我現在沒有母親和姐妹，我才更迫切需要一個女孩子的愛撫。女孩子的愛撫，有時可以把母愛姐妹愛合成三位一體，混凝後，再鍾鑄出一種新愛，令一個男子勇敢而溫柔的愛！這愛，我希望嫣能給我，她不會吝嗇的，我想。

我與娉、嫣，及娉的兩個小妹妹，到山上盤桓，參觀了懿訓女中，湫隘得可憐，戰時教育夠張羅的。

下了山，怕已是黃昏，我堅持就回清水溪，怕遲了不辨路，她們定要我多坐一會。無法，我說只坐五分鐘。

「你的錶比別人的特別慢。我們不怕。」娉與嫣這樣說，我笑了。

我袋裡還剩幾粒糖，三人分吃了。糖衣是銀紅的、翠綠的、暗藍的玻璃紙，很精緻，放在油燈上面燃燒，發出「嚓嚓」聲如夜風穿過林葉。

「貴重的紙被焚時，較之那些廉價紙，連燃燒的聲音都是好聽的。」

我這樣說，嫣望我一眼。

正談著，麵來了，我一大碗，嫣與娉是兩小碗。

「這可怎麼辦哪？瞧！你們在拿難題給我做！……」

我禁不住埋怨起她們，拜訪友人而驚師動衆，我最怕。

嘴裡這麼說，肚子也在暗自好笑，我原未用過晚飯呵！但我的原來計劃，是早點回清水溪去塡肚子的。

既來之，則安之，不得不硬著頭皮，吞下麵條。它雖舒服了我的轆轆雷鳴的肚子，卻苦惱了我好強的心。傳說的招待客人的方式，對我不啻是鐐銬，溫柔的但是拘束人的鐐銬。

吃完麵，幾次三番想走，都被留下。我又歡喜，又煩惱。歡喜的是：我又可以多看嫣幾眼，多聽嫣幾聲。煩惱的是：我這個魯莽的不速客，把這個古式家庭的秩序全破壞了。

嫣！你能體會我當時的苦衷麼？

設若這座房子，只有你和娉，或僅只有你，我願陪你坐到天明。如果這房子是你們倆的，我盡可任性，盡可調皮，但如今——

這番話我當時想說，又噎住了，我怕你們生氣。

鄭先生是個好青年，但他嘴裡有一顆金牙，卻使我抑制不住的憎惡。我曾經有這麼一個瘋狂的心願：願普天下鑲金牙的人都不爲我看見，即使他們不被消滅。

我憎恨假！凡是假的，我都恨！「假」在我旁邊，我什麼都不能做，不能想。我唯一想的，是趕快逃走！古人說：「不共戴天」，這用來形容我之恨虛假，是適當不過。

我之愛與憎是強烈的，明顯的，我有大愛，也有大恨！

（寫到這裡，我突然寫不下去了。）

（一九四〇年十二月清水溪）

（後記）有關「天眞」女主角詳情，請參閱本書「情簡」「後記」。

第二葉 情 簡

一

你走後，一股淡淡哀愁，總像秋霧繚繞在我心中。有時傻起來，走在山上，對著這一層藍霧，直幻想它是我哀愁的化身。我自信是個倔強的人，從沒有向回憶屈過膝。儘管過去屹立著不少美麗的記憶，但很少向它投過癡癡一瞥，尤其是在這比較勞碌的一年。然而，現在，無論走在街上、坐在家裡、站在江邊、混在朋友群裡，一些屬於你的回憶，總俘虜了我。有點甜，又有點苦。特別是擠在公共汽車上的人群中，望著窗外街景，身子被汽車震得有點飄飄然時，更容易想起你。我幻想你或許就在街上，西北之行只是逝去的一朵夢，你就會蝴蝶樣撲到我身邊的。最忙碌時，偶然得暇，最容易想起一個人。這個人在夢裡是這樣近，白天卻又這樣遠。

唉，嫣，爲什麼不來信呢？是不是在路上遇到不愉快的事呢？告訴我吧！快告訴我吧，愛！

今天是舊曆元旦，許多同事都出去了，只我一人守著這又空又大的房間。窗外夜色是這樣濃重，我不敢走出去。我只踱到副總編輯室，把身子藏在沙發裡，聽話匣子播放的法國抒情小曲。法國女子的歌喉是圓潤的，配上「間關鶯語花底滑」似的法文音調，我更止不住跌入回憶大海。旁邊瓶中的銀紅梅花輕輕散溢靜靜芳香，然而你的鬢髮的芳香呢？這時，我的頭禁不住往旁邊緊緊傾倚過去，你的肩膀呢？

你知道，你的聲音與笑容對我的影響有多麼大！人不在了，我要聽你的紙上聲音，看你紙上笑容。沒有它們，如沒有鹽，我的生活夠乏味的。

來城裡後，不管生活的重擔怎樣苦痛，怎樣緊壓著我，我總得意著唯一的快樂：你能給我的快樂。如辛勞一天的農人，在抖脫沈重的工作後，他要到草地上散散步，喘口氣，你就是我唯一的草地。在你身邊，我可以躺下，可以自由散步，可以喘一口氣，可以幻想、做夢、計劃一切，並享受一切，而你的信，就是草地的聲音。

讓我聽聽草地的聲音吧！

……

二

這兩天盤旋在心裡的，只有一個字：信！

你的信！

你的！

only yours！

每天從外面回來，第一件事，就是察看檯面，打開抽屜，看有沒有一角粉紅色或淡綠色或白信封（你是愛用白信封的），結果總禁不住嘆一聲酸心的氣，看不見應屬於嫣的一個字。失望之餘，先是詛咒郵差或許誤事，繼而疑是工友壓下，終於想詢問一位管收發登記的女同事，但又說不出口，我的無言痛苦夠深的。

我多想埋怨，嫣嫣忘記她的好朋友了。但我又不敢埋怨。我沒有忘記，嫣嫣曾用筆用口說過：她「很歡喜」我的。嫣呀！在你身邊，如在有陽光的藍天下面，我感到太多的溫暖與光亮。但一串歡樂的日子過去了。我如一隻不知足的鴿子，不知道藍天與陽光的可貴。現在，你走了，留下陰暗與寒冷，鴿子再展開羽翼時，才開始嚐味到悲慘的一幕。我說「悲慘」，絕不誇張，只有自己繼續不斷忍受許多痛苦後，才知道這兩個字的份量。

今天N來，說十九日晨八時，在化龍橋看見大汽車帶走你與P，看見你們坐在許多男子中間，（我多嫉妒那些幸福男子，我爲什麼不是他們中間一個呢？）看見你們在用力向他招手。他說，這些有力的招手當中，他看出你們心中的難過。我十分知道：嫣在招手時，心裡該是怎樣抖顫與寂寞。如果站在路邊的是我，我當時該又是怎樣一種古怪的感覺。

人寂寞時，常想起朋友，但在認識你以後，我寂寞時，卻只想起「一個」朋友。是的，僅僅是「一個」。

然而，聽N的話以後，雖然沒有親嚐分離的苦酒，已預嚐到你的悲哀。我設想你在那許多陌生男子中間，內心不是最平靜的，雖然他們的笑聲與好語可裝飾你週遭的冷寂，但卻餵不飽你饑餓的心，燃不起你冰凍的靈魂。隨著車子長馳，你腦海裡或許裝滿新鮮意境，如一個首次航海者，隨舟船拍著海水前進，展開在面前的是一片嶄新旅程。你將接觸新的大地與人民。但是，車停了，你在山村野店憩宿，在昏黃的油燈下，對著低矮的天花板與短短牆壁，你會不由而然，低下頭。儘管你平日是一隻百靈鳥，現在卻變成一隻噤默的寒蟬。你會感到：

繁華的春天過去了。

秋天把凋零的葉子帶來。

冬天的風吹起你的衣衫。

友人遠了，生人近了。

……

也好！這寂寞與淒清來得正是時分，你此行原是打算替我製造寂寞與淒清的。

……

三

二月二十八日及本月二日二信，想已收到。

說也奇怪！我倆第一封信，竟同是在一月二十八日寫的，多巧合！你猜，這象徵什麼？

展開你的粉紅色信箋，我的心好久在「トト」跳。從你走後那天起，我一直在計算旅程，盼你的信。盼著盼著，極度焦躁中，終於翩翩來了，我的歡愉可以想見。掃興的是，不知怎麼一回事，信口已敞開，不知是漿糊貼少了，還是被人偷偷拆開。我是說不出的煩躁。你知道我的個性。我太珍愛我所愛的人的一切。凡是她給我的，一紙一信，我都不願別人偷嚐這裡面的美麗芳香，在未得她的同意以前。

讀你的信，如咀嚼一顆少女的純樸的心，我的嘴角一直掛著微笑。你的信有點像我弟弟的信，情感重於理智，簡樸多於奢華，到處流露出春晨綠色林葉的清新氣息。從這裡，我看見你純潔的靈魂，豐富的感情。然而，不管一片土地怎樣肥沃，總得開墾，才能長出美麗的花朵，結出堅實的果子。你的感情正是一片肥沃土地，得用哲學、文學來開墾，你才能放射輝煌的光亮，炫麗的顏色。妹，你得多讀一點，多想一點。我所送你的那幾冊書，都是極成熟的名著，你應該朝夕沈浸其中，一遍又一遍的讀，才能摸熟文字的迷宮，從而如一個老騎士，能駕馭文字，駕馭感情，調製出驚心動魄的圖畫。

昨天一個人到國泰看「魂歸離恨天」。這是由英國文學史上一本著名小說改編的（註一），極富文學意味，內容極纏綿悱惻（我寄你一份說明書），許多人都流下淚，但我卻毫無感覺。

沒有嫣在旁邊，這些悲哀故事有何意義？它雖然也會使我心酸，但一想到我倆的感情，我又搖頭了。我不信天下女子會像卡珊那樣意志不堅，更不相信一個男子會像海光那樣殘忍。

不過，話說回來，這張片子有些鏡頭畢竟是美麗的，又令我想起我們在一起的那些日子，那些夜晚。還記得嗎？十二月二十八日那一晚，我借天上星光，送你上汪山，一路上，我們如火如荼的熱情，極纏綿之致的溫柔，如果旁觀者看到了，感動的程度，難道不會超過這張影片？妹，我第一次看見你的眞正熱情，是在那一晚。我第一次知道你的眞人格，也在那一夜。那比蜜蜂還甜的一晚，我永遠忘不了。

今晚，未寫此信前，我讀了法國拉馬丁的羅曼史「葛萊齊拉」。這本書，我過去讀過許多遍，這次讀了，仍然深深感動。書中寫一個法國詩人與意大利拿坡里海島漁家女的羅曼史，兩人因身分不同，詩人返法國後，女子終於鬱鬱而死。故事悲哀透了，也美麗透了，裡面許多描寫兩人相愛的幕景，每使我禁不住聯想起汪家花園，我倆如膠似漆的那一幕幕。（註二）

四

這一個月來，除了月初一封電報式的短箋，就沒有再見到你的信。每天懷著最熱烈的期望等待。等待！等待！但總是空虛。你是那樣殘酷，對我的熱情，除說上兩句不痛不癢的風涼話外，還罵它一聲「沒出息」。現在則乾脆置之不理，讓它如沙漠吶喊，沒有一絲回聲，沒有一點響應。

我眞恨你！恨你！恨你！恨你！

我恨你天眞得近於冷傲，慵懶得近於無情。我倆在一起時，你對我是那樣關切、親密，分手後，卻又如是冷淡、疏遠，這道理我實猜不透，一丁一點猜不透。

你只諷刺我太感情，卻從不考慮我的感情該不該用。如果該，一千一萬個該，你爲什麼顯出鄙夷不屑的神色？爲什麼在信上老皺眉噘嘴？如果不該，你難不成以爲我的感情應該變成無情？我的忠誠應該轉爲虛僞——嫣，你得坦白告訴我。率直告訴我。

S今晨搭船赴江津，轉合江（T希望他去），昨晚和他在馬路上逛了很久，他告訴我，你有赴甘肅蘭州之意，唯主任不許，打算先到天水看看。

如一隻鳥，你現在是越飛越遠，越遠越爲你所喜。年輕人本應走一節遠路。你有「往外衝」的勇氣，我除了讚美，再沒有什麼好說。只是，當心惡劣的天氣與一陣驟然降臨的暴雷雨。

等待你來信時的心境是興奮的，但等待的希望一天天渺小時，這興奮也跟著逐漸冰冷了。對於你的寡情，我現在是說不出的灰心，難過。我希望自己能保持相當堅強的忍耐，不讓這點灰心，僵硬了自己的感情。然而，當我的唯一伴侶瀟然遠逝後，我又何苦作踐自己，不放下那會唱的豎琴呢？——你是遠走了，連你的精靈。

任怎樣熾熱的火，也禁不住一片冰水。如果以後我沒有很多的信給你，請原諒，這是你啓示我如此的。

……

五

你說我近來冷酷，這眞是一個古怪說法（也是我第一次聽到這種說法）。嫣，我對天下人可以冷酷，但對你，這怎麼可能？我怎麼忍？我全部的信，早說明我是感情到什麼程度，也是最好的辯解，聰敏的嫣會從這裡了然一切。我常覺得自己是一座火山，恨沒有爆發的機會。做夢似地，我竟遇見你，認識你，度過我前半生最繾綣最纏綿的兩個月。在荼火樣的熱烈中，你匆匆走了，留下我獨嚐孤獨況味。觸景傷懷，我的思念與時俱增。在無限寂寞中，我胸中的火山終於爆發了，這便是過去那些信。然而，你的答覆怎樣呢？矯情與冷淡而已。

我一次次叩你心靈之門，總無反應。固然，我們久已肝膽互見，款洽無間，無須再在紙上標新立異，即使無一字牽及情愛，誰也不會辜負誰。就我自己言，除非此生永遠孤獨，否則，捨你別無伴侶。就你言，我雖不配做你理想的終生朋友，但由於過去你對我太好了，使我總迷信我有永遠陪伴你的榮寵。既如此，我們埋在心中的感情又何須外露在紙上？默默相映，豈不更理想？然而，話說回來，維持感情的，畢竟是感情，而不是冷淡；是狂熱與智慧，而不是枯燥與庸俗。再進一步說，人與人發生感情易，產生愛情則難，感情是白水，愛情是甜酒。無論言談行事，只限於我倆時，必須加糖，否則，你對我如此，對任何人也如此，則你何貴於我？而我又怎能得意著你的感情？

從過去我的信上看，你可以發覺我對你狂熱到什麼程度，但你如自己檢查，則你所給我的，又是什麼？我對你所說的，只限於對你，對任何一個其他人，既不如此說。凡我所說，只給你一個人聽、一個人看，我的一切只是爲你。但你呢？你用一般人的態度對我，對我說一般人的話，我怎麼不煩惱？八號給你的一信（用紅信封），是集苦惱大成的一封，看了它，你可以知我的心境。坦白說，在你走後兩月，我每天很少不想你、念你，總想像你會和我同感。然而，當我證明這些只是假想時，原先敏銳的感覺遲鈍了。我不諱言，有時我甚至不願想起你，而想起你，就感痛苦。

你知道我的感覺最敏銳，也最受不得委屈，我需要朋友體貼，更需要我全生命熱愛的人體貼我、撫慰我。

說了上面的話，仔細想來，其實是件多餘。想著自己年歲漸長，迄今一事無成，老做多餘的事，說多餘的話，於人於己，又有何益？寫到這裡，接朋友電話，說希臘屈服，浙江奉化淪陷，沿海吃緊，時局是一天天嚴重，抗戰是一天天艱難，個人猶如此，情何以堪？

我希望你給我以熱情，更希望你能多充實自己。這半年既未入學校，則在社會上亦應時時觀察並認識環境。有機會，就該多看書。練習文章，我以爲重精而不在多。你的文章，很有才氣，但還須鍛鍊。有時，你的一些直爽與熱情的句子迷住我，使我禁不住讚美，但有時嫌太直樸，就缺少洗練。文章固與電報不同，但簡練卻是確切不移的原則。冗廢字句，都要大刀闊斧的刪削。猶如花園，過於蓬勃的雜草雖有生氣，卻破壞了整個花園的秩序與和諧。只要多刪，你的文章就成。多刪！多刪！「的呀了嗎」，盡可能少用，這是我對你的唯一意見。

說新環境裡，和同處的人合不來，但你得學應付，同流而不合汙，切記！

「無論和誰在一起，都會和大家很好。」這是你的美德。爲什麼恨自己？如果你和一般人都好，而減低了對我的熱情，我雖悲亦喜。這正見出你的好處。就我個人言，我願意和每一個人要好，但我的唯一熱情卻僅屬於你，絕不分散。而也唯有你，我才覺得就是自己的另一部分。我願意盡量交朋友，但我唯一最信任的，只有你。你，是的，你！愛，當你走來時，即使在人群裡，我卻覺得你的身體特別高大，高過一般人之上。在你身上，我看見自己的影子。

G處未去，因爲不知他在哪一部。近來忙極，常常撰文到深夜。寫這封信時，夜也漸深。但我立誓要寫完它，明天發出去。從某方面說，我現在卻變得很枯燥起來。如一枯草，需要灌溉。愛，用你的熱情灌溉我吧！

設想將來，總是美麗的。但你卻常常害怕，多怪！有一天，我們眞的寸步不離，永在一起了，你反對麼？自然，這個日子很遙遠、很遙遠。首先，我希望你在智慧與精神上能成長起來，結實一點，而對我有較深的認識。我雖然寵愛你，但不敢耽擱你自己的前程。

重慶這兩天很熱，每天出去應酬，夠苦的！有時獨自出去散步，身邊似乎少了一個人，多可惱！有一天，我站在嘉陵江邊附近松林裡，月暈風涼，城內燈火輝煌，我突然傻想，要是媽媽在這兒，多好！但你何時回來呢？

爲什麼無端大哭？有什麼難過嗎？告訴我好不好？我當盡可能給你解決。我早說過，你是我感情旅程的終點。除了你，這世界再沒有値得我狂熱的人。我愛你究竟到什麼程度，連我自己也沒法測量。說到究竟，我眞不知道怎樣愛你才好。你是太可愛了。對你的愛，是我的一種哲學。我常想，要找一個有和諧美的女孩子（Beauty of harmony），終於發現你。我對你的感情，成爲定型。我不諱飾，不僅過去，即使現在，有的是鼓勵我使用感情的環境，生命，但我卻很麻痹，毫無所感。感情的激流只環繞你，往你衝去，多怪！

你大哭的另一個理由，或許是許多人都對你好。甚至有的施用過濃的感情，而使你無所適從。再想到我，你不禁悲哀了。如果是這種情形，那對你倒是可慶賀的事。可幹嗎用眼淚來表示？說到這裡，我似該說出我的態度，就是：你自己的事，當由你自己決定，我絕對尊重你的意見。只要我有知道這種坦白意見的機會，就不勝感激了。

……

（一九四一年於重慶）

後記：此生第一個女友，或初戀對象，並非「天眞」女主角。但在實質上，眞正算得上戀愛，而又正式記錄於文字的，卻是她，眞名李彥文，嫣是代名。娉是她的表姐，姓周，娉是代名。由於一個偶然機緣，我們相識、相愛。數月後，她離開重慶，赴陝西雙石舖工業合作協會工作，以後又調寶雞。在西北偏遠小城（雙石舖只是小鎭），少見現代化女性，她的形象遂比較突出，追求她的自不乏人。愛情市場有時並不殊異商業市場，常顯水漲船高現象，這樣，她對我不免吹毛求疵，並多少露出冷淡。這些，在「殘簡」的最後二信中已見端倪。一九四一年秋，其弟在重慶缺學費，她姑媽央我相助，我便解囊，不料她後來竟投函向我興師問罪，誤解並謗我是「用金錢買愛情」，我無法忍受，便寄她絕交書。兩年後，我的兩本處女小說風行大西北，她頗自悔，想續前緣，但物換星移，人事已非，自無結果。其實，此二年中，她已與一有妻室的男同事發生肉體關係，並曾墮胎，但她始終對我隱瞞一切眞相。現在，看看我當年文字間的天眞纏綿情致，再對照愛情現實的種種冷酷，眞令人覺得百般無奈也。

又，「天眞」與「情簡」女主角是同一人，爲求統一起見，「殘簡」女主角原來代名「菁」，亦改爲「嫣」。

【附 註】

註一 此指「咆哮山莊」。

註二 如膠似漆，是指我們情感。行爲上，我們畢竟是東方人，異常純潔。

第三葉　水之戀

——擬戀歌斷片之一

如果我能夠，我要用最純潔的情感，最單純的思想，最樸素的文字，來記錄我對閔的思念與眷戀。我不諱言，我已愛上她了。從兩月前的一個神秘日子起，我就愛上她了，正如月光愛戀海水一樣自然。我絲毫不想掩飾從自己心中湧出的情感。

這本小冊子，我將題爲「水之戀」，因爲我最愛水，而我所愛的那個名字，也是附麗於水的（註一）。我是出生在水流最多的地帶，我的一生也將含有濃厚的水味。我從水中來，我要和水在一起生活，我的名字也將寫在水上，像濟慈。

上面一段，是看完「秋天裡的春天」以後寫的。那是一個陽光明媚的下午，這本精緻小書放在面前，我流了眼淚。那些頁美麗的言語，令我想起許多不應再想的事，我於是裝訂了這冊「水之戀」。

歡樂畢竟太短，第二天發生一件令我難過的事。我買了六張音樂會票子，結果只我一人走進去。在如夢如幻的音樂波浪中，我沈睡了兩小時，一出門，就看見美麗的月光。我的頭垂下了。於是，這冊「水之戀」便一直擱在抽屜裡，我幾乎怕再看見它，彷彿老年人怕見慘白的花。三天後，從一次逃遁中，我又飛回來，聽見說：有一個人爲我流了淚，我渾身抖顫起來。於是，又翻開這個小冊子──時候到了，我再不能關閉自己的心靈了。

從哪一個金黃色日子起，我才發現你呢？

記不準確。

我們似乎相識得極久極久，自有人類起，我們就認識了。我們一直沈睡在地底，經過幾十個世紀的分別，現在又相會了。從你的笑靨裡，我彷彿還能回憶起幾千年前的事，說我們是老朋友，你會不會反對呢？

第一次發現你，並不是你的身形，也不是你的姿容與言語，而是一雙神秘明亮的眼睛。一個明亮的溫暖的下午，我正坐在小樓上，門輕輕開了，在空廓發亮的門縫裡，突然顯露一雙極明亮神秘的眼睛，像暗夜兩顆大星星，照耀著閃灼灼的光彩，我的視線眩暈了。睜大眼睛，待定定的瞅視時，這兩顆大星已沒有了。「多美麗的大星啊！」我抑制不住的讚美。像閃電，一剎那間，我的一生全被照徹了。我的所有回憶給喚醒了。從此，我常抬頭看夜天，夜空繁星如花，但哪裡有我靈魂中的那兩顆星呢？

另外一個日子，又看見這兩顆大星，我的記憶是更深沈了。我眞怕陷入記憶的羅網，一層又一層，使我永難解脫。然而，我並不諱言，這「陷入」是幸福的，可怕的倒是沒有機會

「陷入」。

孤獨伶仃的瞭望大星時，多寂寞呵！

命定的時刻終於來了。那天上午，我才戴上帽子出門，突然吃了一驚！那兩顆大星竟又光華璀璨的隕落過來了，啊你！

這是我們面對面，第一次「相遇」。

你穿一件天藍色布袍子，纏著黑地白格子圍巾，玲瓏得像一條小龍，大眼睛光芒四射，掠著我，磁鐵似地吸引我。我幾乎不敢逼視你。從你身邊走過去了，我又好幾次轉過頭，但你卻像神龍似的不見了。

這天晚上，範奭（註二）告訴我：你將留在「政府」工作。我楞了許久，天下竟有這樣巧事麼？

我想到命運。我祈望命運不要虐待我。

「眼睛是心靈的窗子」，我見過千千萬萬扇這樣的窗子，然而，像你這樣美麗明亮的兩扇，我卻是平生初次見到。我幾乎要大聲對全世界說：在你以前，五千年歷史上，沒有過美麗的眼睛！在你以後，世界上也絕不會再有美麗的眼睛！大自然已把全人類的眼睛的光華，集中在你的眸子裡了。被你投過最輕微、最漫不經意的一瞥的人是有福了。

你的雙睛是閃灼的，卻始終是「撫摸」式的，而不是「擊刺」式的。你的眸瞳是母親的天鵝絨樣的手掌，而不是武士手中的劍。我眞嫉妒你腳下的大地，幹嗎它常有被你纖足撫摸的幸運呢？

「媚媚的眼睛是美的（註三）！」這句話我將重複千千萬萬次。每重複一次，我自己的眼睛似乎也亮了。

三月二十三日是一個永遠值得紀念的日子。從這一天起，她願意單獨踏入我的房門了。這天，她第一次向我說了一句以上的話。天可憐見，過去我們雖相識兩個月，但她只向我說過四句話。

第一次，她爲範奭取茶杯，問我：「這是參謀長的茶杯嗎？」

第二次，範奭陪她來借書，她向我說了聲：「謝謝！」

第三次，我送了她一冊「露西亞之戀」，她說了聲：「謝謝！」

第四次，她和中小姐（註四）來玩，我問她們，念英文是用哪一種讀本，她答：「正中課本第四冊。」

她雖說了短短四句，在我聽來，卻比四千句四萬句還有力。天上月亮是不說話的。但誰不想跪在月亮面前呢？

當眞，你在我身上的魅力原只有兩種：一是你的眼睛，一是你的沈默。你的眼睛美，你的沈默更美。你不說話時，不啻是一座千丈深的古潭，說不出的引人，叫人舒泰。我眞願永遠廝守著你，深深浸入你的沈默，如浸漬大海，讓自己忘去一切。

媚，你說怪不怪，我們不說話比說話還親密。我們沈默比開口還接近。其實，我們何嘗不說話？我們不僅是常常說話，並且還是每分每秒在交談。在一起時，我們是談，不在一起時，我們也在談。我們並不是用肉身、用口舌談，我們是用靈魂談。於廣緜無盡的宇宙裡，光輝燦爛行星系裡，有兩顆靈魂一逕無開始無終結的對語，那便是我們。你是不是常聽見我的聲音呢？媚！

這些日子，夜半我常醒來，想念一個人，這個人便是你。特別是月光亮麗的夜晚，乳白色光從窗外射進來，照在我的白色被單上，照在壁上的耶穌畫像上。我因這月光太甚的美麗而發傻，把臉孔匍匐在軟軟枕頭上，輕輕喚你的名字——只兩字，有時是一字。多幸福而又苦惱的夜呵！當你的名字從唇上輕輕彈出後，我便覺得幸福了。然而，哪裡有你呢？室內只空虛的四壁，月光以美麗的姿態走過來、走過去，我的如風吹葦葉的輕微喚聲，終於消失在月光中。我輕輕嘆了口氣，閉上眼睛，試著做夢，一個充滿了你的聲音與笑貌的夢，可總是不能入睡。

因爲一些小刺激，我離家幾天。留信說明一切。我沒想到會給別人添那許多痛苦。照我原來計劃，在外面至少還得住三四日，然而，當我在南岸山巒上散步，眺望長江水時，突然想起你，於是便回來了。五六天沒有和你見面，對我是怎樣大的刑罰呵！

晚間，範乘喝了一斤半酒回來，他的面部說明一切，我還能說什麼呢？他說我對不起一個人。因爲你爲我流了淚。

聽了這話，渾身登時又抖顫了，我的心說不出的酸痛。一整夜沒能好好睡，時常醒，你似乎就在我旁邊，你的眼睛似乎就在熱熱的灼視我。唉，媚，我生命的永久的神，我怎樣報答你才好呢？一滴淚水已夠說明你的全部靈魂了。在這個世界上，此時曾經爲我流過淚的，除了範乘，就只有你了。過去，因爲環境限制，以及你的沈默寡言，我常懷疑你是否眞的不討厭我，是否眞的重視我。爲了這一懷疑，我經常墜入苦惱的深淵。在人面前，特別是在你面前，我總是微笑者。可是，天知道，我的笑後面蘊藏怎樣深的憂鬱。每一次送你出門後，回來就陷入神經質的狀態。想起你的溫柔的笑貌與懂事的眸瞳，我止不住幸福的笑了。但一想起我們友誼前途渺茫，我又抑制不住的苦惱起來。我傻傻嘆息著：我眞有永久接近媚的幸運麼？我眞有常聽見媚的笑聲的福氣麼？我們之間，阻隔著那樣多的障礙，天知道命運會怎樣收拾我們。一想到這裡，我又不由恨起自己，爲什麼當初要認識你？接近你？我又恨命運：爲什麼讓我看見你？如果我們不曾相遇或認識，一切苦痛豈不無從生？一切牽掣與煩惱豈不無從有？這樣埋怨著，終於又害怕起來。如果我不曾遇見媚，生命對我又有何意義？如果我不能與媚認識，我又何必生下來？我的生活裏如果沒有媚，那是怎樣可怕的陰慘？在我的生命裡，媚是煒煒的太陽，給我以無限光彩與熱。這光、這熱，我一分一秒全離不開。過去沒有媚，我的前半生才充滿那樣多的痛苦與黑暗，今後有了媚，我的後半生才揭開嶄新一頁。這前後半生相比，猶如美洲與亞洲，當這一面是黑夜時，那一面充滿了陽光。當那一邊白晝時，這一邊的大地上、卻籠罩黑暗。

如果我們全是星球，媚是太陽，我是月亮，我肉身上靈魂上的光彩全是媚給的。

如果我是朝晨，媚就是雲雀，沒有你，黎明的林子是淒寂而單調。

我願你是大海，我是小船，讓我生命之舟在你的海上行駛，直駛入你心靈的彼岸。

我願是樹葉，媚是風，永遠無停休的撫摸我、慰藉我、爲我歌唱、爲我讚美。

媚，我從小沒有完美的母愛（註五），我從未完整的領略過母親的心，我多渴望有一隻母親的手來撫摸我呵！你，我的小母親，能夠讓我做你的忠實的孩子麼？我夢想，有一天能再躺在搖籃裡，聽你輕輕搖著我，淺唱著搖籃歌，在那幸福的一瞬，我願瞑目長眠在你的懷抱裡。

從第一次和你談話起，我就從你身上呼吸到母親的芳香，從你的小嘴裡，聽到母親的聲音，從你的臉上，看到母親的眼色。……，我如果眞能夠成爲你的孩子，此外對人生還有什麼需求呢？有了媚的母愛，我一切全有了。媚是我靈魂的靈魂，生命的生命！可是，媚，我永恆的愛人，你願給我母愛麼，我，你的最忠實的孩子？

我不敢隱瞞你，這個星期來，我一直是被苦惱的蟲子咬嚙著。我苦惱，因爲在我們的友誼之間，我突然發現一座越來越高的牆，它有意要隔斷我們，分割我們（註六）。

……

（一九四二年於重慶）

後記：此文所寫少女「閔泳珠」，舊版以「M」代名，現在，不妨和盤托出眞相。她是閔石麟長女。抗戰期，閔曾任中國軍事委員會技術室專員，對抗戰貢獻極大。許多日本軍用無線電通訊密碼，是他破獲的。據說日本偷襲珍珠港前，他解密碼，曾先悉情報，因而引起美國後來重視，乃設中美合作社，向中國情報當局研習釋碼等技術。閔後任大韓民國駐台灣總領事，其子閔泳秀曾任韓國駐華公使。石麟先生當時頗器重我，待我亦厚，甚願成全我的戀事。但韓國若干元老不贊成中韓通婚。其時我年少氣盛，聞訊拂袖而去，遠走西安。其實若稍忍耐，採細水長流風格，有石老暗助，我與泳珠並不難花好月圓也。

【附註】

註一　「閔泳珠」的「泳」，是「水」字旁，故「附麗於水」。

註二　範奭即李範奭。當時他是韓國光復軍參謀長。抗戰勝利後，任大韓民國第一任內閣總理兼國防部長。這時我先和他同住一室，後同寓一屋。此處「政府」指重慶大韓民國臨時政府。

註 三 媚媚是我替她取的暱愛名字。

註 四 申小姐是上海大韓民國臨時政府第一任內閣總理兼外交部長申圭植的孫女，當時是重慶韓僑群中美女之一，和閔泳珠是表姊妹。

註 五 兒時有好幾年我生活在揚州外婆家，而母親在南京。後來我又隻身赴北平讀書。成長後適逢抗戰，離鄉背井。

註 六 這是指若干韓國元老不贊成我們交往。

第四葉 尼庵蝴蝶

引

抗戰後，我蟄居杭州慧心庵，謝絕酬酢，專心撰寫「無名書初稿」。某日，忽獲上海某女讀者來信，接著，她本人盛妝出現庵中，湊巧我臨時因事赴滬，失之交臂。從此，粉箋如蝴蝶，翩翩飛來。在這種彩色的芬芳氣氛中，不忍拂其深情，我這位尼庵青僧，只得一面敲木魚，一面唱「茶花女」的「飲酒歌」了。而讀過「十日談」的人，也會寬恕那些修道院的寂寞神父的。以後，我們在上海見面，才知道她是一位愛好文學的畫家。拿形相說，她是美麗的。但進一步的交往，卻使我瞭解：我們命定只能演奏「間歇曲」，不能合奏「昇天大彌撒」。正由於這一層，我在信中竭力克制自己情感，絲毫不敢正式奔瀉抒情的噴泉。以一般情書尺度來衡量，我這些信是相當矜持的、安靜的。

後來，她死於癌症。

我們通了不少信。她曾用娟秀字跡，把我全部函件抄了兩份。一份是散頁，送我裝訂成冊；一份是裝潢精美的硬紙本，珍藏身邊。她不只一次說，她寶貴它勝過自己生命，它將是唯一陪她殉葬的珍品。文革期間，我這一本被抄了。一九八八年九月，中共杭州湖墅派出所第二次發還我一些信件，其中有幾封原信草稿，我便編入此帙，算是對這顆美麗靈魂的一個紀念。

第一函（註一）

麗葉：

一封信，假如需要註解，實在有點遺憾。爲什麼你「應該比我還明白？」你難道不「明白」：直到現在止，在我四週，只有你這一縷異性芳香在繚繞麼？

「只聽樓梯響，……」你會作這樣實際的解釋，我也沒有想到。假如解釋得較抽象點，它的味道不更醇厚耐嚼些？我究竟是個耍慣筆墨的人，歡喜想得曲折些，寫得曲折些，可是，圈子兜得太大，你的想像就吃力了。我這個毛病，以後得改。

你來這裡，我爲什麼會「驚訝」呢？你難道以爲我會不歡迎你麼？這樣的秋天，氣候溫暖，常有太陽，湖山很美，你來了，我們可以去划船，爬山，在堤上散步，這難道不是高級享受？我也是人，爲什麼會不珍惜這份享受？你儘管來好了。住處我可以設法，只要你信賴我（自然不是在熟人處）。不過，事先最好通知我一下，約好時間、地點，在外面咖啡館見面，或者，我到車站接你。我目前的空寂環境裡（特別由於你的一個親戚認識你），任何一個異性出現，都會令人側目，更何況你這樣花團錦簇的一片？

我原來計劃，是每一個半月（最多兩個月），去一次上海。因爲前些時病了，稿子沒有完工，必須等殺青，才能來滬。這以後，將來大約每一個半月，眞正可以旅滬一次了。我是九月七日回來，到現在才兩月，並沒有「過了三個月」，約下月初，就可以和你會面了。

我之不愛寫長信，理由過去重複說過。你當然會原諒我這個文字苦力的苦衷。至於你的信，越長我越高興。我絕不會嫌它「嚴重麻煩」。友誼的常態是輕鬆，但發展到某種階段，也得學學鐵匠打鐵的作風，否則，就沒有勁兒了。自然，打鐵不是盲目的，它需要一片博大的胸襟做背景，不是極端褊狹的表現。一句話，打鐵要打得叫別人愉快。

歡迎你的長信。關於你，我知道得實在太少（我的書已暴露了我很多）。你應該讓我多知道一些。

安娜是一個迷人的女人。假如她不要求和瓦浪斯基永久結合，而用一種較高的觀點來享受她們的愛情，結局就不會那樣慘了。但舊式女子總脫不了那點傳統庸俗，連托爾斯泰本身也不免。因此，他筆下的女人雖然有血有肉，卻常常缺少靈幻的智慧。

生活本苦，甜很少。可是，有苦無甜的活一輩子，倒不如有甜有苦了。「命拚掉怎麼辦呢？」你爲什麼這樣膽小？你以爲要捉住暴風雨式的歡樂，不需要暴風雨式的賭徒精神麼？假如你「常常」「恐懼」什麼，那你就永遠嚐不到人生中最深沈的。你問我「應該負責不？」

這是女律師口吻，不是女畫家的口氣。在一個狂艷似醉的春天花園中，你手裡還捧著個算盤去摘花，未免太洩氣了。不過，美麗的小姐，你無須「恐怖」。第一，你的「命」絕對不會「拚掉」。第二，「甜」後面「跟著的」不是「苦」。我所追求的，是生活的詩，我絕不會自私的要求別人上十字架。十字架式的情調太損詩意。生命即使是苦，我們也該製造快樂，享受快樂，那怕是極短暫的。有一天，你假如眞叫我嚐到你的內核，你同時也會嚐到我的內核，以核換核，這裡面沒有什麼可「恐懼」的。在甜「核」以後，你將得到人生的智慧，而不是苦。你不是三番五次，希望從我這裡聽到點透明聲音麼？智慧絕不是空洞的文字語言，同時也是有血有肉的產物。如果有一天，我們的友誼眞正發展到那極峰式的一幕了，幕後將是另一番光明氣象。它或許會根本改變你的生活觀念。這要看你的慧覺了。到現在止，你似乎還沈醉於安娜式的觀念，那是不足爲訓的。中國人應該比俄國人聰敏點，我以爲。

瘦一點，胖一點，有什麼關係呢？你不是說：「一個人內心的美才是眞正的美」麼？

我根本不能跳舞。但下次來滬，一定要和你跳一次舞，舞場的氣氛可以讓我們好好沈醉一下。

米歐 一九四七年四月

第二函

葉：

信都收到了。對不起，首先我要輕輕刺你幾下。你這封洋洋灑灑兩張紙的「長信」，我從頭到尾數過了，連姓名在內，還不到七百字，這也叫「長信」？你不怕臉紅麼？假如這也算「長信」，那麼，那些萬言書都該用馬車拖了。

瞧瞧你的口氣：「我現在寫信給你了，希望你也給我長信。」這完全是我佛如來的口氣：「瞧，我現在已經跳地獄了，你也趕快跳吧！」假如一個好朋友特地做一盤好菜請我吃，菜才放在我面前，就大嚷道：「瞧，我現在做一盤好菜請你吃了，明天你趕快也做一盤好菜請我吃吧！」你想想，望著他那副嚴肅面孔，我還敢下箸麼？就是下箸了，我還嚥得舒服麼？……我前信已說過，捧著算盤到花園裡摘花，是殺風景的，但你究竟是個久住上海灘的人，在感情場合，還有那麼多上海洋習氣。

這幾根刺，你痛不痛，你怕不怕痛？

威士忌是很兇的，每天喝一杯，酒量不算小。是不是你早就有這麼好酒量，還是最近才開始喝的？我並不「常常」飲酒，並且也不特別歡喜它，因爲我最怕頭腦糊塗，而愛喝酒的人、常歡喜讓自己糊糊塗塗。同時，它也有損健康。而我卻盼望把這點小小生命支配到較大的事情上。希望你能稍自節飲，先預儲一份酒量，以便迎接我將給你斟上的那杯新酒。

靈隱風景區很不錯，地也容易買。靠西湖附近，不易買到地。住在靈隱，可以在大叢林中散步，可以爬北高峰，可以斜躺在樹蔭下聽泠泉，可以看偉大的佛像，聽禪味的梵唄，……。關於「地方」，我認爲到處都好，即使附近鄉村，也不錯。不過，爲了交通方便，自應離公路近一點。假如住在靈隱廟附近北高峰山腳下，有山，有樹，有泉水，當然較理想。

滬杭火車可以當天來回，早八點搭西湖號，十二點抵杭，下午四點再搭原車，晚上八時抵滬。可是，這樣就無法在杭州玩了。除去一小時半上車下車，剩下兩小時半，玩不了什麼，假如搭下午六點廿五分的，可以玩得從容點，但抵滬已十一時半，未免太遲。如果你來杭州玩，我是歡迎的。若爲接我同車赴滬，實不敢當。

八月三十日，我們上海初次見面，九月七日我返杭，我怎麼會記錯呢？你可以查查我在醫院時那封信的日期。

你以爲我身上沒有「遺毒」麼？我佩服××，就因爲他是個無毒的人。而我卻常被此毒所害。直到今天，我所以生活得這樣單純，也正由於此。可是，爲了生命中最深沈的那一部分，現在我也顧不得許多了。我生前即不想做上帝選民，死後也不想登天堂。……你是不是想做選民，登天堂？

我不是白癡，對於一個女子的魅力，不會毫無感應的。去年第一次在CasCa咖啡館見你，我就感到你纏綿的眼神，迷人的風度。但由於一些原因，當時我根本就不能多想。今年四月，開始通訊，這以後，幾次會晤中，你所有精緻的神韻，美麗的姿態，我全敏感的捕捉了。但我仍不願多想。我看得很清楚，你自尊心很強，又極驕傲。希望你對我不驕傲，相當麻煩。且易招苦惱。七月到滬，和你會了幾次，我才發覺你並不純然是驕傲者，你也有清明而豁達的理性。從這時起，我才下決心，非和你好不可。

在目前通訊方式下，有好些話，我還不好寫。下次見面，得設法換個通信方式。

葉！請把我的名字腰斬一半吧！——權將這當做「甜」的小小開始，好不？

歐

第三函

葉：

前信是和你開玩笑的，你當眞了。聽你話，從此「知足常樂」，好不好？你相信麼？有時候，我是一個很可怕的人。這也是我目前所以躲入修道院的原因之一。

「憶江南」我沒有看到，春天田漢來過西湖，有一大堆男女，朋友要我參加他們的玩，我沒去。劇本中的外景，想是那時找的。本月初我在虎跑遇見他，又是一大堆男女，朋友又要爲我介紹，我又婉謝了。聽說他此刻又在杭州找什麼外景。對於他的劇本，我是不大敢恭維的，但劇本裡有了西湖，那倒是例外了。前些天，西湖還是不錯，長堤垂柳依舊綠灑灑的，但這恐怕是它今年度的最後青春了，再下去，眞正是冬季了。（今天起，冷風颼得很兇，完全一片冬意）可是，只要天晴，西湖冬季也有嫵媚處，不會太叫遊人失望的。六點二十五分的票子容易買。你如決定非當天來回不可，上帝總會幫你忙的。我很奇怪，你爲什麼那樣怕「拋錨」？你是不是怕我會吃你？放心吧，小姐！一天你「不相當專制」的「命令」我，我絕不會吃你的！

我居然會「相當的專制」？「常常有命令式的口吻」？那眞是個新聞。讓我想想看。……也許，我從前曾夢想做皇帝，後來覺得這個夢永遠完成不了，於是，從此自甘庸俗，不再迷戀夢境了。但夢的殘痕仍留在身上，老毛病一時改不光，這就是你所謂「相當專制」和「命令」之類了。但我絕不是有心的。更眞實的原因，或許是：有時，一句話，婉轉說時，聽的人不覺什麼，如語氣坦率點，就有點變成命令式的了。大約我寫信時，有時很疏於造句遣詞，據我想，你說我「相當專制」，怕是前信尾要求你把我的名字腰斬的那句話，是不是？這以後，我再不敢請求你什麼了，好不好？其實我這種人，根本不會有什麼了不起的「專制」的。專制者大都對別人希望這樣，希望那樣，要求這樣，要求那樣，萬一希望不成，要求不成，就露出很難看的樣子。我呢，從不想常常怎樣要求別人。有時要求一點，即使遭受別人冷眼，也絕無怨氣。……我只是個熱帶的懶惰土人，幾乎成天睡在椰子樹下，等上帝來一陣風，把美麗椰子送到嘴邊。

你在練習跳舞？那眞是「堂堂之鼓」了。不怕你見笑，在舞場裡，我只正式跳過兩次，舞藝可想而知。從前在重慶，一個朋友精於跳舞，他拚命要我們學，爲了不辜負他的熱誠，我就只好抱了他以及他太太許多次。當時我似乎很起勁的樣子，但也只是在他客廳內起勁而已。一到舞場，就膽小如鼠了。我這名「客廳勇士」曾進過許多重慶舞場，卻一直不敢「下海」。到了上海，一個朋友不由分說，替我找了舞女，這才跳了兩次，此刻恐怕又全忘記光了。你現在積極練習舞藝，是不是爲了好叫我當衆出醜？

這兩天很冷，情緒也凍結。拿起筆，寫不出東西。聽說你那位北方姊姊很有學問，和你極談得來，這幾日你生活該熱鬧得多了吧！聽一個活人談話，總比看我這封埃及「死書」強得多吧！

歐

第四函

小姐：

十五號接到你的信，因爲一點瑣事，加之天冷，人略不適，十八日才覆。今天（十九日）大早冒冷風發出去，回來就在想，總會發生什麼事吧，……不出所料，你的信來了。一看信封上特別巨大的憤怒字跡，我就立刻預測到裡面的火藥味。打開來，果然不折不扣，是一封兇極了的哀的美敦書。

你的信，最快我多少時覆，最慢我多少時答，你總可想得到的。（滬杭不一定隔日達，有時可能出人意料的慢。）你爲什麼這樣火氣十足呢？在我們之間，用得著哀的美敦書麼？

假如僅僅等了三四天信不著，你就到達「最後」，而對我「感到疲乏」了，那麼，你對我的感情基礎實在厚得可怕。……只靠這點基礎，你就打算沈入那眞正的詩海洋麼？

我能耐心等你的信至一個星期，兩個星期，甚至三個星期，而你對我卻顯出這樣的底子，你又叫我如何敢相信你？

我們這一次的戀情，是特殊的（我第一次向你鄭重提出這兩個可怕的字了）。最近半月的飛躍，尤使我感到文字的貧弱。我準備這次赴滬，和你暢談一次。我正在開始做象牙色的夢，而你已感到「最後」的「疲乏」了，你是不是在諷刺我？

你始終有一種奇怪習慣，歡喜把普通人與人之間的那份英雄色彩和特殊自尊心用到男女上。你心裡先描畫了許多自尊的輪廓，再從對方的一些無意的小事上找黑點，認爲是有意破壞你的輪廓。於是你就拔出英雄的刀子，東砍西砍。……小姐，恕我援用一個朋友的話：「愛情是沙裡淘金，不是金子裡找沙。」我過去雖然寫過一點東西，但那或許是騙騙年輕人的，在眞正最純粹的戀情中，任何一片威脅的刀影都是對它的侮辱。我以爲。

你相信麼？從第一次看見你，直到今天止，你始終是純潔而美麗，佔有著我的記憶。對於這份記憶，我從未有一絲一毫不虔誠。

你還不大瞭解我的眞實個性。這一次赴滬後，希望能讓你多瞭解我一點。跳火海是件美麗事，也是最叫我發迷的事。但它的美麗並不掛在嘴巴和筆桿上，而在不顧一切的跳的那刹那！

讓我在夢裡給你一千個吻，好不好？

你的 十一、十九

第五函

美麗的：

這兩天月亮眞美。獨自在月光下散步，情緒說不出的柔和，總想身邊該有一個人，讓我輕輕靠住她，對她低低談，或聽她低低談，最好是樹林邊草地上，我們可以自由的走來走去。……什麼時候，我們才有一個眞正美麗的月夜呢？這個月內，我本想來上海追大月亮，卻追不上了。

不要拷問我那麼多。我的那些簡單話只是幾扇窗子，通過這些窗口，你自己盡可放縱想像，去抓裡面的窗景。

「人老……」，多難聽的話呵！你這樣漂亮可人，竟會講出這樣的話，不害羞麼？我不反對你挖苦自己，但你該選新鮮而美一點的說法，寓捧於挖苦，聽的人不更舒服點？

任何人都有他的自尊心，但有的自尊心是吸了太多蜜的蜂，不輕易傷害人；有的卻像饑餓的胡蜂，隨時都會閃出刺。你是學畫的，你比我還明白：最好的畫，總把鋒芒和光輝藏得深深的、厚厚的。

我給過S一封信，不知道他收到沒有？聽說他要到青島，又說要到杭州來，我還沒有接到他本人的信。

你有什麼駭人的表現，儘管表現吧，我絕不怕。可是，不管怎樣，最最駭人的，你該表現得美一點，叫人愉快點，不要那樣東砍西砍的。你該記著：我們是在戀愛，不是在扭打，是在找生命的美，在享受它，沈醉於它，不是糟蹋它。我們該拿我們的主要情緒放在咀嚼上，創造上，完成上，不該浪費精力在瑣碎的小小斑點上。我們應該多做正號的，少做負號的。……直到現在止，或許還有一隻懷疑的蟲子在你心口爬，使你不能坦然躺在我情感的草地上。

美麗的！信任我吧！我絕不會傷害你。從我這裡，希望你能得到一份眞正生命歡樂，和純粹境界。除非你自作繭，你將不會得到暗影。你絕不可以用看一般人的眼睛來看我。我是個有耐性的人，願意與任何人處得好；只要她（他）們能給我點溫暖，有時我就滿足了。至於希望人們瞭解我，那至少是幾年以後的事。處長一點，你就會明白：我的玩意兒是相當多的。時間容許我，我會一套套搬出來，給你慢慢欣賞。爲了積蓄這點玩意兒，我已鬥爭十三年了。……一個人經過十三年以上的苦鬥，也該找到點眞東西了。

你的眼睛怪甜的。每一次你怔怔望我時，我總覺有點不能忍受。在咖啡店裡，你常說我冷靜，其實，你何嘗見到我心頭眞火？這些火，你逗得我夠兇了，我自己不敢再「加油」了，否則，火焰衝天，怕極了！爲了所謂「禮貌」之類（你們小姐們最愛講這一套），我只好拚命表演尖頭鰻（註二）。你相信麼，假如有機會，我寧願抱著你在草地上打滾曬太陽的。

一切當面談，好不好？人在數百里外，孤燈下，獨自拿筆和紙打架，說夢話，多難受！我現在越來越唯物了。似乎眞有個人兒在旁邊，才特別起勁似地。

下個月六七號來上海，下封信會告訴你會面日期。（禮拜天你總抽不出空囉。七號是禮拜天。）你說你膽大，但你連在夢中給我一個吻也怕。不然，我的行市眞這樣遭！連一千對一都不行？眞成了法幣對美金嗎？

「你的」下面爲什麼加「？」——閉上眼，再想想我的眞涵意！

你的

末函——「此情可待成追憶，只是當時已惘然。」

李義山

引

由於我和這位女畫家無緣結合（她患癌症），而我此時的年齡（卅三歲），又迫使我不得不考慮結婚。恰巧得悉趙無華小姐即隨其母來葛嶺休養，又發現她早就對我有好感，而我亦羨慕她的才華，預感此次聚會雙方必有強烈的感情反應，說不定可底定我的終身大事。因此，當無華來杭州之前，我就寫此信向女畫家告別，並請她原宥、諒解我。這是平生最長的一封情書。她收此函後，雖感痛苦，卻也能體貼我，諒解我不得不作出此信決定的苦衷。她眞是一顆可愛的仁慈的靈魂，迄今我仍感謝她的寬宏大度。

愛的葉：

發出這封長信，是劃出我生命史上一條分水線，過去的生活，我暫告結束。我得爲自己翻開新頁。這個新頁，不一定好，但老路目前既已走絕，新路即使充滿荊棘，我也要咬緊牙根走，不管那雙腳會刺得鮮血淋漓。

我早和你談過，浪漫主義與我無緣，本質上，我是個古典主義者。我的藝術製作，現在正由浪漫轉入古典，我的精神狀態，同樣也是。

我又和你談過，孤獨本非我的天性。我天性原是熱愛人群、社交、活潑，我之所以尋求孤寂，只是爲了藝術，不是爲了生活。

弄清這兩點，就可以看出，我目前的生活狀態是如何變態，不合理。不止一次，我向你透露，我想調整我的生活方式，而你，似乎也相當諒解我。

古代人說過，假定一個人活七十歲，卅五歲以前，是走上坡路，生命向山頂爬，卅五歲後，則走下坡路，生命由山頂滑向山腳。

又有一位古代人說：卅五歲之前，一個人是消費生命的息金，卅五歲後，開始吃生命老本。現在，我的實際年紀快接近卅五歲（照中國老年紀），生命已開始由山頂走向山腳，息金已經吃光，正準備吃老本了。

殘酷的時間逼我不得不感到：我的脆薄如紙的生命正被宇宙大神一頁頁撕碎，那燦爛如薔薇的青春正在漸漸消逝，……。

上面四段，每一字，每一句，全是我的血和肉，我抄下它們，是向你顯示我的血肉感覺。它們至少對你證明一件事：我是處在如何沉痛的心情中。當然，這種心情與時代也有關係。我寫這些，毫無意思把它牽涉任何人，主要是在刻劃自己喪失青春的哀痛感覺。這一切，是從一根白頭髮引起來的。而這根白髮，不早不遲，來得正是時候——當我生命開始走下坡路時。

假如詳細向你描繪近一月我的精神和生活狀態。你可能不會相信它們竟是如此暗淡、凄傷。素性不喜展覽自己痛苦，我寧願永將自己光明一面呈現友人。

但只有這一次，我必須向你老老實實自畫招供，以求你的同情和默諒。

這幾個月來，我不斷劇烈失眠，神經衰弱，以致健康大受損傷。最慘時，連爬上花園台階，都感吃力（註三）。在努力靜養後，最近總算好些了。但失眠症仍無法根治，除非另行改變生活方式。

就精神面說，你假若稍稍替我想一下，我是如何孤寂。你有順利的事業，溫暖的家庭，有許多友人與同事環繞，有健全的身體，充裕的經濟，我卻什麼也沒有。

像活在地球以外的高空，永恆孤獨寂寞包圍我。張口講話，沒人聽，沉悶時，沒有一條手臂安慰我、撫摸我。我的事業是在地底黑暗中進行，目前還見不到一點陽光。經濟基礎全毀，生活壓到最低點。同時，時代的低氣壓更叫我無法喘氣。唯一那簔燈——理想，它的光也是若干年後的，不是目前的，我不能拿純粹夢想充飢。我是一個有血有肉的人。

描出上面一幅畫的輪廓，你就可以發覺，對我，生命正變成怎樣的難題了。

我從來是個最樂觀的人，近一月中，竟也因爲家裏一些刺激，牽扯了久未接觸的痛苦蔓藤，因而感到最大的絕望，有兩次，我幾乎想中斷自己生命。

事後想想，我眞該怪自己爲何變得如此脆弱輕生——這是我過去卅三年從未有的心境。

就另一方面說，我究竟是「人」，人有「人」的強點，也有「人」的弱點。

月亮有陽面，有陰面；我也有陽面，有陰面。只因爲過去一直強調陽面，便自欺自騙，自以爲沒有陰面了，其實我是有陰面的。而有陽有陰，這才是一個完整的人。

有晝，也有夜，這是完整的時間，有希望面，也有絕望面，這是完整的我。

然而，不早不遲，偏偏這個時候，絕望來找我，這卻是眞正最絕望的。

在我全部生命史上，你是我最可感謝的崇高靈魂。沒有一個友人，能像你給我這樣多，而又只予不取。你永遠向我交出一切，從不望回報。在你身邊，我度過有生以來最美麗最歡樂的一些日子，我永遠不能忘懷的時辰。因爲遇見你，我才似乎變得又寧靜又透明，在浪漫的林蔭路上，出現古典花朵。你對我的瞭解、鼓勵，更給予我無限的生之勇氣。我曾和你說過，我們的友誼和戀情，那種明靜和優美的程度，足可與人生中極明靜的愛情相比。雖然這只是我們兩人之間的花朵，但它的色彩卻是宇宙性的。

你玲瓏的姿影，你濃密的黑髮，你含情的眸子，你俊雅的紅唇，你白玉般的手臂，你的謐靜、端莊、智慧……這一切像太陽月亮一樣，永遠照耀我的記憶。我不可能忘，也永不想忘。它們標誌了你迷人的風格，也標誌了我一生的極大幸福。

可愛的人！寫到這裡，我眞不知如何寫下去才好。窗外是殘春味的初夏晚景，夕陽映山，風搖庭樹，天空透藍，鳥聲啾啾、千萬種離愁溢滿我的胸頭。我幾乎無法寫下去。也不忍寫下去。但我必須寫下去。

離開你，在我是一種不能想像的殘酷，更是一種不能忍受的殘酷，但殘酷的鐘聲畢竟已在窗外響了。它敲斷我生命裡最可珍貴的部分，也敲斷了我們的一切夢幻。不，夢幻是有的，卻眞正只能掩映在夢中，不再可能畫在白晝光裡了。

如前所述，爲了挽救我已陷入絕境、死境的生命，也爲了我最後的健康，我必須考慮改變我目前的生活方式。截至目前止，還沒有另外一條生命參加我的生活，但我必須去找這樣一條，而環繞在我四周的，並非不可能有這樣一個尋找的機會。

我們相愛，天定我們無法結合。三年來的友誼、兩年來的猩紅感情，這對我們原是天賜的意外恩寵。我們所能獲得的極限，絕不可能超越目前我們已掌握的，假如知足的話，將來我們盡可以這些美麗回憶自慰了。

以你的優雅、仁慈，以你如此愛我，你不會反對我的「自我拯救」。假如我生活裡能多添一條生命，而使我的漸趨黑暗的肉體與精神能恢復光亮，你會允許我這份治療的。實際上，假如我能反抗、掙扎，還能支持得住，我絕不會選這樣一條路的。我如此選，實因爲我非如此選不可。說得赤裸點，這對我幾乎是一個生死關鍵。

目前我還能勉強支持，但這已是最後的時刻，過此時刻，我不敢想像自己會變成什麼樣子。我怕，再讓這種反常的生活延長下去，可能因此而毀滅。在歷史上我曾拜讀過這類毀滅的故事。

到現在止，我雖然還沒有正式著手尋覓一條異性生命到我生活裡，但心理上，我多少已準備了。信號旗既飄起，我不願把這扇旗子從你視線裡隱藏。這樣做是最可恥的欺騙。作爲你的密友，我應該光明磊落。

當我的感情還滿滿挹注你杯子裡時，悄悄的從你身邊隱去，這樣你或許還可對我保持溫情的回憶。至少，當我從你眼睛裡隱遁時，我整個的心還是你的，而思想裡還沒有別的影子。今後，我不大可能有眞正幸福。因爲幸福本身——你，已從我生活裡離去。我所有的，只是一份正常的人性的生活。做一個規規矩矩的人，結束一段傳奇，「言歸正傳」而已。我之準備改變生活，純粹爲了自己生命延續和常規的精神軌道。想想吧，曾經有一整個上午，我和一隻被捉住的竹葉青小鳥玩得非常沈迷。你可想像，我是如何寂寞，而又孤獨得如何慘。

親愛的，允許我靜靜從你身邊走開吧！允許不怪我吧！在你一生中，可能沒有一個人像我愛你這樣深，沒有一個人如我知你這樣深，也沒有一個人曾如我這樣獻給你嶄新的感情境界。假如你能忍耐點，智慧點，兩年多來我們之間的一切幻景夢魅，或許已夠你稍稍彌補我們之間今後的空白了。好的事情總是刹那的、短促的，但它在記憶裡卻是永恆的，在精神中永遠是常青的。

親愛的，想想看，這兩年（包括見面與不見面）的愛戀持續，大部分其實是精神的，靈性的，我們不見面時比見面時多得多。今後形式上即使隔離，也無損於我們靈魂的交流。你盡可想像，我只是一個永遠作遙遠旅行的愛人。他要在十年八年後才可能有消息。他雖然暫不再出現在你眼前和紙上，但他的靈魂永遠依繞在你溫柔的膝前。

再想想看，兩年前此時，在上海兆豐公園那次見面，假如當時我宣佈——新計劃，那麼，這兩年來的形式接近，其實亦已不大可能了。你不是不知道，從兩年前此時起，我就有了這份新計劃。而這兩年來我們間的一切，寧是幸福命運額外給我們的賞賜。

這十個月，我們已未見過面，而我們的信件，最遲一個半月才通一封。換言之，我此次從你眼前隱去，以及信件的稀疏，對你已是大體可忍耐的了。我祈求你繼續保持這份忍耐。你只要記住，肉體和信件，只是感情最粗糙的表現，它最高境界，最神秘的三昧，也許寧在深深沈默中。

或多或少，你也瞭解我的個性。我對愛情的看法，恐怕和一般人不盡同。我願享受愛情，更願把它創造得神秘點，複雜點，傳奇點，這樣，也許更耐咀嚼、回味。

正當我們現在渴望一見時，我毅然宣佈別離，味道是有點酸，但咀嚼久了，可能如嚼橄欖，有點甜。親愛的，凡最美的都是神秘的，奇幻的。

我們的生活太平凡了，該產生一點傳奇吧？該製造一點又纏綿悱惻又甜蜜的詩篇吧？

這封信，從本月一日寫起，寫著寫著，又寫不下去。時寫時輟，直到今天，才勉強寫完，整整化了一星期，有生以來，這是我最難寫的一封信。然而，我必須寫完。

時代如此嚴肅，不留情，我個人景況又如此偃蹇，我們在形式上暫時隔斷，至少會有一個好效果：永遠斬斷別人的批評口實。你當然比我更明白。無論我或你，是處在怎樣一個特殊的時代，特殊的地位，而這種地位又如何經不起任何批評。

事業上，你現在是一帆風順，我的隱退，至少，在你的事業前途上，少了一個障礙。從此，無論對家庭、社會、對友人、對同事，你更可昂然邁進，毫無顧忌了。

親愛的，答應不責備我吧！我永遠期待你的仁慈大度。

我希望，這是我給你的最後一封信了。或者，差不多是最後一封信了。寫到這裡，已是夜十點，我決定在今夜結束。

話已說得夠多，再說下去，永說不完。那些未說完的，將來見面時再說吧。下月赴滬，我一定來看你。但時間可能要到下月底，也許會早一點。

你假如來信，我非常希望——信上沒有一句譴責我的話，否則，我將再沒有勇氣去看你了。

讓我們的靈魂在上帝膝前永遠結合在一起。讓我們的愛情隨地球旋轉而長存。再見了！我的愛人！我永遠永遠的愛！

讓我印一千個吻在你全身！

永遠愛你的歐

【附註】

註一 我們約好：信上我稱她朱麗葉，她稱我羅米歐。

註二 「尖頭鰻」即英文Gentleman（紳士）。

註三 此暗示我當時已患肺結核，而我卻不知。

第五葉　月亮小札

〈釋題〉

從前每讀沈三白「浮生六記」「閨房記樂」，卷首引東坡「事如春夢了無痕」句，一種酸痛之情，油然而生。世間最美的是春夢，「暮春三月，江南草長，群鶯亂飛」，此時兩情繾綣，酣游紅花綠樹，喁語碧蔭紗窗，湖山似醉，天地魂銷，那片蕩氣迴腸的柔意、蜜意，如煙如霧，若幻若魅，令人飄飄颻颻，幾羽化登仙。今人用迷幻藥不一定全能達到的仙境妙境，(此藥絕不能使人精神正常，而此一仙境仍令靈性合乎常態。)一帖「情藥」卻完全實現。

然而，畢竟是一場春夢。

到頭來，最美的詩境化境，還是煙消雲散。

「事如春夢了無痕」，眞是極殘酷的名句，東坡原意雖非專指情，但我每讀必感一種堙鬱抑塞，爲之神傷。

現在年事漸高，接近「七十不留宿」時限，照理，上述傷痛心態，亦應流水落花春去也。但又不盡然。

今歲暮春，此間某友，退休多年，早逾古稀，忽發奇興，下大決心，赴杭州探望他闊別四十載的七十歲老妻，我的三十一年老鄰居F師母。此君收入並不太豐，但人品高尚，表現中華古典傳統倫理美，可謂淋漓盡致。四十年來，除因經濟顚躓而中斷數載，有三十多年，一直蓄養老妻及六女，以致女兒們全感激涕零，尊他爲「模範爸爸」，與紅朝一片家庭清算風迥異其趣。雖睽隔千里，他對家中一草一木，一瓦一石，瞭如指掌，而且遙控指揮如故，事無大小，他樂於參與。

探親歸來，我和他餐聚，暢敘三小時多，詳悉故園種種，不禁感慨萬千。其他不說，單我的故居——第五號無名齋（註一），拆得一乾二淨，不留一絲痕跡，就使我夢中有丁令威化鶴之感。被我稱爲患難之交的那些牆壁、地板、窗櫺，不用說，也無影無蹤了。

我也不想多分析，爲什麼偏偏要拆掉我的住宅？

我在杭州舊居，原有三處，這是最後一所，從此也在地球上完全消失。本來，屋宇僅生命形骸臨時寄寓，生命早遲亦會煙消雲散，何況寄寓？然而，一息尚存，乍聞三十一年生存空間壽終正寢，豈能無慨？

由此，我不禁回憶紅朝三十三年我的生活種種，又聯想到「事如春夢了無痕」句。

我不否認，在大陸這三十三年，我有幾段感情生活，其風貌與今日臺灣青年或中年男女關係大異，如趙無華那一頁即是。但與我故宅第五無名齋曾息息相關的，卻是那位「西湖女」

（註二），她一度是寒齋常客，此齋「仙逝」，我首先便想起她，以及尚留存我手邊的給她的信。三年前出大陸，這是帶出來的極少信札之一。

無名齋既「黃鶴一去不復返」，她也早斷音訊，對我個人說來，此信實彌足珍貴了。偶讀自不免一陣悵惘，甚至心酸。

宇宙間，萬事萬物全會先後影逝光滅，唯獨我們眞正醒醉過的月光、星斗、湖山、綠樹、鶯語、紅花，那點醉意仍千古留香，至少可能永留於眞正有情者鼻觸裡、靈性內。因此，上述東坡句不妨改爲「事如春夢眞有痕」。

這封信並不很出色，但以我當時花甲之齡，所逢又是少艾，我尚有勇氣接受此一奇遇的挑戰，至今思之，倒也有點不可思議。

現在，我發表此信，算是告慰那已「作古」的故居在天之靈，直到如今，你的故主並未忘記你。在你面臨魂歸離魂天的命運之前，此信收件人——你的常客，有可能去探望過你吧！

順便提一下，前兩年，曾以我的作品爲畢業論文題目，取得學士位的那位湖南大學生，不遠數千里，就曾到你身邊徘徊許久。他寂寞的思念著你的老主人。我讀他來信，眞是心塞之至。

我還想說明：在亙古未有的絕頂恐怖統治下，單槍匹馬、歷經對中南海懷仁堂的三十年秘密信仰戰爭，我的心靈，既疲憊，又滿目瘡痍，自不必說。在髮妻仳離八載後，我的靈魂無比寂寞，直如沙漠，若逢意外雨露，不會拒絕其滋潤，也屬人之常情。然而，僅僅不拒絕，也就等於攀爬阿爾卑斯山巔摘「高山玫瑰」，那種如臨深淵的風險，絕非自由世界專享受「速溶愛情」者所能夢見。那個年代，我這類「階級敵人」，絕無權利獲得任何形式的傳統愛情。（註三）

儘管如此，美的誘惑太大了，神聖情感的魅力，更比火燄強烈，子彈和鐐銬絕對制服不了它們。我多少帶點「紅與黑」主角于連找瑪特兒的冒險風格，譜寫我在大陸最後一次生命抒情。我沒有失敗，她沒有失望。

不用說，經歷三十年大混戰大鬥爭，我還能多少保持一點當年撰「海豔」時的筆致、情調，寫出這一類信，也足以詮釋：人類文化傳統，特別是中國文化傳統的某一型尖峰花朵，在一個尚有良知的知識分子內心土壤上，是多麼根深柢固，毫不可撼動，絕非任何政治颱風所能連根拔走。

也正是這種對純粹詩境、至高靈性和神聖情感的探索、追求，無論在中國大陸，或地球其他空間，懷抱理想的現代人才寄予希望，並擁有信心。因為此信多次談到月亮，故曰「月亮小札」。

（七十五年八月二十八日誌）

B：

那一晚，從湖濱回來，我本已作出痛苦的決定，希望這一晚柳梢頭的新月，（那象徵波隆貝斯庫與貝爾達不幸情感經歷的「新月」）（註四）是最後一次同時照著我們。

由狂熱的盛夏六月大月亮，經七、八、九月的三次大月亮，直到這「立冬」之夜淡淡新月，樹葉子轉黃，正好說明人生某種經歷的完整過程。我輕輕念著：美麗的綠樹葉已經萎黃，悄悄墜落，那象徵生命中最美的靈魂花朵，也該萎黃，悄悄墜落地上了。

不過，我之想作上述決定，主要是由於下面事實。

這一個星期，在我們交往的幾月中，你第一次表現得不太正常。我曾分析過，不外三種原因。第一個，也是最自然的原因，你太疲乏，而長期睡眠不足的人，不可能有好情緒。第二個原因，我不敢多分析、多揣測，爲了保持對你的尊重。至於第三個原因，也許是我神經過敏，我顧慮我們的純潔的友誼，已給你帶來精神不安，和現實的某種負擔，所以，你對我的態度，這一周才表現得不太正常。正由於這個，我才不得不作上述決定。因爲，我非常不願傷害任何人。

在生命中，超於一切的，是詩的享受。金華那幾夜，杭州那一天，小杜（註五）正因爲享受到過去和未來幾乎不大可能再享受的詩境，所以，她給我的幾封信，才表現出那樣深沈的迷戀。但這幾個月來，我們大家詩的享受是更多了。那些日子，儘管現實是如此平凡，有時又那樣可怖，整個人卻像做夢一樣，輕飄飄的泅泳於夢海。有誰能想到，一間那樣破舊的小客堂（註六）竟變成愛麗絲幻遊記的仙境，大家秘密的捕捉一個眼色、一個姿態、一個動作，愉快的傾聽一朵音籟，一個輕輕的「嗯」，臨別卻依依不捨，彷彿要說的千言萬語只說了一個字。天知道，幾小時談話，像幾秒鐘，僅滴噠響了幾聲，就消失了。更不用說那些月夜了。當我們佇立放鶴亭畔，眺望對岸我的故居，我敘述往日，我穿白衫白褲坐在船上，瀟灑的駛向這座紅亭；或者，我們在白堤上悠悠走，大家聽你談過去的一幕舞蹈，你描畫當時觀衆的瘋狂；或者，你們聽我談大詩人拜倫、拉馬丁、海涅的愛情故事；而快分手時又有白朗寧和他妻子的軼事作點綴，像「再會」聲中一句裝飾樂音。有兩夜，你像希臘神話中的仙女，笑著，走著，動作有點像舞蹈，穿過樹叢，踏著月光，一走上白堤，你更像水妖，剛從湖底昇上來，帶給我們大家無限青春的光輝，那裡像個婦女？中秋節在錢瘵（註七），那一夜，一片大草坪，是西天瑤池上的草地，絕不是人間的。大月亮把我們的臉照亮了，每個人都帶了月宮桂樹一派香氣。那一夜，我簡直不想睡，才睡著，月光又驚醒我。好幾次，我獨自一個，到廊廡上散步，看月亮。廊外滿院月光，像一些銀光植物。我不禁想起黃仲則名句：「爲誰風露立中宵」。滿覺壠（註八）一上午，我們踢金色桂栗殘朵，淋浴明亮的太陽光，談桂花和秋天，不時偶吐那些最好不吐的聲音，直似西藏喇嘛密宗的符咒密語。回來，我湊了一首「桂花」詩，有這麼兩段：

是兩羽蟬翼紗似的夢遊者，

我們躡鮮豔時間，星星桂瓣，
不斷飄，飄，飄於綠色茵座，
風是夢遊語言，陽光是夢的雨點。
我從泛綠掬一掌掌碎金粟，
綴飾你烏黑的髮鬈海藻。
「讓麗思河水香滿注你的幻想（註九）
這一秒，我隨桂色飄入你的心房。」
這些回憶，要寫，寫不完。
所以，我想，從現在起，即使完全結束那一切最美的，在我生命中，它們依舊是記憶最深刻的核心之一，正如當年我在西安，以後在葛嶺山麓所經驗的一切——那些只有星光與夜黑才知道的秘密（註一〇）。但是，我可以對上帝起誓，我們是純潔的。儘管千萬人站在面前，我相信，他（她）們也會相信我這誓言。
我是一個最知足的人。有限的平凡人生，只要飲過一滴希臘「忘川」之水，我就很滿足了。更何況這幾月，我不僅飲一滴？（訓詁：飲你一滴，萬事皆忘。）你或許擔心那種古怪的個性？可我是一個能欣賞「古怪」的人，像骨董家鑑賞各式各樣的骨董，我能咀味各式各型的古怪。平生我經歷過也欣賞過各種古怪的男人與女人，我和他（她）們都相處得不錯。你似乎說，我有時很主觀，但在最重要場合，我卻往往肯放棄「自我」，因爲，從心底，我並不願我的眞正朋友或學生因接近我而滋生任何不愉快感覺。

現在，我終於發現，上述決定是一個誤會。看了你的信，我覺得，那一晚的「新月」、不該昭示一切結束，卻徵兆新的開始。因此，應致歉的不是你，是我。你既如此疲乏，我眞該多諒解你，同情你。

我已經建議過許多次，一切瑣務，凡能用金錢減輕或卸脫的，都該設法。你這樣長期累下去，我擔心你那瑰麗的龐兒會一天天消瘦、萎黃，你那美麗的聲音會日漸暗沈、低啞。而你整個人有一天會變成海沙糖塔，陷入崩潰。

這封信寫了，也許寄你，也許不，也許面交，看命運，看我當時的靈感吧！

祝

冬安！

N（註一一）一九八七年十一月十日

【附註】

註一　「第五號無名齋」，請參閱「無名齋記」，載「聯合文學」第八期，一九八五年六月號。

註二　「西湖女」，即「一封給西湖的信」女主角，此信刊於一九八四年四月聯合報副刊，後收入拙作「我站在金門望大陸」。

註　三　我與「西湖女」交往後期，自一九七九年至一九八二年我離大陸止，環境稍變，我亦平反，個人處境稍佳。但相交前期，險象環生，如臨薄冰。

註　四　當時大陸上映羅馬尼亞名片「波隆貝斯庫」，轟動一時。波是羅國著名民族音樂家、作曲家。「新月」是他處女作歌劇。此劇的悲劇性愛情故事，正好象徵作者和少女貝爾達的悲劇愛情的命運。兩人因家庭宗教信仰不同，無法結合。我和「西湖女」深愛此片。

註　五　「小杜」，指杜曉鶯女士，詳情參閱拙著「魚簡」所輯「致杜曉鶯書」及「金華萍跡」。

註　六　「客堂」，指有一段時期，我和她共在一個人家搭伙，同進午晚二餐。

註　七　「錢療」，指錢江療養院，位於錢塘江畔。我們有熟人在該院工作，請我們去度中秋月夜。該院風景絕佳，建築亦宏敞。

註　八　「滿覺壠」爲杭州南山名勝之一，遍植桂花。農曆八月，遊人如織，紛紛賞桂，在「桂花廳」食桂花栗子羹。

註　九　希臘神話：麗思河爲忘川，飲其水，能忘過去一切事。

註一〇　「西安」指我和混血兒妲妮亞的感情故事。「葛嶺」指我和趙無華往事。

註一一　此信上款寫「B」，這是她姓名某字涵意英譯第一字母。下款「N」，因我在大陸用「卜寧」名，N是「寧」的英譯首字母。

第六葉 一封給西湖的信

聯副「公開」上市後，按春秋責備賢者例，除一、二篇外，似多「公」而不「開」。應徵者多在「公」字上敲邊鼓，少對「開」字緊鑼密鼓。在下不揣冒昧，願赤膊上陣，期抛磚引玉。照我構想，一個開放的自由社會，爲了增強人與人的瞭解、諒解與互信，不妨適當的讓無愧於心的個人秘密見見太陽。（有愧於心者，也可仿奧古斯汀及盧梭「懺悔錄」，坦率陳詞。）本著這一原則，我公開了下面一段史實。我原想將來在回憶錄中寫它，現在提前「公開」，亦未嘗不可。至於爲何用書信體而又無上下款？閱正文後即知。

誰的歌聲？這樣粹？甜而醇？熱而歛？摯而幽？我完全「沒頂」了。這些日子，心似水母，常收縮得緊緊，少有膨脹機會。可這一刻，它卻隨歌籟飄得大大的，浮得脹脹的，像個碩大氫氣球，怕「幸福」一口吞下它似地（註一）。

這塑料奶色燈光是我的？這兩長排日本式巨大格子櫥窗是我的？窗外鸚鵡色草地，古綠叢樹，蒼松、翠竹、紅蕉、萬年青，是我的？這東洋味的龐大榻榻米空間是我的？特別是：兩丈外，穿一身綠葉子的山巒，竟是我書案的密鄰？它像一個綠色巨人，日夜睜著許多綠眼睛，溫柔的窺視我？……。我不信。

僅僅五個月前，我還蟄伏在杭州古運河邊，一座發霉味的陳舊磚室內，如一尾冬季的蛇，又似古物陳列館的一具骨董。長期廝守著我的，是那四堵陪了我卅一年的蒼白牆壁，那隻卅六年的日本式書櫥，那張廿年的樟木書桌，無華睡過的棕棚床、坐過的破沙發，以及媽媽的遺影。做夢也未想到，這麼快，一飛就是三千里，竟從鐵籠掠過臺灣海峽，昇入自由雲霄，此刻棲止於如此瑰麗的夜，如此梵謐的空間。

表面上，彷彿依舊有點像五六個月以前，這一會，我心靈的聽衆只有燈光與窗外夜，粉壁與玻璃——假如我的心靈已把一些秘密洩漏在我眸子色調的節奏裏，我臉孔線條的旋律中。但實質上，比之古運河畔的夜，現在我的玻璃空間卻巨大得多了，粉壁也閃爍著紅色火星，窗外的夜卻透著光亮，超於一切的，是瑪麗亞．安德森的偉大歌聲，它是這樣自由的飛向我，這樣熱情的撲向我，這樣美麗的頻吻我的靈魂與形體，我完全迷失了。有卅年之久，我沒有沈入人類眞正魔魅的聲音裏了。她那曲舒伯特「聖母頌」，是眞正代表上帝靈感發聲，是絕對又絕對的「仙」樂，令人每一顆細胞化雲化霧，幻虹幻電，使全宇宙黑夜噴射化爲一片光明。我四周連最後一滴夜黑也消失了。

和歌聲內涵一樣豐富的是友誼。這些天來，有生第一次，我極多次用手掌代替鼻器官，來呼吸友情的火意。這一刻，他們雖然全聚坐自己燈光下，但我仍在享受他們手掌的溫度。

夜深了，瑪麗亞的歌聲迷得我不想睡。我彷彿不是倚坐沙發，而是睡在歌聲上，頭枕著歌音，足踏著歌樂，一舉手，一呼吸，全觸及她芬芳的音籟。

這樣迷人的時辰，我怎能不想起你？

有好幾年，斷斷續續的，你曾用一些香氣包圍我，類似瑪麗亞的歌聲。

天地間，純美的奇情畢竟罕見。人們所邂逅的，大多是美的炫耀、美的濫觴，甚至是美的糟蹋。然而，在少而又少的奇蹟中，你幾乎是一塵不染的出現了，像一片璞玉。

第一次訪問，對我這個初識者，你就用一小時又廿分鐘的獨白，裸露了你曲折的一生。

我驚訝得不敢坐下來；我一直站著，爲了向偶然闖入者表示，我只是心不在焉的聽，這時我還擁有一個「黑奴」身分(註二)。

你說，你知道我和無華的事，你是從天上下凡，代無華投胎來找我的，因爲我太孤苦伶仃了。我差不多相信你了，那時，你正接近無華昇天的年齡。

又一次，你說：若不是現實約束，你眞想天天來看我。

經過廿幾年大陸煉獄煎熬，特別是我的多年伴侶、被迫而殘酷的離開我八年後，在絕頂淒涼與形單影隻下，我哪有勇氣拒絕你的奇蹟式的言語與抒情？

然而，我還是咬咬牙根，用我的黑奴處境，特別是我的年齡，阻止你飛瀑的噴灑。

你說，你是向我的「精靈」奉獻你的純眞。「眞我」並不活在我的軀殼上，但你得通過形相接觸，才能走入我的「眞我」世界。你又說，像我這樣的人，是沒有年齡的。

這是一個可怕的說法。

但我不能不同意你：一千一百萬平方公里的大陸沙漠上，我們必須珍惜這點友誼的綠洲、綠葉、甘泉，來蔭涼我們的身體，潤溼我們焦渴的唇。

我更珍惜的是：有不少地方，你和無華相似，我直把你看作無華的化身。

我不能不感謝你，在那個邪惡的世界裏，你對我的友誼，就是對邪惡制度的抗議！

在那樣可怖環境中，以我的印度賤民身分，以你的曲折際遇，我們本不可能做朋友，但終於出現奇蹟式的友誼。這是上帝賜天使下降地獄，好陪我，我想。

我們秘密的演了五六年戲，透徹空靈戲，主要舞臺就是西湖。我們所選擇的時間與空間，是那樣巧妙，除了一溜西湖水，誰也不知內幕。

那一段時期，所有認識的人看見我（包括鄰居們），都大爲驚訝，說我忽然越來越年輕了。我微笑不語。

在卅三年對黑時代的秘密信仰戰爭中，由於你俠義性的情感的鼓勵，我生氣蓬勃的勝利的完成最後一個戰役。這幾年，我整理了數以百萬計的稿子，順利的以幾千封信寄到海外。

前年十二月上旬，我快走出大陸了，最後一次，我們坐在西湖斷橋紅亭附近的石凳上。四周，奶色暗淡燈光照著西湖水，白堤上，卻吐出一朵朵玉蘭花形的淡青色燈燄，映亮一些新植柳樹的瘦瘦嫩枝（註三）。湖上沒有船，荷葉也枯落了，只剩下禿禿的殘梗。一片蕭瑟冬景烘托出你整個心情。你指著水面淒清燈影，微微嗚咽道，我走後，凡是湖邊我們坐過的地方，你要一一坐遍，坐著想我，每一張綠色長椅，每一條石凳，每一塊岩石，每一道紅欄，……

當時，即將獲得自由的希望，雖然把我渾身血液燃燒得日夜沸騰，但聽了你哀涼的話，忍不住眼睛潮溼了。我們沒有哭，因爲對前景還存著期望。你卻流了淚。

幾天後，你要了我在海外剛出版的「詩篇」，那裏面，有幾首是獻給你的。

我塡了一闋「踏莎行」送你。

魂隔虹橋，夢留花境，重門寂寂沉芳訊。那堪春雨滯春寒，翠樓初見驚鴻影。　待月荷邊，探星竹徑，扁舟看足山眉暈。當年燕燕悔相逢，啼紅灑遍傷流景。

此詞首二句指無華，第五句起才寫你。平生雅不欲耗心血製舊詩詞，自分難脫古人掌心，陳腔濫調等同浪費。但這一次，彷彿必須這麼「濫調」一下，胸中萬千塊壘和丘壑才能稍平。特別是，你靈性中有濃烈的古典氣氛，我得流瀉一點古典言語，才能適應你的格調。

抵香港不久，很快我就發覺：此詞末二句竟成讖語。我們當初所決定的，讓你回歸自由世界的計畫，根本無法實現。

我坐在銅鑼灣山巔斗室內，一面聽窗外巖壁面流下的水滴聲，一面讀你第一封信。你說，休假日或下班後，你開始坐在西湖濱——我們共坐過的空間；你在深深默想那幾年我們的一切。我完全領略你又癡又傻又深的情性。在故鄉，你常常在小山頂上坐個半夜，看大月亮。

蘇堤水邊的青石板早冷了，你將用你的體溫恢復它的暖意。放鶴亭的紅欄杆早涼了，你將用你的身子復活它當年的微熱。平湖秋月水榭的石欄早散冰意了，你將緊緊「體貼」，燃燒出它的火味。花港觀魚紫藤花架的蒼老樹柱早有寒意了，你卻獨倚著，眺望我們共同欣賞過的媚綠湖水。你要到三潭印月圓周形的長堤上，獨自散步，看我們共看過的月亮。你將去曲院風荷，靜坐在水泥長凳上，呼吸我們共呼吸過的悄悄荷香。你會獨坐在白堤草地上觀桃花，好像我仍在旁邊。你會再去黃龍洞紺碧色水池畔，仰覽星星，就像我們那一夜一樣……

我不能想下去了。我的眼睛溼了。窗外巖石面的水滴聲，叫我想起那一次暮春微雨，我們在玉泉林蔭道上撐荷葉傘散步時的雨滴聲。

啊！玉泉！那裏的植物園，魚池、水塘、草地、幽徑、竹林，我們流連過多少次？那一句「萬綠叢中一聲『寧』！」就是從這兒飛出來的。

你說，你有點後悔，那時我們太空靈，太形而上了，宛若不食人間煙火。可我覺得這樣最美。我們的感情越是接近植物風格，遠離動物調子，境界愈耐咀嚼。要不是這樣，你怎會那樣深的沉酣於回憶陷阱中？我又怎會把西湖的每一株柳樹、每一朵桃花、每一根青草、每一塊石頭，當作魔術，引我入「呼吸通帝座」（指類似上帝）的神仙境？

同樣感動我的是第二函。僅僅因爲大陸許多大報上刊出我的相片，並知道我在海外獲得強烈的反應，你就有點發狂，不遠六七十里，搭公路汽車到超山，一口氣從山下直衝上海拔兩百多公尺的山頂。你在山巔上疾步，爲我光亮的未來而歡躍、而慶祝。接著，你獨坐了好幾小時，一面看一樹樹點點梅花，一面想著那一次，我們沐著春風來賞梅，午餐大嚼帶去的冷凍兔子肉，歸途上讓細雨溼潤我們的髮與臉，像被無數小魚嘴咬似地。還說，有一天，學古人乘轎子品梅，我們將步行超山下至塘棲那一段，細看一路幾十里梅花。回去後，我還湊了一首「超山觀梅」七絕：

清時魂夢繫流霞。偶掩柴扉訪宋葩（註五）。鵜鴂千山聽不得。一峰細雨溼梅花。

我曾向你抱歉：這首小詩是感時傷世，不及兒女私情。

在我這樣的年齡，我還能寫這些，而且，有朝一日會公開，你或許驚訝我的勇氣。依我看，日光下，只要是眞正混合著誠意的美好事物，沒有一樣不可以描繪、公開。拿我來說，在我那些幾乎絕望的歲月裏，僅僅因爲你那雙美麗大眼睛，充滿溫情的瞪了我好幾年，我就打算將來寫下這些，告訴別人。（你說過，十幾歲時，人們都不能忍受你那雙氾濫性的大眼睛。）

再說，沒有一種感情的腳跡，我不想用記憶的蜘蛛長足再踏一遍，且邀請第三者諒解我的痕跡。何況這差不多是我生命中最後一次巨大的抒情？在這方面，不幸的歌德是失敗了，我倒幸而成功了，而且在那樣的地獄環境！

想想看，那個冬夜，凜冽的大西北風中，天知道，冷極了，你推著自行車，我伴著，兜繞西湖，沿僻靜街道，我們足足散步了四小時，簡直像騰雲駕霧，不知道囈語些什麼？直到深夜十一點多，才道別。單這件事，就眞如你所說，我是一個「沒有年齡」的人。

那一次，陽光中，傍著海浪似的金色錢塘江，徒步數十里，一壁走，一壁蹦蹦跳跳的。我們去雲棲，尋萬竿篁竹和閃電形的長長幽徑。最後，在竹林畔丘陵形的草地上，我們喝著酒，吃野餐，歡樂得像一對從頭包到腳的亞當與夏娃。歸來時，你說，這一頓野餐，日後又害得你要受記憶的刑罰。

你同意我的形容：你流瀉著古典艾綠綺思的熱情，又滿溢著她的貞潔。你自認是一名西班牙女尼，修道院的狂熱加上幽蘭的精緻與嫻靜。

你觀念裏從沒有「金錢」。你買東西從不還價。有一天你丟了整月工資，你一聲不響，連眉頭也不皺一皺。我從未見過像你這樣的最沒有「女人」習氣的女人。

比一切更可貴的，是你代表無華陪了我幾年，叫我較容易忍受古今中外第一號魔王的統治，和他的鞭撻。

你早知道：我性格裏有多種不同元素。有時我自覺是個「星球人」——一條宇宙閃電。不管這個地球怎樣折磨過我，我對它總是感激。有時，我甚至比聖經說教更進一步，願意吻我的敵人的腳趾，因爲它們給我的痛苦踐踏，使我深一層瞭解地球上每一根線條的深意，每一種動作的複雜內涵，每一點色彩的窔奧底蘊。假如能夠，我願以感恩心情，吻遍沙漠上每一粒沙，所有山岳中每一塊岩石。

不說其他，單以這種宇宙閃電的心態，（你知道，沒有所觸對象，閃電的內涵就太單調了。）我就該深深感謝你，而且在衆目睽睽下感謝你。

更何況對於當年的大陸，你的性格與行爲就是一種反叛。你對我這個「印度賤民」加「黑奴」的友誼，更是反叛的反叛。你的存在完全貶斥了唯物論，嘲笑了那群政治魔術師。

今夜，我一面聽瑪麗亞・安德森的歌聲，一面呼吸像歌聲一樣馥郁的你的靈氣，一面寫這封信。

在一段漫長歲月裏，我們不可能紙上對話了。因爲西湖曾是我們友誼的長期舞臺，每一條水紋，每一朵湖浪，每一根柳枝條，有時窺視過我們的臉與身子。幾乎可以說，西湖是你，西湖是我。這封給西湖的信，本是寫給我自己看的，終於通過報紙，也寫給你。我希望，有一天你眞能看見它。

親愛的朋友，今後只有讓淡綠色西湖水陪你度過那些寂寞的時辰了。你想想，我此時此刻的心情！

「自由」既然索取過千千萬萬小我個體，我們的小我一部分，自然也該乖乖交給祂，不